权威·前沿·原创

皮书系列为
"十二五""十三五""十四五"时期国家重点出版物出版专项规划项目

B

BLUE BOOK

智 库 成 果 出 版 与 传 播 平 台

郑州蓝皮书

BLUE BOOK OF ZHENGZHOU

郑州城市发展报告（2022）

ANNUAL REPORT ON URBAN DEVELOPMENT OF ZHENGZHOU (2022)

主　编／叶光林

副主编／马　飞　刘　涛　贾玉巧

社会科学文献出版社
SOCIAL SCIENCES ACADEMIC PRESS（CHINA）

图书在版编目（CIP）数据

郑州城市发展报告. 2022 / 叶光林主编. --北京：
社会科学文献出版社，2022.11
（郑州蓝皮书）
ISBN 978-7-5228-0665-5

Ⅰ.①郑… Ⅱ.①叶… Ⅲ.①城市建设-研究报告-
郑州-2022 Ⅳ.①F299.276.11

中国版本图书馆 CIP 数据核字（2022）第 166464 号

郑州蓝皮书

郑州城市发展报告（2022）

主　　编／叶光林
副 主 编／马　飞　刘　涛　贾玉巧

出 版 人／王利民
组稿编辑／陈　颖
责任编辑／桂　芳
责任印制／王京美

出　　版／社会科学文献出版社·皮书出版分社（010）59367127
　　　　　地址：北京市北三环中路甲 29 号院华龙大厦　邮编：100029
　　　　　网址：www.ssap.com.cn
发　　行／社会科学文献出版社（010）59367028
印　　装／三河市东方印刷有限公司

规　　格／开　本：787mm×1092mm　1/16
　　　　　印　张：20.75　字　数：311 千字
版　　次／2022 年 11 月第 1 版　2022 年 11 月第 1 次印刷
书　　号／ISBN 978-7-5228-0665-5
定　　价／158.00 元

读者服务电话：4008918866

《郑州城市发展报告（2022）》
编委会

（按姓氏笔画排序）

主要编撰者简介

叶光林 河南潢川人，法学博士，副教授，现任郑州市社会科学界联合会党组书记、主席，郑州市社会科学院院长。出版专著《社会主义初级阶段以德治国及其运行机制论》，主编参编著作有《县域经济发展规划指导全书》（上下卷）、《当代世界经济政治文化》、《国家中心城市高质量建设的战略支撑体系研究》、《郑州历史文化故事》、《黄河历史文化故事》、《郑州：华夏源·黄河魂》、《郑州城市发展报告（2021）》等10多部。参与完成国家级科研课题2项，主持完成省级课题3项；公开发表国家级、省级核心期刊论文20多篇，完成的多篇决策咨询报告获得省市领导圈阅批示，科研成果获"河南省社会科学优秀成果奖""河南省实用社会科学成果奖"等省级以上奖励10多项。

马　飞 河南通许人，郑州市社会科学界联合会副主席，参编《国家中心城市高质量建设的战略支撑体系研究》《郑州：华夏源·黄河魂》等多部科研著作，完成"郑州乡村人才队伍建设""郑州文化产业转型升级""郑州文旅融合发展"等20多项重点课题，获得市级优秀调研课题成果奖10余项，完成的决策咨询报告获得省市领导批示20余次。

刘　涛 社会学硕士，副研究员，现任郑州市社会科学院文化所所长，是郑州市学术技术带头人，被评为郑州市宣传思想文化系统"四个一批"人才、郑州市文化名家，主要从事郑州城市文化发展问题研究。组织编写出版《郑州蓝皮书》《郑州：华夏源·黄河魂》等多部著作，在各类报刊发表学术论文 100 余篇，主持或参与国家级、省部级和市厅级项目 60 余项，获得省部级和市厅级奖项 40 余项。

贾玉巧　经济学硕士，现任郑州市社会科学院经济所副所长，参与编著《郑州蓝皮书》《国家中心城市高质量建设的战略支撑体系研究》等科研著作，参与郑州市"十二五""十三五"规划及《郑州"1+4"大都市区规划》的编写工作，主持省市级课题 10 余项。

摘　要

《郑州城市发展报告（2022）》是由郑州市社会科学院组织编写的区域发展蓝皮书。本书由总报告、经济篇、文化篇、社会篇、案例篇等五部分组成。其中，总报告是全书的核心和统领，通过翔实的数据和系统研究，全面反映了郑州市2021～2022年城市经济、社会、法治、文化、生态等领域发展的基本情况，对全市发展中的做法、经验和成就等进行了总结，对2022～2023年各领域发展形势、面临的机遇等进行了分析预测，并提出了郑州在经济、社会、法治及文化等领域发展的建议。

经济篇对郑州市的经济发展情况、存在的问题及对策进行研究，并对郑州市经济韧性、对外开放、打造国际消费中心、先进制造业、建设国际物流枢纽城市等方面进行了专题探讨。总体来看，郑州经济运行符合发展预期。同时，郑州市在国家高水平对外开放战略下，推动外贸经济量质齐升，持续拓展开放通道网络，开放平台蓄势崛起，开放机制更加完善。郑州开放经济发展水平在全国省会中排名第五位，连续10年在中部地区排名第一位。郑州市作为第二批建设国际消费中心城市的"赛手"，具有突出的区位优势和打造国际性标志商圈的基础。郑州市制造业正在向高端化、智能化、绿色化转型，逐步形成了电子信息高端制造、新能源汽车、超硬材料、高端装备产业等主导的现代产业体系。郑州市通过放大物流网络、物流集疏、物流产业、物流市场的牵引与带动优势，使得国际物流枢纽城市建设取得显著成效。

文化篇在系统总结郑州市文化建设经验基础上，对全市文化高质量发展趋势进行了分析，提出了进一步促进文化建设的对策建议，对城市文化竞争力、时尚文化之都建设、历史文化资源保护传承、工业文化遗产保护等进行了重点研究。郑州市积极推动文化高质量发展，文化创新能力不断增强，文化发展新优势日益突出，城市文化竞争力不断提升，城市时尚文化魅力持续增强，全市优秀历史文化资源、工业文化遗产保护有力，文化产业营业收入稳居全省首位，城市文化新业态不断涌现，文化科技融合加速，文化呈现良好发展势态。

社会篇主要从居民养老、生态治理、法治建设、人才工作、健康城市等方面进行了研究，系统总结了郑州市社会各领域的发展经验和成效。郑州市城乡居民基本养老保险取得了长足发展，群众参保率持续提高，满意度得以提升，城乡基本养老保险参保人数远高于医疗保险。生态环境保护成效显现，生态环境保护体制机制日益完善，环境质量持续改善，人民群众的获得感、幸福感显著增强，荣获中国最具幸福感城市称号，成为长江以北唯一获评"国家生态园林城市"殊荣的省会。法治政府建设取得积极进展，依法行政制度体系日益健全，行政决策公信力持续提升，服务型行政执法整体推进，政务公开制度不断完善，社会矛盾纠纷依法及时有效化解，通过建立健全基层政务公开常态化工作机制，全市主动公开政府信息30万条，受理依申请公开4000余件，受理电话咨询1300余人次。

案例篇是对郑州市区域发展经验的总结，重点分析了郑州市高新区数字政府建设、金水区创新驱动发展实践、巩义市制造业转型升级的典型做法。高新区开创了"数智治理"新模式，通过建设智慧城市运营指挥中心、智慧城市"实验场"，构建"一体化"政务服务体系，推动实施"互联网+监管"等举措，不断提升城市治理现代化水平，企业和居民获得明显实惠，数字经济发展迅速，实现了区域经济的高水平发展。金水区作为河南省内唯一国家自主创新示范区和自贸试验区"双区联动"的行政区，深入实施创新驱动战略，聚焦"四个一流"，综合实力不断增强，自主创新成果持续涌现，科技创新成果转移转化加快，协同创新广度深度不断拓展，经济社会高质量发展得到有力支撑。巩义市以"放管服"改革为抓手，以铝加工产业为牵引，加快绿色化、高端化、技术化转型，为区域经济发展提供强大动力，2021 年位列中国县域工业百强榜第 42 位，现代产业体系日益完善，品牌影响力不断增强。

　　本书通过翔实的数据资料、客观的实证分析、系统的研究探讨，较为全面地反映了 2021～2022 年郑州城市经济、文化、社会等方面发展的基本情况，既有对郑州城市总体发展的回顾和总结，也有对城市未来发展的展望和预测；既有对各领域发展问题的深度探讨，也有对产业发展趋势的权威解读；既有理论性研究专题的支撑，也有典型经验的剖析。本书具有较强的权威性、针对性和可行性，能够为研究阐释郑州、宣传推介郑州及政府科学决策提供支持，是推动郑州国家中心城市现代化建设领域一项重要的科研成果。

　　关键词：　文化建设　社会治理　经济发展　郑州市

Abstract

Annual Report on Urban Development of Zhengzhou (2022) is a blue book on regional development compiled by the Zhengzhou Academy of Social Sciences. The book consists of five chapters: summary, economy, culture, society, and Case. Among them, the summary chapter is the core and lead of the whole book. Through detailed data analysis and systematic research, the book reflected the entire fundamentals of Zhengzhou's urban economy, society, law ruling, culture, ecology and other fields from 2021 to 2022. In this book, we concluded our practices, experiences, and achievements. We then analyzed and forecasted the evolving trends and opportunities in distinct fields in 2022 and 2023. Finally, we brought up several suggestions for the development of Zhengzhou in the aforementioned fields. The report believes that from 2021 to 2022, Zhengzhou coordinated post-pandemic reconstruction, epidemic prevention and control, and economic and social development. The city established a foothold in becoming a good member of the "national team" and prompted internationalization, enhanced qualities as a national central city. Framed before-hand, led by planning, and driven by big projects, we have arrived at remarkable achievements in Zhengzhou's modernization as a national central city. The economic development has continued to trend up; the construction of a modern industrial system has accelerated; urban and rural residents have accomplished stabilized employment; level of social assistance and medical assurance have been constantly promoting; the legalized business environment has continued to optimize; the quality of urban cultural development has been improving gradually; eco-environmental quality has been ameliorated noticeably. Meanwhile, we also face with changes in the domestic and foreign environment and challenges from multiple risks. It is necessary to build a new development pattern basing on the new development stage, further promote the "Ten Strategies", and strive to stabilize economic operation, enhance innovation capabilities, build the modern industrial system, optimize the ecological environment, prosper cultural industries and cultural undertakings, transform institutional advantages into governance effectiveness, and promote the construction of the national central city with high quality.

The economic chapter studied Zhengzhou's economic development, existing problems and countermeasures, and conducted topical discussions on Zhengzhou's economic resilience, opening to the outside world, formation of an international consumption center, advanced manufacturing, and building a hub city of logistics. Overall, the economic operation is in line with development expectations. At the same time, driven by the national high-level opening-up strategy, Zhengzhou has promoted the both the quantity and quality of the foreign trade economy, achieved the continuous expansion of the open channel network, the rise of open platforms, and the perfection of the opening mechanism. Zhengzhou's development level of the open economy ranks fifth among all provincial capitals in the country, the first in the central region for 10 consecutive years. As a contestant in the second batch to build international consumption center cities, Zhengzhou has a prominent location advantage and the foundation for building an international iconic business district. The manufacturing industry in the city is growing high-end, intelligent, and green and is becoming a modern industrial system dominated by high-end electronic information manufacturing, new energy vehicles, superhard materials, and high-end equipment industries. Zhengzhou City has achieved remarkable results in the construction of an international logistics hub city by amplifying the tractive force of logistics networks, logistics concentration and distribution, logistics industry, and logistics market.

On the basis of systematically summarizing the experience of cultural construction in Zhengzhou, the culture chapter analyzed the high-quality development trend of the city's culture, put forward countermeasures and suggestions to further promote cultural construction as well as focused on the issues such as cultural competitiveness, build of fashionable cultural capital, inheritance and protection of historical cultural heritage, preservation of industrial cultural heritage, and the value of the "Er Qi Spirit". Zhengzhou has been actively promoting high-quality cultural development and continuously enhancing cultural innovation capabilities. Consequently, new advantages in cultural development gradually arose, urban cultural competitiveness continued to grow, urban fashion and cultural charm stood out. The operating income of the cultural industry ranks first in the province. New forms of urban cultural business models have been constantly emerging; the integration of culture and technology has been accelerating, and culture has been showing an auspicious sign of development.

The social chapter mainly conducted research from the aspects of residents' provision for the aged, ecological governance, legal construction, talent work, and city of sanity, and systematically elicited the development experience and achievements in various fields of Zhengzhou's society. The basic endowment insurance for urban and rural residents in Zhengzhou has made great progress. The participation rate of the masses has continued to increase, and their satisfaction has been improved. The number of people insured by urban and rural basic endowment insurance is much higher than that of medical insurance. Eco-environmental protection has seen its effect; the ecological and environmental protection system and mechanism has been perfecting; the environmental quality has been improving; and people's sense of gain and happiness has been significantly enhanced. Zhengzhou has been awarded the happiest city in China, and has become the only city north of the Yangtze River that has won the honor of "National Ecological Garden City" among all the provincial capitals and above. Positive progress has been made in the construction of a government ruled by law; administrative system corresponding to the law has been completing; the credibility of administrative policy-making has continued to improve; service-oriented administrative law enforcement has gained more ground; government affairs disclosure system has experienced continuous improvement, social conflicts and disputes has been resolved in a timely and effective manner in accordance with the law. Through the establishment and improvement of the normalized working mechanism for the disclosure of local government affairs, the city has disclosed 300, 000 pieces of government information spontaneously and more than 4, 000 cases upon applications, as well as more than 1, 300 telephone consultations have been accepted and solved.

The Case Chapter is a summary of Zhengzhou's regional development experience with focuses on the analysis of the digital government construction in Zhengzhou High-tech Zone, the innovation-driven development practice in Jinshui District, and the typical practices of Gongyi City's manufacturing transformation and upgrading. Jinshui District has created a new model of "digital and intelligent governance". Via building a smart city operation and command center and an "experimental field" for smart city, generating an "integrated" government service system, and promoting the implementation of "Internet + Supervision" and other measures, Jinshui District has attained a high level of urban governance modernization. Enterprises and residents have obtained tremendous benefits and the digital economy has been developing rapidly. As a result, a high level of regional economic development has been achieved. As the only administrative area in Henan Province with the "Dual-regional Linkage" of the National Independent Innovation Demonstration Zone and the Pilot Free Trade Zone, Jinshui District has deeply implemented the innovation-driven strategy and focused on the "Four First-Class". It has achieved a strengthening competency and harvested renovation fruits from self-innovation. The transfer and transformation of scientific and technological innovation achievements has been accelerated, the breadth and depth of collaborative innovation has been continuously expanded, and the high quality of the economy and society has been receiving strong support. Gongyi city concentrated on the "Delegation, Regulation and Service" reform, took the aluminum processing industry as the traction, accelerated the transformation of economy into green, high-end and technology focused, and provided a strong impetus for the development of regional economy. In 2021, Gongyi was ranked 42nd in China's top 100 counties with the highest level of industries. In Gongyi, the modern industrial system is becoming increasingly complete, and the brand influence is constantly increasing.

Coupled with detailed data, objective empirical analysis, and systematic research and discussion, this book comprehensively reflects the basic situation of Zhengzhou's urban economic, cultural, ecological and social development from 2021 to 2022. It includes not only a review of the overall urban development of

Zhengzhou, but also prospects and predictions for the future of the city. There are in-depth discussions on the development of various fields as well as authoritative interpretations of industrial development. Besides providing some support for theoretical research topics, the book contains analysis of typical experience. This book has strong authority, pertinence and feasibility, and can provide support for the research and interpretation of Zhengzhou, the publicity and promotion of Zhengzhou and the scientific decision-making of the government. It is an important scientific research achievement in the field of promoting the modernization of Zhengzhou as a national central city.

Keywords: Cultural Construction; Social Governance; Economic Development; Zhengzhou City

目 录 ↖

Ⅰ 总报告

Ⅱ 经济篇

Ⅲ　文化篇

Ⅳ　社会篇

Ⅴ　案例篇

皮书数据库阅读**使用指南**

CONTENTS ⟨⟩

I General Report

II Economy

Ⅲ Culture

Ⅳ Society

Ⅴ Case

总 报 告

General Report

B.1

"提质进位　高台起势"

——郑州国家中心城市现代化建设成就及趋势分析

郑州师范学院国家中心城市研究院课题组*

摘　要： 2021~2022年郑州市统筹灾后重建、疫情防控和经济社会发展，立足当好"国家队"队员、提升国际化水平、在国家中心城市中提质进位，超前谋划、规划引领、项目带动，国家中心城市现代化建设取得显著成效。经济发展势态持续向好，现代化产业体系加快构建，城乡居民实现稳定就业，社会救助和医疗保障水平不断提升，法治化营商环境持续优化，城市文化发展质量日益提升，生态环境质量改善明显。同时，也面临着国内外环境变化及多风险的挑战。需要立足新发展阶段，构建新发展格局，深入推进"十大战略"，努力稳定经济运行、增强创新能力、构建

---

* 郑州师范学院国家中心城市研究院课题组：杜学霞，博士，郑州师范学院国家中心城市研究院副院长、教授，主要从事城市发展问题研究；徐艳红，博士，郑州师范学院国家中心城市研究院院长助理、讲师，主要从事区域经济研究；闫德民，郑州师范学院国家中心城市研究院特聘研究员，河南省社会科学院政治与党建研究所原所长，主要从事政治与法治问题研究。

现代产业体系、优化生态环境、繁荣文化产业和文化事业，将制度优势转化为治理效能，高质量推进国家中心城市建设。

关键词： 国家中心城市 现代化建设 高质量发展 郑州

一 2021年郑州国家中心城市现代化建设态势

郑州立足当好"国家队"队员、提升国际化水平、在国家中心城市中提质进位的总目标，坚持中原出彩中出重彩、在河南崛起中成高峰，高质量推进国家中心城市建设。2021～2022年，市委、市政府团结带领全市人民，统筹推进灾后重建、疫情防控和经济社会发展，保持经济、社会、法治、文化、生态建设总体向好，综合竞争力跻身全国城市20强，城市影响力和竞争力得到明显提升。

（一）郑州经济建设态势

1.经济建设主要成就

2021年，在持续加强疫情常态化管理的前提下，郑州克服特大暴雨灾害、疫情多次反复带来的风险和困难，坚持以新发展理念为引领，加快融入和服务新发展格局，推动经济运行持续稳定向好，实现了"十四五"发展的良好开局。

一是经济发展持续保持稳定。2021年，在疫情和自然灾害双重压力下，郑州市全年完成地区生产总值12691.0亿元，较2020年增长4.7%，排在全国城市第16位、国家中心城市第8位；地方财政一般公共预算收入1223.6亿元，较2020年增长0.3%；社会消费品零售总额5389.2亿元，增长6.2%，高于GDP增长率，排在全国城市第13位、国家中心城市第7位，人均消费额4.2万元[①]；

---

① 以郑州市统计局公布的《2021年郑州市国民经济和社会发展统计公报》中常住人口计算。

金融机构本外币存款余额和金融机构本外币贷款余额分别达到26281.5亿元和31366.5亿元，分别较2021年初增长5.1%和10.3%；固定资产投资较2020年同期降低6.2%。2021年12月，郑州市下辖的新郑市（排名第38位）、巩义市（排名第52位）、荥阳市（排名第56位）上榜中国县域经济百强县。

2022年第一季度，在持续应对疫情反复的情况下，郑州地方财政一般公共预算收入累计356.69亿元，3月份扭转1~2月下降趋势，较2021年同期增长3.0%；社会消费品零售总额累计1321.2亿元，较2021年同期略有下滑；金融机构本外币存款余额达到27602.30亿元，金融机构本外币贷款余额达到32470.73亿元，分别较年初增长5.0%和3.5%；固定资产投资较2021年同期增长8.1%。总体上看，在常态化疫情防控下，郑州经济总体保持平稳发展。

表1 2021年、2022年一季度郑州主要经济指标

单位：亿元，%

指 标	2021年	2022年一季度
地区生产总值	12691.0	3138.12
较上年同期增长率	4.7	3.5
地方财政一般公共预算收入	1223.6	356.69
较上年同期增长率	0.3	3.0
社会消费品零售总额	5389.2	1321.2
较上年同期增长率	6.2	-1.6
金融机构本外币存款余额	26281.5	27602.30
较年初增长率	5.1	5.0
金融机构本外币贷款余额	31366.5	32470.73
较年初增长率	10.3	3.5
规模以上工业增加值较上年同期增长率	10.4	8.0
固定资产投资较上年同期增长率	-6.2	8.1

资料来源：郑州市统计局。

二是科技创新动力持续提升。近年来，郑州市坚持把创新摆在发展的逻辑起点、现代化建设的核心位置，创新能力不断提升。R&D 投入持续增加，R&D 投入强度继 2019 年首次突破 2.0% 后，2020 年增至 2.31%，2021 年保持在 2.31%。技术合同成交额持续快速增长，2021 年达到 306.5 亿元，较 2020 年增长 93.7 亿元，是 2016 年的 11.35 倍；全年专利授权量达到 6.29 万件，较 2020 年增长 1/4；发明专利授权量 6729 件，较 2020 年增长 58.22%；万人有效发明专利约 19.29 件，较 2020 年同期拥有量增长 2/5；PCT 国际专利申请 122 件，较 2020 年同期增长 3/10，科技成果产出实现大幅度增长。国家专利审查协作河南中心、国家技术转移郑州中心、国家超算郑州中心获批建设，实现了全省国家大科学装置零的突破。在第二十二届中国专利奖评审中，全市获中国专利金奖 1 项、中国专利银奖 2 项、中国专利优秀奖 10 项。2021 年，郑州技术交易市场正式揭牌，成功获批国家新一代人工智能创新发展试验区，科技创新对产业发展的支撑能力持续增强。

表 2　2016~2021 年郑州市部分科技创新指标变化

年份	R&D 投入（亿元）	R&D 投入强度（%）	技术合同成交额（亿元）	专利授权量（万件）	发明专利授权量（件）
2016	142.0	1.75	27.0	1.79	2365
2017	158.8	1.73	34.8	2.12	2965
2018	185.3	1.83	82.3	3.16	3195
2019	236.7	2.04	127.5	3.37	2866
2020	276.7	2.31	212.8	5.02	4253
2021	293.2	2.31	306.5	6.29	6729

资料来源：郑州市历年国民经济和社会发展统计公报和统计年鉴。

三是现代化产业体系加快构建。2021 年，郑州市第三产业增加值 7470.04 亿元，较 2020 年增长 5.6%，高于 GDP 同期增长率，成为经济增长的主动力。规模以上工业增加值持续快速增长，增长率高达 10.4%，高于全国（9.6%）和河南省（6.3%）的平均水平，位列国家中心城市第 5 位（见图 1），产业化规模效应得到有效释放。近年来，郑州市大力扶持发展高新技术企业，现拥有高新技术企业 4137 家，科技部科技型中小企业 9539 家，国家级企业技术中心 26 家，国家级专精特新"小巨人"企业 63 家，国家级制造业单项冠军示范企业 7 家，国家技术创新示范企业 7 家；省级技术创新示范企业 57 家，省级科技小巨人企业 15 家，省级技术先进服务企业 3 家①。在郑州市政府对高新技术企业的大力扶持下，高新技术产业增加值实现大幅增长，2021 年，高新技术制造业增加值和工业战略性新兴产业增加值同比增长分别达到 26.5%、22.1%，占规模以上工业增加值的比重分别达到 32.7%、43.4%。

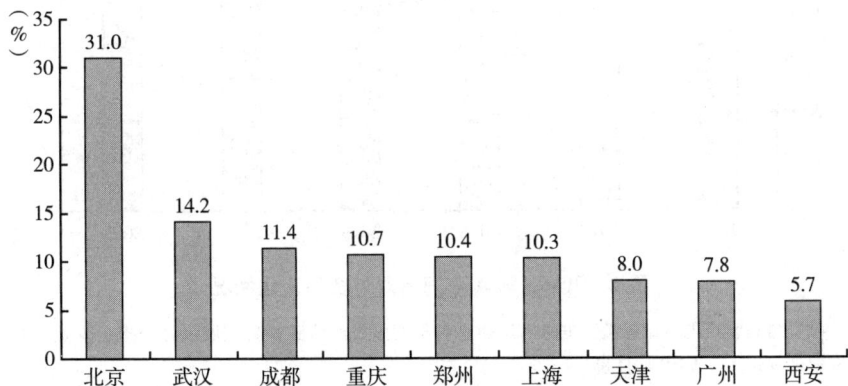

图 1　2021 年国家中心城市规模以上工业增加值增速对比

资料来源：各城市 2021 年国民经济和社会发展统计公报。

四是开放型经济蓬勃发展。四条丝路协同发展。2021 年，"空中丝绸之路"，新开通国际定期货运航线 7 条，航空货邮吞吐量同比增长超过 10%，达到 70.47 万吨，连续 5 年保持中部第一、全国第六，再次跻身全球货运机场 40 强。"陆上丝绸之路"，郑欧班列开行班次再创新高，达到 2002 班，货值增长近 3/4，达到 75.03 亿美元。"网上丝绸之路"，跨境电商交易额完成 1092.47 亿元，增长 17.35%，并获批全国首个跨境电子商务零售进口药品试点。"海上丝绸之路"，海铁联运到发 17930 标箱，增长 18.6%。2021

---

① 数据来自企业预警通 2022 年 4 月 12 日更新的数据。

年，郑州市进出口总值共完成5892.1亿元，较2020年增长19.1%，外贸依存度达到46.43%，进出口总额居全国省会城市第五位，连续10年领跑中部。实际利用外商直接投资额持续增长，2021年达到48.6亿美元，同比增长4.4%。总体上看，近年来，郑州国际交通枢纽门户地位不断提升，对外开放体系高地日益稳固。

图2　2016~2021年郑州对外贸易变化情况

资料来源：进出口总额数据来自郑州市各年度国民经济和社会发展统计公报，外贸依存度数据根据历年GDP计算得出。

五是城市综合承载力持续增强。为强化中心城市功能，郑州市加快推进以人为核心的新型城镇化，2021年常住人口总量达到1274万人，城镇化率79.1%，市域建成区面积扩大至1284.89平方公里，确立了"东强、南动、西美、北静、中优、外联"的城市功能新布局，实施32个核心板块开发，城市综合承载力持续增强。全球化与世界城市研究网络（GaWC）编制的《世界城市名册2020》中，郑州排名第116位，较2018年前进37位，跻身世界二线（Bata-）城市；全球管理咨询公司科尔尼发布的《2021年全球城市指数报告》中，郑州排名第121位，较2018年前进7位，居中国内地上榜城市第16位。

2.经济建设主要做法和经验

一是深入实施创新驱动战略。通过重建、新建高水平科研平台，及引进大院名所在郑州设立新型研发机构来提升郑州市科研平台实力，积极打造国家实验室"预备队"，争取被纳入国家战略科技力量体系，进一步加强科技创新与产业转型升级融合。通过加大全社会研发投入、优化人才创新生态、加快引进培育创新创业团队、加强科技创新企业培育等，积极打造国家创新高地和人才高地。

二是推进现代化产业体系构建。坚持把制造业高质量发展作为主攻方向，把支持实体经济发展作为稳增长的重中之重，实施"个转企、小升规、规改股、股上市"专项行动，引导有一定规模的企业改制设立股份公司，重点扶持一批"专精特新""隐形冠军"等高技术、高成长、高附加值企业。围绕战略产业、新兴产业、数字经济实施定向招商、专业招商，对传统产业实施数字化转型升级改造。从财税、投融资、研究开发、进出口、人才、知识产权、市场应用、国际合作、保障等方面提出促进集成电路产业和软件产业高质量发展的落实政策措施，促进郑州信息产业发展，提升产业创新能力和发展质量。

三是拓展对外开放功能。2021 年，郑州市在对外开放工作中，积极实施"高位推动、顶层设计、统筹协调、示范引领"的工作方式，在省市主要领导亲自谋划、亲自部署、亲自推动下，积极编制并实施《郑州市高水平扩大对外开放 2021 年工作要点》，明确年度 52 项重点任务、161 个重点项目，制定实施外事、教育、科技等 17 个领域的专项方案，全方位、多层次、宽领域推进对外开放。同时完善日常推进、工作月报、联络协调等工作推进机制，全年累计召开调度会、协调会 12 次，全面推进各项任务落地落实落细。按照《郑州市高水平对外开放专项绩效考核方案》，对 125 项指标通过线上调度评估、现场实地查验，实行全过程管理。

四是深化重点领域改革。2021 年郑州市为促进经济发展，持续深化科技、市场主体等领域改革，出台了"1+N"科技创新政策，优化双创环境，出台创业运营补贴、一次性创业（开业）补贴、创业担保贷款等多项政策，持续打造更加有利于市场主体发展的承接平台，坚持量质并举，壮大创新企业群体，不断完善新动能企业培育体系。颁布的《关于进一步加大对中小企业纾困帮扶力度的实施意见》（郑政办〔2022〕10号），将进一步助力中小企业发展，激发其发展活力和创造力，为经济健康稳定发展营造良好的环境。"一县一省级开发区"、县（市）放权赋能、省直管县财政体制改革有序推进，县域经济活力进一步显现。

（二）郑州社会建设态势

1. 社会建设主要成就

2021年，郑州市紧紧围绕提高人民群众"获得感、幸福感"，持续大力实施为民造福措施，民生支出1276.7亿元，占地方财政一般公共预算总支出的78.6%，较2020年提升4.1个百分点。虽然2021年遇到前所未有的严峻挑战与考验，在各项财政支出缩减的情况下，全市教育经费和科学技术支出却持续增加（见表3），充分体现了郑州把教育和科学技术摆在了发展的优先位置。

表3　2021年郑州地方财政公共预算支出情况

单位：亿元，%

项　目	总量	增长率
地方财政一般公共预算总支出	1624.4	−5.6
一般公共服务支出	136.6	−14.1
城乡社区支出	419.4	−11.0
教育经费支出	246.3	2.3
卫生健康支出	117.5	−6.5
科学技术支出	84.1	21.7
社会保障与就业支出	137.5	−2.7
公共安全支出	59.8	−23.0
农林水支出	75.5	−6.2
其他支出	347.4	−1.6

资料来源：郑州市2021年国民经济和社会发展统计公报。

2021年，郑州市社会建设方面的主要成就如下。

一是城乡居民就业持续稳定。2021年全市累计组织线上线下招聘会392

场次，参加企业 2.69 万家次，提供就业岗位 54.34 万个，达成就业意向 7.72 万人。全年开展职业技能培训 43.04 万人次，新增高技能人才 4.74 万人。新增城镇和农村劳动力转移就业人数分别较 2020 年增长 16.2% 和 7.8%，共计 18.46 万人；1.9 万下岗失业人员实现再就业；城镇登记失业率 2.79%，保持在控制目标 4% 以内。2021 年，全市居民人均可支配收入 39511 元，比 2020 年增长 6%，其中城镇和农村人均可支配收入分别增长 5.5% 和 8.1%。

二是美好教育建设提速。2021 年，郑州市积极推进美好教育建设，其中，新增投用 159 所公办幼儿园，较计划投用多 99 所；建成投用中小学 30 所，增加学位 4.9 万个；20 所中小学和市区"9+1"所高中年内已开工建设；88 套农村教师周转宿舍建设项目也已全部完工。聚焦中小学午餐供餐和课后服务问题，结合"双减"改革，全市 1185 所义务教育公办中小学中 1168 所学校已实行课后服务，1172 所学校实行午餐供餐，实现有需求学生全覆盖。

三是社会救助和医疗保障水平持续提升。2021 年，郑州市共对 4020 名 0~14 岁残疾儿童实施康复救助，为 3.18 万名视力、听力、言语残疾人发放通信补贴 1144 万元。完成 200 家基层诊所（卫生所）标准化药房建设，进一步消除药品风险隐患。持续开展重点疾病免费筛查，免费为具有郑州户籍的适龄妇女进行宫颈癌、乳腺癌筛查，为新生儿进行"两病"、遗传代谢病、耳聋基因筛查，为孕妇进行唐氏、产前超声波筛查，为适龄（40 岁以上）人群进行脑卒中危险因素筛查，为 40~75 岁人群进行肺癌早期筛查，累计 74 万余人次。2021 年，全市基本医疗保险、职工医保、基本养老保险、失业保险、工伤保险参保人数分别达到 981.5 万人、264.5 万人、822.63 万人、273.38 万人、197.93 万人。

四是应急管理体系持续完善。郑州市为全面提升应急管理水平，构建了应急救援"1+12"（1 个应急救援总指挥部，12 个专项应急救援指挥部）指挥体系；建立健全事故灾害风险预防控制标准、突发事件分级分类标准以及预警、响应、处置等应急管理分级标准。同时，全市积极推进公共服务事业、气象现代化及基础设施建设、抗旱应急水源工程、人防重点城市疏散基地等一大批重点工程项目实施，城乡基础设施防灾抗灾能力、救灾应急装备和物资储备能力有效加强，建立了以政府储备为主、社会储备为补充的救灾应急物资保障机制。目前，全市规模以上应急队伍 110 支，共 6311 人；符合条件的社会应急队伍 13 支，应急救助能力有效提升。

五是城市精细化管理水平持续提升。2021 年，郑州市打通了 26 条市级断头路和 39 条区级断头路，城市道路"微循环"体系进一步畅通。市区新增公共停车泊位 58526 个，城市停车难题持续缓解。郑州市智慧停车管理系统持续完善，"郑好办" App 为广大市民提供停车泊位展示、停车引导、停车收费等服务，累计用户达到 105.22 万人。市内交通快速发展，轨道交通里程达到 206.4 公里，公共交通密度持续加大，19 个一线和新一线城市中，郑州的地面公交和地铁线网密度分别排第 9 位、第 13 位，公交车到站准点率排第 5 位，公交车平均候车时间最短。2021 年全市完成 400 条全民健身路径更新，新增 30 个智能健身驿站、20 个多功能运动场，城市居民幸福感持续增强。其中，巩义继 2020 年之后再次获评"2021 中国最具幸福感城市"。

2. 社会建设主要做法和经验

一是以创业稳就业。2021 年，郑州市扎实开展"万人助万企""百日千万网络招聘"等"11+N"专项就业服务活动。为积极应对特大暴雨灾害和新冠肺炎疫情的冲击，确保就业形势总体稳定、促进经济平稳运行，郑州发布十一条硬举措，为创业就业者保驾护航，既有对企业社保、企业用工、求职者技能提升及创业开业等进行"真金白银"补贴，又有鼓励企业吸纳就业、促进劳动者多渠道就业创业、抓好重点群体就业、加强职业技能培训、稳岗减负支持企业发展、稳定劳动关系等系列政策，促进失业者、高校毕业生更加充分更高质量就业。

二是持续深化社会治理改革。郑州市深入推进"一网通办一次办成"政务改革，丰富"郑好办""豫事办" App 办事情景，新增 322 个涉企便民事项"掌上办"。建成线下"一件事"统一受理系统，新增 115 件跨部门、跨层级、跨领域政务服务"一件事"线下办理。对政务服务网、"郑好办"App和全市各级政务服务场所进行适老化改造，开展帮办代办服务。全市医保领域改革持续深化，全面重点推进基于区域点数法总额预算的按病种（DIP）分值付费和紧密型县域医共体医保打包付费，49项医保"一件事"可24小时在线办理。聚焦设计老年人的高频事项和服务场景，采取提供咨询、引导、帮办、代办等方式，为老年人提供更周全、温馨、便捷的服务。

三是多方位提升人社服务水平。郑州市在全国率先建立了工伤认定协调机制，维护用人单位和职工合法权益；革新工伤职工就诊资金垫付传统模式，实施工伤医疗费联网直接结算；全省首创劳动能力网络远程鉴定，为患者提供人性化服务。同时，全市开启了以社保卡为载体的市民卡线上线下服务管理模式，实现公共服务、生活缴费、文化旅游等功能"一卡通"。开展根治欠薪专项行动，为3.77万名农民工追发工资4.89亿元。

（三）郑州法治建设态势

1.法治建设主要成就

2021年，郑州市坚持以习近平新时代中国特色社会主义思想为指导，深入贯彻习近平法治思想，全面落实国家和省关于法治政府建设的各项决策部署，扎实推进依法行政，加快构建职责明确、依法行政的政府治理体系。法治建设方面的主要成就如下。

一是国际化、市场化、法治化营商环境持续优化。2021年郑州市持续打造国际化、市场化、法治化营商环境，深入推进"放管服"改革和商事登记制度改革，贯彻落实"多证合一""证照分离"等各项商事制度改革及便利化措施。全市市县联动、部门协同程度持续提升，新增商事登记、上学、就业创业、社会保险、补助补贴、住房等12类主题场景，115个跨部门、跨层级、跨领域"一件事"实现线下办理，"一件事"从数量累积向质量提升迈进。2021年全年全市新增各类市场主体27万户，达到153.03万户，其中企业类市场主体达到74.43万户，市场准入条件不断放宽，促进创业创新，大力激发了市场活力、创造力。郑州创造的小微企业"11000"极简办电模式、跨境电商零售进口"退货中心仓"模式等经验做法在全国复制推广，郑州成功晋级全球营商环境友好城市 100 强，进入中国城市综合竞争力 20 强，形成在全国晋位升级的良好态势①。

二是法治政府建设数字化水平不断提升。郑州市建成以集"郑好办"App、郑州市政务服务网、综合自助一体机、办事大厅综合窗口于一体的"四端融合"政务服务体系，全市统一的政务协同办公系统"郑政钉"加速推广。全市积极推进"互联网+"监管执法，将监管信息归集工作纳入考核，持续做好监管信息录入工作，完成主项覆盖 6026 项，主项覆盖率达到81.37%，市级完成主项覆盖 456 项，覆盖率达到 59.30%；各单位执法人员在"互联网+监管"平台累计注册人数 14098 人，录入监管执法信息 80 万余条。推进智慧平台建设，突出党内监督的主导地位，搭建六大应用系统，收录 96 家监督单位 19798 名监督对象的廉政档案。聚焦企业和群众办事的堵点、痛点和难点问题，依托市政务服务网、"郑好办"App，已上线"一件事"和公民个人高频事项 930 项，实现了"业务通、用户通、系统通、数据通、证照通"。

三是依法行政制度体系持续完善。郑州市持续加强物业、古树名木、移动源污染排放、非机动车管理等重点领域立法。开展行政处罚、优化营商环境、外商投资、计划生育等领域地方性法规和政府规章专项清理。提请了城市养犬、房屋租赁、城市绿线管理等地方性法规和政府规章的废止和修改。严格执行行政规范性文件评估论证、公开征求意见、合法性审核、集体审议决定、向社会公开发布程序，加强规范性文件监督管理。组织涉及行政处罚、优化营商环境、外商投资、计划生育等 5 次行政规范性文件专项清理，共清理市政府行政规范性文件 347 件、各部门和各区县（市）行政规范性文件 2233 件。组织行政规范性文件全面清理，按照"合政""合法""合公""合德"等标准，清理审查市政府规范性文件 1661 件。加强行政规范性文件备案审查，审查备案文件 303 件，办理公民异议审查 1 件。

① 裴蕾、侯爱敏：《郑州：深化改革再加码　营商环境更优化》，《郑州日报》2022 年 3 月 22 日。

2.法治建设主要做法和经验

一是持续打造法治化、人性化营商环境。2021年7月，郑州市商务局印发了《郑州市商务局关于清理歧视性和不公平市场待遇政策措施的通知》（郑商〔2021〕129号），明确了公平竞争审查范围、主体责任、审查程序和工作要求，及时清理废除妨碍统一市场和公平竞争的各种规定和做法。郑州市法治政府建设领导小组办公室、郑州市优化营商环境工作领导小组办公室印发《关于建立轻微违法行为免予处罚清单优化法治营商环境的通知》（郑法政办〔2021〕16号），对建立轻微违法行为免予处罚清单进行统一部署，帮助企业和群众自觉纠正违法行为，努力让企业和群众在感受到"执法力度"的同时感受到"执法温度"。

二是深化行政执法改革。郑州市有序推动执法事项移交，明确商务行政执法事项移交的内容、程序、流程，推动市场监管领域实施全面综合行政执法。深化跨领域跨部门综合行政执法改革，建立并完善了市中级人民法院、市检察院、市公安局与生态环境部门等市政法各部门与相关行政执法机构的案件移送、法律监督、线索通报、联席会议、重大案件联合挂牌督办和信息共享等工作机制，对生态环境违法犯罪案件实施闭环管理，实现行政执法与刑事司法的有效衔接。完善行政指导、行政调解等柔性执法方式，发挥示范引领作用，以典型培育为引领带动，持续提升服务型行政执法水平。

三是完善法治政府建设保障落实机制。郑州市完善依法科学民主决策机制，落实公众参与、专家论证、风险评估、合法性审查和集体讨论决定程序。加强和规范政府督查工作，以问题线索为抓手不断完善督查机制，做好风险防控，督促政府各级各部门改进作风、提升效能。制定年度领导干部学法计划，组织"郑州市领导干部暨法治机构人员习近平法治思想研修班"，提升相关人员的法治思维和依法行政能力。依托河南干部网络学院，开辟法治培训"网上课堂"，组织科级以下干部进行依法行政网络专题学习。落实中央、省、市法治建设工作安排，围绕法治建设等重大主题宣传，统筹市属各媒体，通过"两微一端"等新媒体平台广泛推送，进一步加大全民普法力度，提升公民法治素养，扎实做好法治政府建设示范创建活动。

（四）郑州文化建设态势

1. 文化建设主要成就

郑州历史文化悠久，是国家历史文化名城，是中国古都协会认定的八大古都之一。2021年，郑州深入挖掘城市文化内涵，着力厚植黄河、少林、大运河等自然和人文资源，举办一系列文化旅游活动，打造消费热点，释放消费潜力，推动文旅产业发展取得一系列成效。

一是城市文化内涵进一步提升。郑州是华夏历史文明的核心地带、黄河生态文化的核心区域，以少林功夫、少林寺为代表的少林文化品牌，以根亲文化为代表的人文始祖黄帝文化品牌，以天地之中为代表的嵩山文化品牌，以商都遗址为代表的商都文化品牌，以黄河博物馆、国家黄河文化公园为代表的黄河文化品牌等，目前已经成为郑州亮丽的城市名片。目前，全市拥有登封"天地之中"历史建筑群和中国大运河郑州段2处世界文化遗产，国家4A级以上景区18个，全国重点文物保护单位83处、国家级非物质文化遗产6个。实施了黄河主题文艺精品创作工程，创作推出了一批展现黄河历史文化、社会变迁、生活风貌、人物风采等的艺术精品，成功叫响了"黄河之都"的城市文艺名片。策划举办了系列黄河主题群众性文化文艺活动，提升了黄河文化的认可度和感染力。

二是城市文旅消费品牌吸引力有效提升。2021年，郑州市基于自身黄河历史文化背景，举办了"黄河文化月"系列活动，包括黄帝故里拜祖大典、中国（郑州）国际旅游城市市长论坛、"三座城、三百里、三千年"系列活动、沿黄精品剧目演出季、"中国（郑州）黄河合唱艺术周"等，全网累计曝光量超10亿次、话题播放量超4.5亿次、活动传播覆盖4.2亿人次，全面诠释了"魅力黄河""文脉黄河""文明黄河"。郑州歌舞剧院舞蹈《唐宫夜宴》成功出圈，开启黄河文化"创造性转化、创新性发展"新篇章，成为郑州继电影《少林寺》之后又一部现象级的文化精品。《只有河南》《黄帝千古情》《黄河颂》等重点演艺项目，《禅宗少林·音乐大典》《水月洛神》《风中少林》等精品剧目的演绎，展现了郑州深厚的文化底蕴。

银基国际旅游度假区、"只有河南戏剧幻城"、《黄帝千古情》等文旅项目投资收益率持续提升，逍遥谷、山石舍、禅心居等民宿一房难求，文旅核心吸引物的品牌效应得到彰显。

三是成功创建国家文化和旅游消费试点城市。为进一步拉动文旅消费，郑州市多次开展文化旅游惠民消费季、发放文旅消费券等活动，全年发放文化旅游券1200万元，发放郑州旅游年卡补贴200万元，2021年接待国内游客10192.8万人次，旅游总收入1272.3亿元，成功创建国家文化和旅游消费试点城市。2021年，巩义市小关镇南岭新村、大峪沟镇海上桥村入选第三批全国乡村旅游重点村公示名单，巩义市竹林镇入选第一批全国乡村旅游重点镇（乡）公示名单，新密市、中牟县成功创建河南省全域旅游示范区，建业·华谊兄弟电影小镇、郑州方特旅游度假区、郑州市樱桃沟景区等获评为河南省夜间文化旅游消费集聚区，中牟县、登封市、新密市获评为河南省文化和旅游消费示范县（市）。

2. 文化建设主要做法和经验

一是加强文旅发展的顶层设计。2021年，郑州市正式印发《黄河流域（郑州段）文化旅游发展专项规划》《黄河流域（郑州段）非物质文化遗产保护传承弘扬专项规划》，引领核心示范区文化博物旅游建设工作；印发《郑州市乡村旅游发展三年行动计划（2021～2023年）》，有序推进郑州市都市型乡村旅游发展；同时《郑州市"十四五"文化广电和旅游发展规划》也在加紧编制。目前，郑州与洛阳、开封联动合作，配合省文旅厅编制《郑汴洛黄金旅游带发展规划》，推动打造郑汴洛国际文化旅游带。

二是推进文旅产业融合发展。郑州市以"旅游+"跨界思维进一步整合资源、强化合作，将非遗、民间艺术、影视动漫、创意设计等文化元素与旅游相结合，提高景区、度假区服务品质，配套建设旅游休闲驿站、汽车营地、旅游民宿、度假酒店等公共服务设施，丰富旅游业态，拉长产业链条，促进扩容提质。同时进一步加强黄河、少林、嵩山等文化资源的创新利用，推出了一批体现文化内涵、契合现代审美的文创产品。借助网红打卡地、大众创业、万众创新的力量，孵化一批有发展潜力的文创企业、创客团队，积极探索培育创意工坊、创意园区、文创集市等创新业态。

三是打造城市文化主题名片。郑州市以历史建筑群保护利用为抓手，积极推进黄河国家博物馆、大河村国家考古遗址公园、长城国家文化公园、大运河国家文化公园等项目建设，打造世界级黄河文明寻根胜地。

四是打造文旅融合 IP。依托非遗、"郑州礼物"等元素，结合具有鲜明地域特点的黄河、黄帝、少林功夫等要素，郑州市积极扶持一批成长型文旅融合 IP，打造一批创新型文旅融合 IP，推出一批示范型文旅融合 IP。积极承接、承办、创办一批有影响力的重大节庆、主题活动，努力办好中国（郑州）国际旅游城市市长论坛、世界大河文明论坛、嵩山论坛、黄帝故里拜祖大典、国际少林武术节、中国诗词大会等重大活动，不断提升郑州的影响力、美誉度。

（五）郑州生态建设态势

1. 生态建设主要成就

2021 年，郑州市坚定贯彻新发展理念，加快推进绿色发展，按照"提气、降碳、强生态、增水、固土、防风险"的工作思路，以改善生态环境质量为核心，紧紧围绕"聚焦一个中心，推进两条主线，优化三大结构，实施四个行动，提升五种能力"，深入持续推进生态建设，取得的主要成就如下。

一是生态环境质量持续改善。2021 年，郑州市空气质量持续改善，优良天数 237 天，较 2020 年增加 7 天，$PM_{2.5}$ 年均浓度 42 微克/立方米，同比下降 17.6%，空气质量在全国 168 个城市中连续两年退出后 20 位，较上年再次提升 5 个位次。水环境方面，全市 6 个国控断面较 2020 年同期水质进一步改善，4 个断面达到Ⅲ类及以上水质，2 个断面为Ⅳ类水质；4 个省控断面中，3 个断面达到Ⅲ类水质，1 个断面为Ⅳ类水质；12 个市控断面中，除枯河入黄处断流外，其余 11 个断面水质均达到Ⅳ类及以上；集中式饮用水源上，全市 7 个城市集中式饮用水源地和 5 个县级饮用水源地 2021 年水质均达标。全市受污染耕地及污染地块安全利用率均达到 100%，地下水考核点位水质保持稳定，守牢让全市人民"吃得放心、住得安心"的生态底线，成功申报国家"十四五"地下水污染防治试验区、土壤污染防治先行区建设城市。

二是绿色城市建设取得新进展。2020年郑州人均公园绿地面积达到14.70平方米，在国家中心城市中的排名由2016年的第9位上升至第5位；建成区绿化覆盖率达到41.50%，绿地覆盖率达到34.45%①。2021年，全市建成区内新建公园游园168个，新增绿地1273.59万平方米。能源消费增速放缓，能耗强度持续下降，其中单位规模以上工业增加值能耗较2020年下降12.8%，规模以上工业综合能源消费量较2020年下降3.7%。2021年6月，郑州市政府持续强化区域空间生态环境管控，建立"三线一单"生态环境分区管控体系，进一步有力支撑了郑州环境管理系统化精细化水平提升和生态环境质量改善。

三是农业农村污染治理成效显著。2021年以来，郑州市紧紧围绕农村垃圾治理、农村生活污水治理、"厕所革命"和村容村貌提升等重点工作，持续推进农村环境综合整治，2021年累计整治村庄50个，农业农村污染防治实现"一保两治三减四提升"，年底农村生活污水治理率已达到60%。同时，贫困村的污染治理被作为脱贫攻坚的重点任务来抓，全市181个脱贫村"三清一改"基本完成，户用无害化卫生厕所基本普及，列入全市美丽乡村精品村12个、示范村21个。脱贫村群众居住环境得到有效改善，脱贫攻坚成果持续巩固。农村农业点、面源污染防治持续加强，完成全市286家规模化畜禽养殖场具体规模标准备案，畜禽粪污综合利用率达到93.9%，粪污处理设施配套率达到100%；化肥、农药施用量连续三年实现降低，农业秸秆综合利用率达到93.5%，农膜回收率达到98%。

2. 生态建设主要做法和经验

一是坚持系统谋划、重点示范、项目引领、联防联治。按照"提气、

---

① 人均公园绿地面积、建成区绿化覆盖率、绿地覆盖率数据来自《中国城市建设统计年鉴2020》。

降碳、强生态、增水、固土、防风险"的工作思路，全市积极推动污染防治攻坚战由"坚决打好"向"深入打好"转变。颁布了《关于实施"三线一单"生态环境分区管控的意见》（郑政〔2021〕13号），生态环境治理体系和治理能力的现代化水平得到有效提升。同时，郑州市尝试打破行政区界限，联合洛阳市、焦作市、新乡市、开封市等地市形成治水合力，共同建立了黄河流域生态保护和高质量发展核心示范区跨区域水污染联防联控机制，协同预防和解决突出水环境问题，落实"共同抓好大保护、协同推进大治理"要求，实现黄河流域生态环境的持续改善。

二是加强污染减排、生态提质和生态扩容。坚持绿色发展理念，不断深化结构调整措施，全力压减污染物排放。大力推进工业企业绿色化、清洁化改造，推进"3+2"新能源车辆替代。探索建立"1+N"（1个龙头企业+N个配套企业）绩效分级培训，不断提升产业链环保治理水平，全面推进差异化减排措施，在全市环境质量改善的同时，实现经济社会高质量发展。深化黄河流域水污染防治，强化饮用水源地保护，落实"一源一案"，开展地表水饮用水源地保护区规范化建设，做好新增河流断面水质达标工作；深化污水处理厂提质增效，实施重点行业提标治理；将黑臭水体治理工作纳入农业农村污染防治攻坚战的中心任务，系统规范农村生活污水设施运维。在全省率先开展地下水环境质量状况调查，建立了地下水型饮用水水源和地下水重点污染源"双源"清单。持续加强生态屏障建设，增强生态碳汇能力。持续推进国家生态园林城市建设，加强国土绿化和森林抚育，加强生态廊道建设。开展南水北调总干渠保护区环境问题排查整治工作，确保水质保持在Ⅱ类，确保"一渠清水永续北送"。

三是提升生态环境监测和智慧管理能力。提升环境监测能力，进一步优化调整大气、水监测网络，加强土壤环境质量监测，严厉打击环境监测数据弄虚作假行为。提升环境安全应急处置能力，强化危险废物监管与利用处置，紧盯辐射安全、"一废一库一品"等领域，有效防范和化解生态环境风险。编制"一河一策一图"应急处置预案，做好突发环境事件应急应对，推进线上应急物资信息库建设，构建应急物资信息综合平台。提升环境智慧管理能力,深入打造智慧环保信息化技术平台,推进生态环境管理模式创新,促进生态环境工作提质增效,全面推进"智慧环保"。

二 2022～2023年郑州国家中心城市现代化建设面临的形势分析

(一)外部发展环境分析

郑州国家中心城市现代化建设离不开世界。郑州作为建设中的国家中心城市,近年来对外开放度越来越高,正在深度参与国际分工,快速融入全球产业链、供应链、价值链。因此,世界格局的变化亦即外部发展环境的变化对郑州国家中心城市现代化建设势必产生一定影响。2021年以来,世界百年未有之大变局加速演进,并与世纪疫情相互交织,推动国际局势发生深刻复杂变化。在此国际背景下,郑州2022～2023年国家中心城市现代化建设面临诸多风险和挑战。

世纪疫情持续肆虐全球。2021年,新冠肺炎疫情在世界各地继续蔓延。继德尔塔变异毒株严重侵害世界各国民众健康安全之后,新的传染性更烈的变异毒株奥密克戎在全球快速传播。进入2022年,奥密克戎变异毒株在世界范围内加速蔓延,给整个世界罩上了浓重的阴霾。与此同时,我国周边一些国家和地区的新冠肺炎疫情也呈暴发态势。3月17日,韩国单日新增确诊病例首次超60万例①。新冠肺炎疫情在全球持续肆虐,不可避免地对世界贸易航运和物流系统形成严重冲击,造成一定程度的生产中断、物流阻滞、需求收缩,给本来就已经非常脆弱的全球生产链、供应链造成新的重创,从而给郑州国家中心城市现代化建设带来巨大的风险和挑战。2021年12月,国务院发展研究中心原副主任张军扩曾分析预测说,疫情仍是影响

---

① 《数读3月17日全球疫情:全球日增确诊超235万例 累计逾4.6亿例 韩国单日新增病例首超60万例》,人民日报海外版海外网,2022年3月18日。

2022 年世界经济和中国经济的最大不确定因素。

全球经济复苏动能持续减弱。世界一些主要经济体 2021 年的经济成绩单陆续公布，都呈现较明显的经济复苏迹象。美国经济 2021 年增长 5.7%，为 1984 年以来最高；英国增长 7.5%，创第二次世界大战以来最大增幅；欧盟 27 国也增长了 5.2%。但受持续反复的新冠肺炎疫情和通胀居高不下的影响，人们对全球经济持续复苏缺乏信心。世界银行发布的 2022 年 1 月《全球经济展望》报告指出："全球经济继 2021 年强劲反弹之后，由于新冠病毒变异毒株造成新的威胁，再加上通胀、债务和收入不平等加剧可能危及新兴市场和发展中经济体的复苏，全球增长正进入一个明显放缓的时期。"[1] 随着前一阶段被压抑需求的释放完成以及各国财政和货币支持的退出，预计全球经济增速将显著放缓。世界银行专家分析说，奥密克戎变异株的快速传播、供应瓶颈持续、通胀预期脱锚、金融压力、气候与自然灾害以及长期增长动力减弱等诸多下行压力，给 2022 年的世界经济前景蒙上了阴影[2]。全球制造业 2022 年开局的走势也印证了这些机构和专家的预测。2022 年 4 月 6 日，中国物流与采购联合会官网发布全球制造业采购经理指数，指数变化显示："在疫情和地缘政治冲突双重影响下，全球制造业增速有所放缓。"[3] 2022 年 3 月份全球制造业 PMI 为 54.1%，较上月下降 0.8 个百分点，较上年同期下降 3.7 个百分点[4]。全球经济复苏明显放缓，将使郑州发展面临外部经济增长动能不足带来的风险。

单边主义和逆全球化浪潮愈演愈烈。经济全球化是指生产要素跨越国界在全球范围内自由流动和优化配置的过程，是世界经济发展不可逆转的必然历史趋势。经济全球化是推动世界经济增长的引擎。但是近年来，受欧美政治和经济形势的影响，一股逆全球化思潮在欧美国家抬头并持续发酵，给世

---

① 高伟东：《世界银行最新〈全球经济展望〉指出——今明两年全球经济增长放缓》，《经济日报》2022 年 1 月 13 日。

② 《2022 年通胀是否会引发全球金融危机？》，中国新闻网，2022 年 1 月 17 日。

③ 《3 月全球制造业 PMI 为 54.1% 增速有所放缓》，中国新闻网，2022 年 4 月 6 日。

④ 《全球制造业 PMI 连续下降 全球经济复苏动能持续减弱》，中国经济网，2022 年 2 月 7 日。

界经济增长带来日益显现的负面效应。为推动"逆全球化",美国特朗普政府公然背离世贸组织基本原则,违反美国承诺的关税减让和最惠国待遇义务,极力推行所谓"美国优先"战略,肆意挑起对华贸易战、技术战,从地缘政治、军事、经济上全方位打压中国。拜登政府上台后,继续逆历史潮流而动,变本加厉地推行单边主义、贸易保护主义和经济霸权主义,以所谓中国人权问题、美国国家安全问题等为借口,"在对未来全球产业发展具有核心意义的5G、芯片、电动汽车、可再生能源技术和产品等方面继续实施对华'脱钩'战略",并胁迫欧盟及其他西方国家共同围堵打压中国。美西方逆全球化的行径,在很大程度上"阻碍了国家之间贸易、投资、货币与金融联系的深化,增加了世界经济的不确定性"[①],严重恶化了我国经济增长的外部环境,已对郑州国家中心城市现代化建设构成严峻挑战。

地缘政治冲突加剧全球经济动荡。在世界百年未有之大变局加速演进的大背景下,"世界进入动荡变革期"[②],由大国博弈和地缘政治冲突引发的"黑天鹅"事件时有发生,不同程度地造成世界经济动荡。2022年2月下旬,由北约东扩、美西方极力挤压俄罗斯战略空间所引发的乌克兰危机最终导致俄乌军事冲突。在俄乌冲突升温、欧美将俄剔除出SWIFT等因素的推动下,全球金融市场出现剧烈波动,资金风险偏好受冲击显著。"市场对大宗商品供应的担忧在加剧,能源类大宗商品、黄金、农产品等价格大幅飙升"。[③] 其中,布伦特原油强势突破100美元大关,创下近8年新高;欧洲天然气一度大涨超50%[④]。联合国粮农组织4月8日发布的报告显示,俄乌冲突发生以来,国际主粮和植物油市场受到严重冲击,导致3月份世界粮食商品价格大幅跃升至历史最高水平。3月,联合国粮农组织食品价格指数平均为159.3点,继2月攀升至1990年设立以来最高水平之后再度环比上涨

---

① 吴志成:《理性认识西方国家逆全球化思潮》,《人民日报》2017年11月2日第7版。
② 习近平:《在经济社会领域专家座谈会上的讲话》,《人民日报》2020年8月25日第2版。
③ 《供应担忧引发极端行情　大宗商品市场波动加剧》,新华网,2022年3月9日。
④ 书光等:《美股暴跌600点！俄乌局势引发全球供应担忧,这些资产屡创新高！金融市场波动加剧,"黑天鹅"何时飞走》,券商中国,2022年3月2日。

12.6%。3月指数水平较上年同期高出33.6%①。还有分析人士称，从策略层面看，当前俄乌局势仍存在较多不确定性，短期将支撑大宗商品价格高位运行。国际货币基金组织（IMF）更是表示，长期来看，俄乌冲突或将会从根本上改变全球经济和地缘政治秩序②。由地缘政治冲突引发的全球经济动荡，将对全球供应链产生严重影响，从而使郑州国家中心城市现代化建设面临严重挑战。

（二）国内发展环境分析

郑州国家中心城市现代化建设与全国社会主义现代化建设紧密联系。郑州国家中心城市现代化建设离不开良好的国际发展环境，更需要良好的国内发展环境。2021年，面对世纪疫情冲击、百年变局加速演进和国际形势更趋复杂严峻的外部环境，我国经济仍呈现持续复苏和平稳运行态势，总体运行在合理区间，表现出了较强韧性。但同时也应看到，我国发展环境也发生了深刻复杂变化，特别是经济发展面临需求收缩、供给冲击、预期转弱三重压力。正如李克强在政府工作报告中所说："我国经济尚处在突发疫情等严重冲击后的恢复发展过程中，国内外形势又出现很多新变化，保持经济平稳运行难度加大。"③

新冠肺炎疫情形势仍然严峻复杂。在全球新冠肺炎疫情持续肆虐的情况下，我国也难以独善其身，外防输入压力不断加大。奥密克戎变异株具有传播更快、症状比较轻、隐匿性强的特点，给疫情防控带来一定的难度。进入2022年2月以来，"我国新增本土确诊病例和无症状感染者增长快速，疫情多点散发，波及范围进一步扩大，部分地区社区传播尚未阻断，并有外溢病例报告，防控形势严峻复杂"。④ 当前严峻复杂的防疫形势，要求我们必须

① 刘亮：《世界粮食商品价格大幅跃升至历史最高水平》，中国新闻网，2022年4月8日。
② 国际货币基金组织：《俄乌冲突或将改变全球经济和地缘政治秩序》，第一财经，2022年3月16日。
③ 李克强：《政府工作报告》，《人民日报》2022年3月13日。
④ 国家卫健委：《全国新增本土确诊病例和无症状感染者增长快速　疫情防控形势严峻复杂》，央视新闻客户端，2022年4月1日。

采取有力措施，尽快遏制疫情扩散蔓延势头。否则，就有可能发生疫情规模性反弹，后果不堪设想。受此轮全国疫情的影响，郑州也出现了省外市外输入病例，疫情防控形势不容乐观。同时，国内部分城市采取必要管控措施，将对投资、消费和产业链、供应链产生一定影响，从而给郑州国家中心城市现代化建设带来负面影响。

面临的经济下行压力不容小觑。当前我国发展面临的风险挑战和不确定性不断增多，特别是面临着需求收缩、供给冲击、预期转弱三重压力。从需求看，2021 年我国"社会消费品零售总额同比增速由年初的两位数增长回落到个位数，两年平均增速也由 3 月份的增长 6.3%回落至 8 月份的增长1.5%"。从供给看，"国际大宗商品价格上涨，国内部分能源和金属供给偏紧，汽车等部分行业缺芯问题影响明显，工业生产者出厂价格涨幅连续扩大"，对我国供应链形成了较大冲击。从预期看，制造业采购经理指数自2021 年 4 月份以来连续回落，9 月份和 10 月份跌至收缩区间①，使市场主体信心受挫。2022 年前两个月多项经济指标虽有超预期表现，但呈分化和不均衡状态。国家统计局公布的数据显示，3 月份我国制造业 PMI 为 49.5%，比上月下降 0.7 个百分点，是最近 5 个月首次降至荣枯线下，制造业总体景气水平有所回落。从细分指标来看，3 月制造业新订单指数为 48.8%，较上月回落 1.9 个百分点，市场需求开始减弱；叠加部分地区封控的影响，3 月生产指数为 49.5%，较上月降低 0.9 个百分点，自 2021 年 10 月以来首次收缩。3 月供应商配送时间指数为 46.5%，较上月降低 1.7 个百分点。受原材料交货时间继续加长影响，原材料库存继续减少，供应链紧张推动主要原材料购进价格增长，其 PMI 指数达到了 66.1%。3 月非制造业 PMI 为 48.4%，为 2021 年 9 月以来首次降至收缩区间②。

（三）有利条件分析

尽管国内外发展环境面临诸多风险挑战和不确定性，但 2022~2023 年

① 《国家统计局解析"三重压力"：经济长期向好的基本面没有变》，澎湃新闻，2021 年 12 月 15 日。
② 《3 月制造业景气水平回落，供应链紧张推升原材料价格》，第一财经，2022 年 4 月 8 日。

郑州国家中心城市现代化建设也具有不少有利条件，主要有以下几个方面。

首先是具有诸多战略性有利条件。2022年3月6日，习近平总书记从五个方面深刻分析并阐明了我国发展仍然具有的战略性有利条件："一是有中国共产党的坚强领导，总揽全局、协调各方，为沉着应对各种重大风险挑战提供根本政治保证。二是有中国特色社会主义制度的显著优势，我国政治制度和治理体系在应对新冠肺炎疫情、打赢脱贫攻坚战等实践中进一步彰显显著优越性，'中国之治'与'西方之乱'对比更加鲜明。三是有持续快速发展积累的坚实基础，我国经济实力、科技实力、国防实力、综合国力显著增强，经济体量大、回旋余地广，又有超大规模市场，长期向好的基本面不会改变，具有强大的韧性和活力。四是有长期稳定的社会环境，人民获得感、幸福感、安全感显著增强，社会治理水平不断提升，续写了社会长期稳定的奇迹。五是有自信自强的精神力量，中国人民积极性、主动性、创造性进一步激发，志气、骨气、底气空前增强，党心军心民心昂扬振奋。"[1] 这五个方面，既是我国发展的战略性有利条件，也是郑州国家中心城市现代化建设的战略性有利条件。

其次是具有良好发展基础、有力要素供给保障和强劲内生动力。从发展基础看，有效应对了百年变局和世纪疫情叠加以及千年一遇暴雨灾害的影响，郑州经济发展和疫情防控取得良好成绩，综合实力显著提升。2021年经济总量达到12691亿元，全年规模以上工业增加值比上年增长10.4%，产业链韧性不断增强，人民生活持续改善，社会大局和谐稳定，全市抗风险能力进一步提升。从要素条件看，着力化解供给领域要素紧缺的制约瓶颈，煤、电、气等能源要素供应保障有力，有序推动煤矿复工复产和达产，煤炭优质产能加快释放，电煤储存量从2021年10月初的27万吨增加至12月的129.36万吨[2]。从内生动力看，居民收入持续增加，全年居民人均可支配收

---

① 《习近平在看望参加政协会议的农业界社会福利和社会保障界委员时强调，把提高农业综合生产能力放在更加突出的位置，在推动社会保障事业高质量发展上持续用力》，《人民日报》2022年3月7日。

② 徐刚领：《129.36万吨！郑州市电煤储存量超额完成任务》，《郑州日报》2021年12月3日。

入 39511 元，比上年增长 6%。其中，城镇居民人均可支配收入 45246 元，增长 5.5%；农村居民人均可支配收入 26790 元，增长 8.1%。居民消费在持续恢复中稳步升级，全年居民人均生活消费支出 25962 元，比上年增长 12.9%。其中城镇居民人均生活消费支出 28710 元，同比增长 12.8%；农村居民人均生活消费支出 19868 元，增长 13.4%①。创新驱动发展战略深入实施，产业结构优化升级加快，新兴产业增速提升，高技术制造业增加值同比增长 26.5%，高于全市工业平均增速 16.1 个百分点，贡献率达 76.6%；战略性新兴产业增加值同比增长 22.1%，高于全市工业平均增速 11.7 个百分点，贡献率达 84.8%②。重点领域改革深入推进，对外开放持续扩大，发展动力、活力明显提升，全年直接进出口总额 5892.1 亿元，同比增长 19.1%；其中进口 2339.3 亿元，同比增长 17.0%；出口 3552.8 亿元，同比增长 20.5%③。更重要的是，郑州发展有着中央和河南省强有力的政策支撑。

最后，2022 年第一季度经济运行保持良好恢复态势。2022 年以来，郑州市统筹推进疫情防控和经济社会发展，出台多项促进经济平稳健康发展的政策措施，实现一季度平稳开局，展现出较强的经济韧性。根据地区生产总值统一核算结果，一季度全市地区生产总值 3138.1 亿元，同比增长 3.5%。其中，第一产业增加值 24.6 亿元、同比增长 6.9%，第二产业增加值 1182 亿元、同比增长 5.2%，第三产业增加值 1931.5 亿元、同比增长 2.5%。全市规模以上工业增加值同比增长 8.0%，其中 3 月当月规模以上工业增加值同比增长 8.1%。分产业看，工业六大主导产业增加值同比增长 9.3%，高技术制造业增加值同比增长 21.5%，高新技术产业增加值同比增长 11.4%。一季度，"全市固定资产投资同比增长 8.1%，比 1~2 月提高 1.0 个百分点。其中，工业投资同比增长 41.8%，房地产开发投资同比增长 9.3%，基础设施投资同比下降 18.3%"④。这些数据表明，全市经济总体上保持了良好恢

① 《2021 年郑州市国民经济和社会发展统计公报》，郑州市统计局官网，2022 年 3 月 14 日。
② 《2021 年郑州市规模以上工业整体运行情况》，郑州市统计局官网，2022 年 3 月 2 日。
③ 《2021 年郑州市国民经济和社会发展统计公报》，郑州市统计局官网，2022 年 3 月 14 日。
④ 《一季度郑州市整体经济运行情况》，郑州市统计局官网，2022 年 4 月 28 日。

复态势。同时，全市经济还处在恢复性增长阶段，阶段性结构性矛盾相互交织，面临需求收缩、供给冲击、预期转弱三重压力，恢复还不均衡不稳固。3月份受疫情等不利因素影响，产业链供应链出现堵点卡点、中小微企业生产经营出现一些困难，部分主要指标转弱，经济下行压力加大，但郑州经济恢复发展的总体态势没有变，支撑高质量发展的生产要素条件没有变，经济长期稳中向好的基本面没有变，郑州对实现全年平稳增长、保持经济运行在合理区间保持充分信心。

三　2022~2023年郑州国家中心城市现代化建设发展趋势分析

（一）郑州经济建设发展趋势分析

进入新发展阶段，郑州经济运行的宏观环境出现了一些新的重要变化。尽管当前郑州经济运行总体上保持在合理区间，但面临的国内外环境复杂性和不确定性加剧，有的甚至超出了预期。世界经济复苏速度放缓，全球粮食、能源等大宗商品市场大幅波动，国内新冠肺炎疫情近期多发，市场主体困难明显增加，特别是接触式服务业受到的影响最大，不少小微企业和个体工商户遭遇空前生产经营压力，有的甚至面临生存危机。受疫情和国际大宗商品价格上涨等因素影响，经济循环不够畅通，存在一些堵点、淤点，从而导致新的下行压力进一步加大。因此，稳基建稳投资、稳市场主体、保持经济平稳增长，将是未来一个时期郑州经济发展的重中之重。

面对新的疫情防控形势，郑州市坚持"外防输入、内防反弹"总策略和"动态清零"总方针不动摇，科学研判、精准施策、统筹调度，采取坚决果断措施，加大疫情防控力度，力争在一个潜伏期内圈住封死捞干扑灭疫情，尽快实现社会面清零，最大限度减少疫情对经济社会发展的影响。为全面落实中央稳增长、稳市场主体、保就业的决策部署，郑州市从加大财税扶持力度、强化金融服务、加大减本降负力度、强化人力资源保障、加强主体培育、助力中小企业扩大市场需求、保障中小企业款项支付、深入推进中小企业帮扶工作等方面出台 32 项惠企纾困政策措施，精准开展"万人助万企"活动，着力帮扶市场主体渡过难关、恢复发展活力。以前瞻 30 年的战略眼光，聚焦前沿新兴技术，加快谋篇布局，投入 3000 多亿元加快推进新型基础设施建设，进一步释放郑州经济增长潜力。郑州市还出台了全面放松限购限贷的 19 条房地产新政，促进房地产业良性循环和健康发展。

郑州市为强化疫情防控、化解经济下行压力所采取的上述政策举措，贯彻和体现了中央精神，符合郑州经济稳增长实际。可以预期，这些政策举措的逐步落地和贯彻实施，将为实现全年经济平稳增长、保持经济运行在合理区间提供有力支撑。但同时也要看到，当前世界局势复杂多变，特别是俄乌战争超出预期，可能会给郑州经济平稳运行带来难以预测的不确定性和严重挑战。由于新冠肺炎疫情仍在全球特别是周边国家和地区蔓延，国内、省内和郑州市的疫情可能会出现反复。同时，郑州出台的相关政策措施从实施到效果显现也需要一个过程。据此，对郑州市 2022 年经济走势可作出如下总体判断：二季度受国内散发疫情和国际地缘政治局势的影响，新的经济下行压力加大，上半年经济增速较为缓慢，预计在 5.5% 左右；下半年各项政策相继落地见效，特别是新基建投资项目开工建设和房地产新政赋能效应的显现，将有效驱动经济活力增强、发展动能和潜力释放，拉动经济增速提升，全年经济运行整体上将呈现"前低后高、波动上行"态势，预计全年经济增速在 6.5% 左右。

（二）郑州社会建设发展趋势分析

面对特大暴雨灾害和多轮次疫情散发的严峻考验，2021 年郑州市坚决贯彻以人民为中心的发展思想，毫不放松抓好常态化疫情防控，着力强化就业优先政策，高质量建设郑州美好教育，健全完善社会保障体系，推动社会事业取得可喜发展成就，使人民群众的获得感、幸福感、安全感进一步增强，为郑州国家中心城市现代化建设提供了强有力的社会支撑。

2022 年，由于受到宏观经济面需求收缩、供给冲击、预期转弱"三重压力"的影响，郑州市经济下行压力巨大，一些市场主体受到严重冲击，不少中小微企业，特别是接触性服务业的中小微企业生产经营面临较大困难，有些甚至停产歇业，保就业、保民生、保市场主体任务艰巨。就业是民生之本。为进一步落实好就业优先政策，郑州市在继续贯彻上一年实施的一揽子精准实用措施的基础上，进一步出台做好疫情防控期间就业创业工作的新举措，在着力稳定现有就业的同时，大力开辟新的就业空间。在这些政策的有力支撑推动下，全市一季度就业工作开局良好，全市新增城镇就业3.54万人，完成年度目标任务13万人的27.2%；新增农村劳动力转移就业10554人，完成年度目标任务的30.15%①。随着上述政策举措进一步落地见效，预计全市就业总体上继续呈现平稳态势，实现城镇新增就业13万人，新增农村劳动力转移就业3.5万人，城镇登记失业率保持在控制目标4%以内，年内实现20万名高校毕业生来郑留郑。

在需求收缩、供给冲击、预期转弱"三重压力"背景下，保障和改善民生难度加大，兜住兜牢民生底线显得尤为重要。保民生就是保稳定，抓民生也是抓发展。面对空前巨大的压力，郑州市将"全力推动养老服务高质量发展，着力打造养老服务'郑州模式'，不断满足老年群体多样化、高层次的需求"②；将实施全民参保计划攻坚行动，进一步健全社会保障制度体系，"发展多层次、多支柱养老保险体系，完善企业年金、职业年金制度，提高企业年金覆盖率，规范发展第三支柱养老保险，推动个人养老金发展"③；将继续筑牢公共卫生安全防线，推进医疗卫生资源优化配置，加快区域医疗中心建设，着力提升医疗服务质量和水平。可以预见，2022年全市保障和改善民生能力将进一步增强，民生保障网将会筑得更密更牢。

（三）郑州法治建设发展趋势分析

法治建设既是郑州国家中心城市现代化建设的重要内容，又是郑州国

---

① 《关于省、市重点民生实事工作三月份完成情况》，郑州市人力资源和社会保障局官网，2022年4月7日。
② 《织密"民生网" 安居幸福城》，《郑州日报》2022年3月23日。
③ 《郑州"十四五"人社事业 发展锚定八大目标》，《郑州日报》2022年3月21日。

家中心城市现代化建设的重要引领和保障。2021 年在以习近平同志为核心的党中央坚强领导下，郑州市坚决贯彻党中央重大决策部署，积极回应郑州人民对美好生活的期盼，紧扣郑州治理体系和治理能力现代化的需求，坚持党的全面领导，坚持以人民为中心，不断推进民主政治制度化、规范化、程序化，努力把制度优势转化为治理效能，在社会主义法治建设上迈出了新步伐、取得了新成效，为加快郑州国家中心城市现代化建设做出了积极贡献。

迈向新征程，习近平总书记向全党全国发出了"发展全过程人民民主"、开辟社会主义民主政治建设新征程的号令。2022 年，郑州市将坚持以习近平法治思想为根本遵循，深入学习领会习近平总书记关于发展全过程人民民主的重要论述，扎实推进全过程人民民主建设，把人民当家做主具体地、现实地体现到国家中心城市现代化建设的政策措施上来，具体地、现实地体现到全市各个方面各个层级工作上来，体现到实现人民对美好生活向往的工作上来；把党的领导、人民当家做主、依法治国有机统一起来，统筹推进依法治国、依法执政、依法行政，协调推进法治国家、法治政府、法治社会一体建设；依法履职、勇于担当作为，聚焦高质量发展这个主题，坚持目标导向、问题导向，切实加强重点领域立法，扎实推动立法计划项目落实到位；聚焦科技创新、改革开放、现代产业体系建设、城市发展方式转变、优化公共服务、风险防范等，着力强化重要领域监督，在发展全过程人民民主方面取得新成效。

2022 年，郑州市将继续坚持不懈地推进执法规范化建设，切实把严格规范公正文明的执法要求落到实处，不断提高执法司法公信力，努力让人民群众在每一起案件办理、每一件事情处理中都能感受到公平正义。将继续把推进全民守法作为基础工程，全面落实"谁执法谁普法"普法责任制，督促各级领导干部带头尊法学法守法用法，引导广大群众自觉守法、遇事找法、解决问题靠法。将继续坚持依法行政，深化政务公开，以贯彻落实《法治政府建设实施纲要（2021~2025 年）》为引领，对标全国法治政府建设综合示范创建标准，全面推进法治政府建设，健全依法决策机制，严格执行重大行政决策程序，充分发挥法律顾问、公职律师作用，提升行政决策的科学性、民主性。

（四）郑州文化建设发展趋势分析

2021年郑州市紧紧围绕国家中心城市现代化建设大局，战胜新冠肺炎疫情和特大暴雨灾害带来的种种困难与挑战，切实加强宣传思想工作，着力推进文化产业和文化事业繁荣发展，在文化产业转型升级、文化旅游融合、公共文化服务体系建设、文化遗产保护、黄河文化保护传承弘扬、文化交流传播等方面取得显著成效，为加快郑州国家中心城市现代化建设提供了坚强的思想保证和强大的精神力量。

2022年是党的二十大召开之年，郑州全市宣传思想工作将坚决贯彻党中央部署，"坚持以习近平新时代中国特色社会主义思想为指导，稳中求进、守正创新，紧紧围绕迎接、宣传、贯彻党的二十大这条主线谋划推进宣传思想工作"；着力"推动习近平新时代中国特色社会主义思想深入人心，引导广大干部群众自觉做党的创新理论的坚定信仰者和忠实实践者"；更加"用心用力做好新闻宣传、文艺宣传、社会宣传等工作，深化党史学习教育，为党的二十大胜利召开营造浓厚氛围"。[1]

2022年，郑州将继续坚持把社会效益放在首位，深化文化领域供给侧结构性改革，大力繁荣发展文化事业，持续加大优质文化产品和服务供给力度，努力为人民提供更多更好精神食粮。将紧抓难得的历史机遇，对标国际一流，围绕健全现代文化产业体系，完善产业规划和政策，促进形成文化产业发展新格局。深入贯彻实施文旅文创融合战略，加快黄河文化带、环嵩山文化带、中心城区文化板块"两带一心"建设，围绕"山河祖国"城市文化形象定位，着力打造黄河历史文化主地标城市；加快推进黄河、大运河、长城国家文化公园和黄河国家博物馆、大河村国家考古遗址公园、"黄河天下"文化演艺综合体、商代王城遗址保护开发、郑州国家级非遗中心等重

---

① 《全国宣传部长会议在京召开》，《人民日报》2022年1月6日。

大文化旅游项目建设，全力打造世界级文化地标；结合科技、非遗、民俗等元素，推出一批具有"中原特色、郑州元素"的文创产品，扩大优质文化产品供给，进一步提升郑州文化软实力；坚持以科技创新赋能文化产业高质量发展，培育文化产业新业态和文化消费新模式，以科技创新推动文化消费嵌入各类消费场所，不断提高文化消费的科技性、体验性、丰富性；继续坚持以文塑旅、以旅彰文，推动文化旅游与各行业的广泛融合，形成一批新场景、新业态、新模式，更好地实现人民群众对美好生活的向往。

（五）郑州生态建设发展趋势分析

郑州市抢抓黄河生态保护和高质量发展上升为重大国家战略的历史机遇，深入贯彻落实绿水青山就是金山银山理念，把生态环境保护摆在更加重要的位置，统筹推动生态环境保护与经济高质量发展，着力转变发展方式，深入推进大气污染防治，着力打造宜居宜业绿色生态环境，促进经济社会发展全面绿色转型，大力推动绿色发展，着力构建生态屏障，朝着"生态强"的奋斗目标迈出了新步伐、取得了新成效，为加快郑州国家中心城市现代化建设构筑了更为坚实的环境基础。

黄河是中华民族的母亲河，保护黄河流域生态事关中华民族伟大复兴。加强黄河流域生态保护，郑州义不容辞、重任在肩。2022年，郑州将进一步贯彻习近平总书记关于黄河流域生态保护和高质量发展的重要讲话和指示精神，扛牢黄河流域生态保护和高质量发展的政治责任，把握"重在保护、要在治理"这个要点，坚定不移走生态优先、绿色发展之路，推动黄河流域生态保护和高质量发展战略落地见效。将继续坚持山水林田湖草综合治理、系统治理、源头治理，以水而定、量水而行，着力加强生态保护治理，推动黄河流域高质量发展，努力实现河畅、水清、岸绿、景美，让黄河成为造福人民的幸福河。将加快推进郑州都市圈建设，促进沿黄区域合作交流，在加强流域生态环境联防联治、重大基础设施共谋共建方面取得新突破。

进入"十四五"发展新阶段，郑州将进一步贯彻落实党中央、国务院和省委、省政府关于坚决遏制"两高"项目盲目发展的决策部署，把碳达峰、碳中和纳入生态文明建设整体布局，严格落实能耗总量和强度双控、煤炭消费总量控制、碳排放强度和环境空气质量目标控制要求，分类施策，精准发力，严控增量，优化存量，坚决遏制"两高"项目盲目发展。将进一步推动实施绿色低碳转型战略，深化产业结构、能源结构、运输结构、用地结构调整，加快形成绿色生产方式，全面构建绿色生活场景，全力筑牢绿色生态屏障，在经济发展中促进绿色转型、在绿色转型中实现更大发展，推进全市生态环境质量持续向好，让郑州"绿城"的底色更绿更亮更美。继续坚持问题导向，紧盯各级生态环境保护督察反馈的"两高"项目、黄河流域生态保护等重点生态环保问题，立行立改、限期整改、持续整改，确保整改效果经得起实践检验、得到群众认可。可以预见，郑州将在守住生态环境保护底线、厚植国家中心城市现代化建设生态底色方面作出新努力。

参考文献

朱锋、倪桂桦：《拜登政府对华战略竞争的态势与困境》，《亚太安全与海洋研究》2022 年第 1 期。

张军扩：《疫情仍是影响明年世界经济和中国经济的最大不确定因素》，《光明网》2021 年 12 月 29 日。

世界银行：《全球经济展望》，2022 年 1 月 11 日。

郑州市统计局、国家统计局郑州调查总队：《2021 年郑州市国民经济和社会发展统计公报》，郑州市统计局 2022 年 3 月 14 日。

经 济 篇
Economy

新发展格局下的郑州市经济韧性分析

郝宏杰*

摘　要: 提升城市经济发展韧性,是实现"以国内大循环为主体、国内
国际双循环相互促进"新发展格局的核心要义。面对疫情、汛
情等多重冲击和经济下行压力,郑州市经济总体维持较快增长,
消费市场恢复态势较好,外贸增长基础坚实,财政一般预算收入
稳定增长,产业结构不断优化升级,彰显了强大的发展韧性。同
时,郑州市仍面临国内外不确定性因素的严重冲击、科技创新驱
动能力有待提升、中小微企业发展缺乏韧性等制约郑州市经济韧
性提升的不足与短板,为此需要从全面培育内生发展优势、大力
增强城市创新能力、着力提高经济"免疫力"和"快速修复力"
等方面提升郑州市经济韧性。

关键词: 新发展格局　经济韧性　内生优势　科技创新

* 郝宏杰,博士,郑州轻工业大学政法学院副教授、郑州市社会科学院经济所所长,主要从事
公共经济与管理、大数据与城市治理研究。

推动形成以国内大循环为主体、国内国际双循环相互促进的新发展格局，是以习近平同志为核心的党中央根据我国发展阶段、环境、条件变化，审时度势作出的重大决策，是重塑我国国际合作和竞争新优势的战略抉择，是新发展阶段要着力推动完成的重大历史任务。经济韧性是指面对国内外环境变化，通过经济主体的自动调适机制，以及政府政策的应变调整，有效防止经济的起伏波动，实现经济软着陆，保持经济可持续发展。经济韧性具有以下特点：第一，它表明经济系统存在内在不稳定性，可能会面临经济运行风险；第二，由于经济活动具有开放性，影响经济韧性的因素很多，既有能源危机、金融危机、贸易冲突、战争等外部因素，也包括自然灾害、公共卫生突发事件、资本市场投机过度、经济结构失衡、内需不足等内部因素；第三，在内外因素的扰动下经济起伏波动时，经济系统可以通过相关政策的实施从波动中恢复。总之，经济韧性要摆脱国内国际不利因素、维护国内国际双循环，这既是新发展格局的内在要求，也是形成新发展格局的主要途径。

一 郑州市经济韧性的主要表现

近年来，面对疫情、汛情等多重冲击，郑州市经济运行遇到了前所未有的严峻挑战与考验，经济增速下行压力进一步加大，但政府顶住压力，统筹做好疫情防控和经济社会发展，坚持稳字当头、稳中求进，把稳增长放在更加突出位置，爬坡过坎、主动作为，整体上稳定住了宏观经济大盘，保持经济运行在合理区间，彰显了强大的发展韧性，这主要表现在以下方面。

（一）经济总体保持平稳较快增长

近年来，郑州市总体上保持了经济的快速增长，地区生产总值从 2016 年的 7994 亿元增长到 2021 年的 12691 亿元，年均增速 9.7%。至今，新冠肺炎疫情仍然在全球蔓延，2021 年郑州市更是遭遇到洪灾和疫情双重夹击，但按照不变价格计算，2020 年和 2021 年郑州市 GDP 仍然分别维持了 3% 和 4.7% 的较快增速。2022 年第一季度郑州市经济发展总体符合预期，地区生产总值为 3138.1 亿元，同比增长 3.5%。其中，第一产业增加值 24.6 亿元、同比增长 6.9%，第二产业增加值 1182.0 亿元、同比增长 5.2%，第三产业增加值 1931.5 亿元、同比增长 2.5%。①

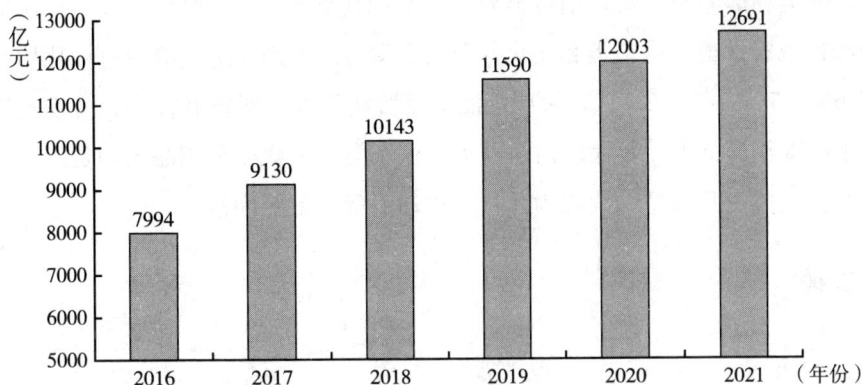

图 1　2016~2021 年郑州市 GDP 变动趋势

资料来源：郑州市历年国民经济和社会发展统计公报、统计年鉴，郑州市统计局网站。如没有特别注明，以下数据均来自郑州市历年国民经济和社会发展统计公报、统计年鉴。

（二）消费市场恢复态势较好

2020 年新冠肺炎疫情突发之前，郑州市社会消费品零售总额呈现快速增长态势，从 2016 年的 3665.8 亿元增长到 2019 年的 5324.4 亿元，年均增速高达 13.2%。2020 年受新冠肺炎疫情的影响，社会消费品零售总额下降到了 5076.3 亿元，同比下降 4.7%。但 2021 年郑州市消费市场平稳增长，社会消费品零售总额恢复到了疫情前的水平，达到 5389.2 亿元，同比增长 6.2%。

2021 年社会消费品零售总额中，城镇消费品零售额 4870.6 亿元，同比增长 6.3%；乡村消费品零售额 518.6 亿元，同比增长 4.9%。分行业看，批发业零售额 588.9 亿元，同比增长 1.9%；零售业零售额 3864.1 亿元，同比

① 郑州市统计局：《一季度郑州市整体经济运行情况》，郑州市统计局网站，https://tjj.zhengzhou.gov.cn/tjxx/6405737.jhtml。

增长 6.7%；住宿业零售额 25.0 亿元，同比下降 0.5%；餐饮业零售额 911.1 亿元，同比增长 7.0%。这说明基本生活类消费保持平稳较快增长，升级类消费需求持续释放。从限额以上单位商品销售分类看，2021 年，粮油食品类和烟酒类等日常消费类商品分别同比增长 3.7% 和 42.1%，家用电器和音像器材类、汽车类和文化办公用品类等改善消费类商品分别同比增长 25.6%、5.5% 和 3.3%，这说明烟酒类消费和新型消费发展较快，特别是郑州市中青年群体占比较大，对电器类、汽车类和文化办公用品的消费需求不断增长，消费升级将继续成为郑州市拉动消费的重要因素。

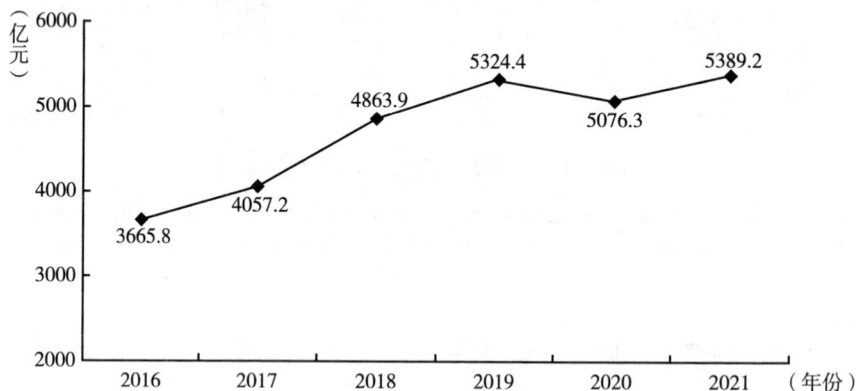

图 2　2016~2021 年郑州市社会消费品零售总额变动趋势

（三）外贸增长基础坚实

近年来，郑州市对外贸易保持了快速增长，进出口总额从 2016 年的 3652 亿元增长到 2021 年的 5892 亿元，位居全国省会城市第五、中部城市首位，高于西安和武汉，国际交通枢纽门户地位显著提升，对外开放体系高地地位日益稳固，外贸对经济发展的拉动作用明显。2021 年空中、陆上、网上、海上"四条丝路"发展迅速：空中丝绸之路方面，新开通 7 条国际定期货运航线，航空货邮吞吐量 70.47 万吨，同比增长 10.22%，连续 5 年保持在中部第一、全国第六，连续两年跻身全球货运机场 40 强；陆上丝绸之路方面，开行班列 2002 班，货重 121.83 万吨，增长 68.25%；网上丝绸之路方面，跨境电商交易额增长 17.35%，并获批全国首个跨境电子商务零售进口药品试点；海上丝绸之路方面，海铁联运线路 6 条，到发 17930 标箱，增长 18.6%。①

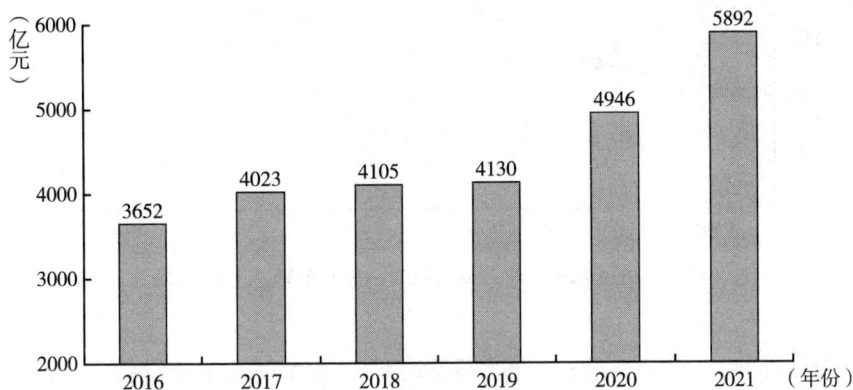

图 3　2016～2021 年郑州市进出口总额变动趋势

（四）财政一般预算收入增长稳定

近年来，郑州市财政收入总体上保持了稳定增长，一般公共预算收入从 2016 年的 1011 亿元增长到 2021 年的 1224 亿元，年均增速 3.9%。其中，2021 年财政一般预算收入较上年有所下降，这一方面说明疫情冲击对企业经营存在一定影响，另一方面说明政府主动采取的减税降费政策导致财政收入出现回落。

（五）产业结构不断优化升级

近年来，郑州市三次产业结构不断优化：第二产业比重从 2016 年的 46.8%下降到 2020 年的 39.7%，2021 年维持在 39.7%；第三产业比重从 2016 年的 51.3%上升到 2020 年的 59.0%，2021 年同比下降了 0.1 个百分点。第二产业比重下降、第三产业比重上升趋势符合中心城市产业升级的规

① 曹婷：《全国第五　2021 年郑州进出口总额超 5892 亿元》，《人民资讯》2022 年 1 月 28 日。

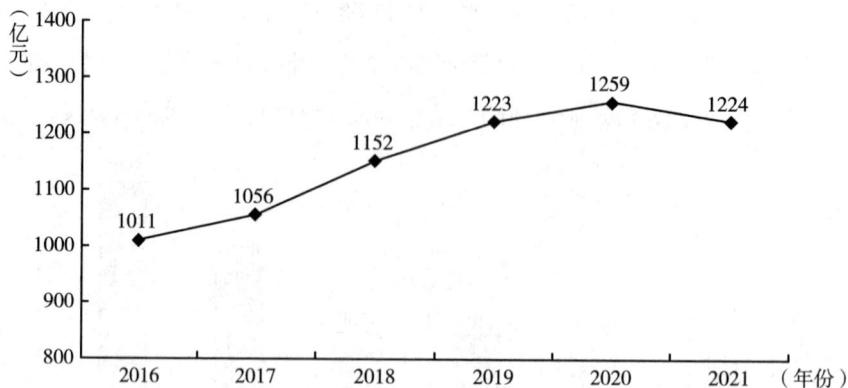

图4 2016~2021年郑州市财政一般预算收入变动趋势

律；与此同时，第二产业比重虽然下降了，但其发展质量持续提升，2016~
2021年郑州市规模以上工业增加值保持快速增长，尤其是2021年规模以上
工业增加值达到4236亿元，同比增速10.4%，在九大国家中心城市中位于
前列。同时，制造业向高端化、智能化、绿色化转型，形成电子信息、汽
车、装备制造、现代食品、铝加工、新型材料6个千亿级产业集群，这六大
主导产业占规模以上工业的比重超过82%。此外，郑州市战略性新兴产业
和高技术制造业占工业增加值的比重分别达到43.4%、32.7%。

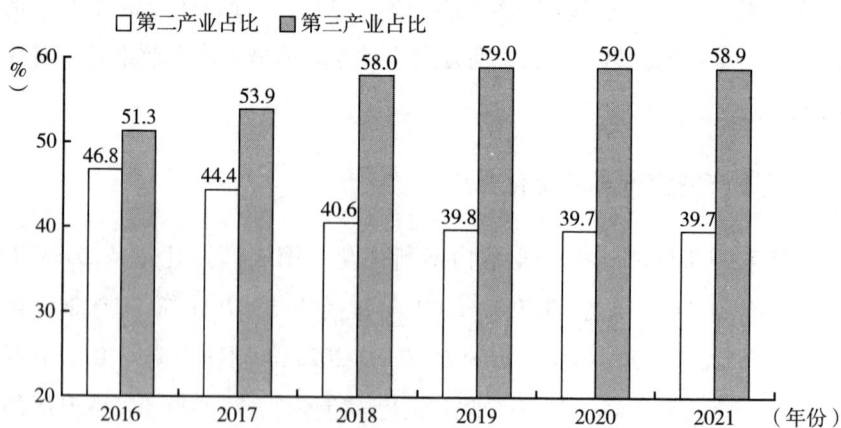

图5 2016~2021年郑州市第二、第三产业结构变动趋势

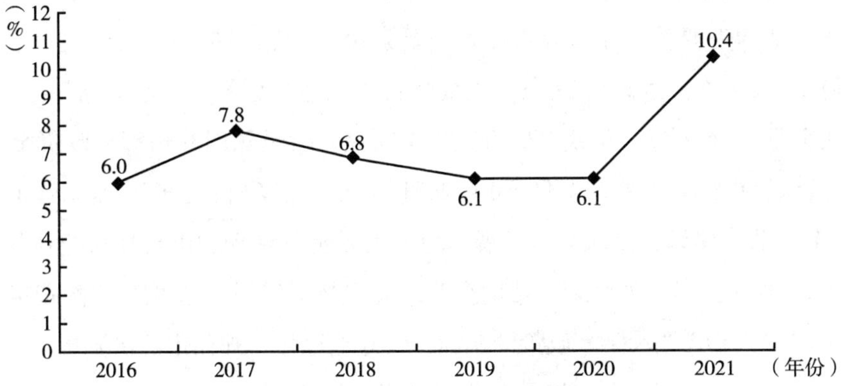

图6 2016~2021 年郑州市规模以上工业增加值同比增速变动趋势

二 郑州市经济韧性的优势和潜质

经济韧性取决于经济结构、产业结构、消费结构、市场化程度、要素配置效率、营商环境、公共服务质量等多种因素。郑州市的经济韧性是如何形成的？除了改革开放 40 多年来形成的比较稳固、均衡的经济基本面外，前瞻性的政府扶持政策，庞大人口基数下的市场和内需潜力，稳定的产业链、供应链，信息技术的广泛应用等因素共同支撑起郑州市经济的强大韧性。

（一）政策效应持续释放制度韧性

2020 年初，面对外部环境严重恶化和新冠肺炎疫情等因素对我国经济的严重冲击，党中央审时度势，及时推出"六稳""六保"政策，"六稳"即稳就业、稳金融、稳外贸、稳外资、稳投资、稳预期，"六保"即保居民就业、保基本民生、保市场主体、保粮食能源安全、保产业链供应链稳定、保基层运转。郑州市委市政府积极贯彻执行中央的精神，在保证城市水、电、气、热、公共交通、市政设施等基础设施正常运转的基础上，制定前瞻性的政策，落实"六稳""六保"：2020年主要从供需两端入手，以"三送一强"活动为抓手，加强政策保障、要素保障和纾困帮扶，出台促进经济平稳发展30条、稳就业28条，全域开展"三送一强""一联三帮"，累计帮扶企业37.6万家，解决275万人用工问题，拨付稳岗补贴等财政资金21亿元，减免缓缴税费514亿元；[①] 2021年遵循"项目为王"理念，推进"三个一批"建设，全域全员开展"万人助万企"活动，出台加快企业复工复产20条措施等系列政策，帮助企业解决问题8956个，新增减税降费98.6亿元。[②] "六稳""六保"政策的实施，较好地稳住了郑州市经济基本盘。

此外，市委市政府实施了深化"放管服"改革、优化资源配置和经济结构调整的结构化政策。这些政策一定程度上提高了科技创新能力，促进了主导产业、重点企业发展，优化了中小微企业发展环境，提升了经济抗外界风险能力和复苏速度，使经济具有了强劲韧性。

（二）庞大人口基数下市场和内需潜力释放消费韧性

作为一个拥有约1亿人口大省的省会城市，郑州的市场空间很大，各类需求层次丰富，规模优势显著，具有扩大内需的独特优势：第一，郑州市常住人口数量增速较快，从2016年末的972万人增加到2021年末的1274万人，5年净增加302万人，年均增速高达5.6%，在全国大中城市中位居前列；第二，郑州市城镇居民人均可支配收入稳定增长，从2016年的33214元增长到2021年的45246元，年均增速6.4%；第三，郑州是中部地区重要的商品流通中心，是洛阳、焦作、许昌、安阳等周边城市主要消费品的货源中转地，快速稳定发展的河南经济也是郑州市经济韧性的主要支撑因素。

庞大的人口基数基础上，人们基本的生活消费就是最稳定的内需源泉，也是构成郑州市经济韧性的最重要部分。同时，在居民收入增长和有效供给

---

① 侯红：《2021年郑州市政府工作报告》，《郑州市第十五届人民代表大会第四次会议政府工作报告》，2021年1月30日。

② 何雄：《2022年郑州市政府工作报告》，《郑州市第十五届人民代表大会第五次会议政府工作报告》，2022年4月27日。

不断改善的驱动下，人们消费升级的步伐会逐步加快，尤其是服务消费、网上零售等消费新业态会快速增长。此外，在人口城镇化和乡村振兴的"双轮驱动"下河南省广大地区尤其是农村居民的消费潜力也会持续释放。

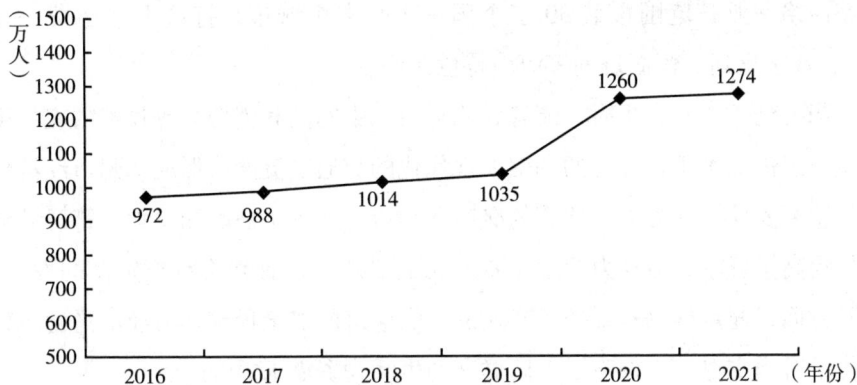

图7　2016～2021年郑州市常住人口变动趋势

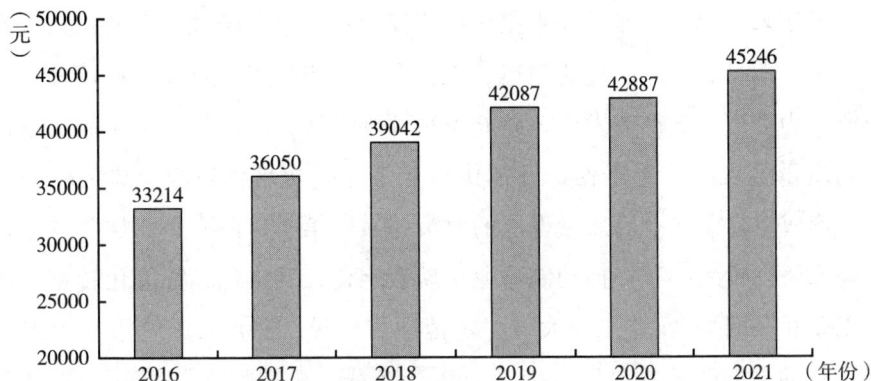

图8　2016～2021年郑州市城镇居民人均可支配收入变动趋势

（三）现代化交通物流网络支撑供给与开放韧性

郑州市区位优势得天独厚，交通网络四通八达，铁路、公路、航空构成了通达便捷的立体交通体系和覆盖全球的交通物流枢纽网络：第一，目前郑州市"高铁两小时经济圈"已覆盖半径500公里、人口4.08亿、全省近1/3

的经济总量，飞机"2 小时航空圈"覆盖全国国土面积的 3/4;① 第二，四条"丝绸之路"架起了通往中东欧、西欧、中亚和东盟的国际贸易大通道;第三，中欧班列（郑州市）构建"7 个口岸出入境、16 条线路直达"国际线路网络，业务范围覆盖 30 多个国家 130 多个城市，打造出"运贸一体化"、数字班列、恒温班列等河南特色品牌。②

当疫情等风险发生时，能源、原材料、中间品和消费品等物资的充足度是城市经济能否正常运行的基础，现代化的交通物流网络形成郑州市经济韧性的重要支撑：一方面，便捷的交通和物流，促进了商品和要素的跨区域流动，提高了资本、劳动力等生产要素的配置效率，有利于对外贸易的发展;另一方面，充足的物资维护了产业链、供应链的安全稳定，为经济平稳运行提供了有力支撑，也保障了人民群众的生活物资需求。

（四）主导产业优势支撑产业韧性

近年来，郑州市非常注重主导产业发展：第一，经过多年的积累，形成了电子信息、汽车、装备制造、现代食品、铝加工、新型材料六大主导产业，为促进主导产业发展，政府重视顶层设计，出台了《关于加快制造业高质量发展的若干意见》《加快重点工业企业培育的若干政策》等政策，形成支撑制造业高质量发展的政策体系;第二，鼓励企业加大先进设备技术研发投入，积极推动制造业实现数字化、网络化、智能化转型，加快工业互联网平台、"工业大脑"示范项目建设，深入实施"万企上云接链"行动，广泛开展"设备换芯、生产换线、机器换人"活动，推动企业内部数字化改造;第三，注重企业和产品品牌建设，加强产品质量监管，促进产品更新换代、品牌效益提升，宇通、海马、中铁盾构、郑煤机、好想你、三全、思念、白象、梦舒雅、娅丽达、逸阳等知名品牌叫响

---

① 数据来源：中国（河南）自由贸易试验区郑州片区官方网站，http：//www.zzftz.gov.cn/jtys.jhtml。

② 郑州市人民政府：《中欧班列（中豫号）全省五地"六列同发"》，https：//www.zhengzhou.gov.cn/news1/6380411.jhtml。

全国。

产业韧性是经济韧性的关键，其中主导产业抗风险的作用尤为重要。2020 年、2021 年郑州市六大主导产业增加值分别增长 6.37% 和 13.3%，主导产业优势的增强，提升了整个产业抗风险能力，带动产业链上中下游、大中小企业创新发展，保障了郑州产业韧性和经济韧性。

（五）信息化技术创新提升发展韧性

信息化技术已经成为经济社会发展的核心驱动力，引发生产方式、居民消费、民生服务、社会治理等领域多维度、深层次变革，从技术层面强化了经济韧性：第一，在政务服务领域，郑州市政府利用新一代信息技术，优化组织架构、运作程序和业务流程，构建了"数智治理""互联网+监管"等大数据驱动的政务新机制、新平台、新渠道，全面提升政府履职能力，形成现代化治理模式，并应用到疫情防控等场景中，有力地支持了高质量发展。第二，信息技术不仅是先进制造业的支撑，还催生了分享经济、平台经济、算法经济、智慧教育、远程办公、在线医疗、在线文娱、元宇宙等众多新经济模式，这些具有不受空间限制的优势，培育壮大了发展新动能，郑州市目前"上云企业"近 3.4 万家，占全省总量的 33%，重点企业装备数控化率达到 70% 以上，建成省级智能工厂（车间）91 家，成功入选国家智能制造试点示范项目、国家智能制造综合标准化与新模式应用项目 12 个。① 第三，在消费和服务业领域，在信息技术支撑下，通过网络为国内外消费者提供多元化服务，尤其是短视频和直播带货等新媒体应用门槛更低，具有普惠性，受众群体更广泛，降低了企业宣传和消费者获取成本，满足了消费者多元化消费需求，使得商家获得新客户、新增销量，巩固壮大了实体经济根基。

（六）中原文化软实力提升文化韧性

在中华文明发展进程中，郑州市经历了中华文明的孕育、发芽、发展和

---

① 郑州市制造业高质量发展工作领导小组办公室：《郑州市"十四五"先进制造业高地建设规划》，https：//public. zhengzhou. gov. cn/D5105X/6103688. jhtml。

形成等阶段，孕育、传承和塑造着中华文明，"行走郑州，读懂最早中国"也是郑州市的文化名片。文化是精神智力和动力源泉，是经济社会发展的"发动机"，是社会和谐稳定的"黏合剂"。在文化熏陶下，韧性是郑州市人民最主要的性格特点，拥有中华民族不屈不挠的精神。面对疫情汛情冲击，郑州市人民同样用实际行动证明了中华民族的韧性与血性。总之，丰富的历史文化资源增强了郑州市的软实力，持续提升着郑州市国家中心城市的竞争力，从资源、智力、产业、消费、环境等多个层面赋予郑州市经济更多韧性。

三　郑州市经济韧性的短板与不足

（一）面临国内外不确定性因素的严重冲击

2022年以来，国际形势更趋复杂严峻，一些突发因素超出预期：第一，全球经济复苏势头弱化背景下，欧美大部分发达经济体金融收紧，加快退出了宽松货币政策，在需求减缓的同时国际大宗商品价格不断攀升，引发物价和工资的螺旋式上涨，全球"滞涨"格局可能进一步固化和持续。第二，俄罗斯与乌克兰两国之间的军事冲突仍在持续，导致全球能源、稀有金属和原材料价格急剧上涨，同时粮食供应出现短缺，加剧了通货膨胀率的上升，德国等欧洲国家能源危机加重，经济复苏势头减缓。第三，在全球贸易低迷之际，美国等全球主要经济体出台的贸易保护主义措施却越来越多，对全球经济增长造成阻碍。更趋严峻复杂的外部环境，加剧了我国外贸企业原材料成本上涨、物流运输不畅、供应链瓶颈等问题，部分外贸企业尤其是中小微企业生产经营困难，郑州市2022年第一季度进出口总额1451.4亿元，仅增长1%，外贸形势面临严重考验。[1]

---

[1] 郑州市商务局：《河南首季外贸总值超两千亿元　郑州进出口完成1451.4亿元贡献逾七成》，https://swj.zhengzhou.gov.cn/swdt/6433696.jhtml。

国内方面，疫情防控形势也趋于严峻和复杂，疫情呈现点多、面广、频发的特点，一方面会导致居民消费预期和意愿的修复不能持续、消费者信心指数走弱、居民储蓄偏好持续增强、居民消费倾向出现结构性变化，不利于拉动消费；另一方面，可能会延长物流周期，并对劳动力流动和有效供给形成制约，对产业链供应链产生一定影响，对经济运行的冲击加大。

（二）科技创新驱动能力有待提升

长期以来，郑州市优质高等教育资源稀缺、高端人才短缺、产业层次低，研发基础非常薄弱，虽然近年来郑州市高度重视创新发展，但科技创新驱动能力总体上仍然比较落后：一是研发投入总量不足，2021 年郑州市研发经费投入强度为 2.31%，低于全国平均水平；二是创新主体不足，虽然 2021 年郑州市高新技术企业新增加了 1212 家，但高新技术企业总数只有 2944 家，远低于天津（7436 家）、武汉（6225 家）等国家中心城市；三是创新成果少，2021 年郑州市技术合同成交额 306.5 亿元，远远低于武汉（1127.75 亿元）和西安（2209.49 亿元）等国家中心城市。[①] 郑州市科技创新能力的不足直接导致底层技术缺乏、核心技术和关键设备对外依赖度较高、"卡脖子"技术较多，在全球产业链供应链竞争中处于不利地位，影响产业和经济发展的稳定性、安全性。

（三）中小微企业发展缺乏韧性

我国 70% 的进出口贸易是由中小企业创造的，而郑州市对外贸易过度集中于富士康等少数龙头企业，中小微企业国际竞争力和抗风险能力非常薄弱，韧性不足：第一，郑州市中小微企业以餐饮、商贸等服务业为主，存在企业少、布局分散、经营模式落后、专业化人才少等问题，尤其是受到疫情等因素冲击时，房租、人工、原材料等成本压力和市场需求疲软会成为中小

---

① 天津、武汉和西安 3 个城市的相关数据分别来自相应城市的 2021 年国民经济和社会发展统计公报。

微企业经营痛点；第二，大部分生产性中小微企业的生产模式以加工组装为主，且存在布局分散、技术水平落后、缺乏有效的质量和效率管理、缺少开放思维、不能主动适应市场需求变化等问题，与长三角、珠三角、山东、安徽等地企业存在明显差距，处于产业链、价值链低端，产品竞争力和企业抗风险能力比较薄弱；第三，受政绩观驱使，地方政府的财税、土地等政策集中支持大企业发展，对中小企业的有效支持不足。

（四）人才吸引力仍待增强

人才是创新活动中最为活跃、最为积极的要素，是增强经济韧性的关键。目前，郑州市62所高等院校共拥有120余万名在校生，丰富的人才资源中蕴藏着巨大的潜力和活力。虽然郑州市近年来也实施了"招才引智"等人才政策，每年引进各类人才上万人，但是在各大城市竞相"下血本"引进人才的背景下，郑州市对高校毕业生等人才的吸引力仍待增强，同时郑州市人才工作还存在引才和留才难度较大、人才潜力未能有效发挥、各行业高精尖人才比重不高、人才队伍不稳定等一系列问题。原因在于以下几个方面：第一，郑州市虽然高校数量多，但省管高校占主要部分，校市合作机制不畅导致高校人才培养与郑州市经济社会发展需求之间存在脱节现象，进而导致郑州市高校毕业生能力素质与本地用人单位实际岗位需求的匹配度不高；第二，相比长三角、珠三角等发达城市，郑州市职工的工资水平普遍较低，且大部分企业所提供的社保、住房和交通补贴等福利水平也不高，但郑州市居民在住房、教育、社交等方面的生活成本相对较高，这降低了城市宜居度和居民幸福指数；第三，单位领导人才意识不强，人才工作中口号响、行动弱，薪酬和晋升等激励机制不够合理，人才的专业特长不能有效发挥，人才成长的空间有限，带来人才"用不好""留不住"难题。

（五）中高收入等群体消费升级缓慢

虽然目前郑州市的居民消费总体上呈现回暖趋势，但内需对经济的贡献率仍然偏低，2021年郑州市居民消费率为42.5%，低于重庆

（50.1%）、西安（46.4%）等国家中心城市[①]，距离日本、韩国的 60% 左右的水平还有较大差距，居民消费能力对消费增长的拉动作用还需进一步提升。促进消费需要相关消费群体的带动，我国中高收入家庭蕴含了巨大的消费潜力，包括休闲、旅游和体验等精神消费，知识和自我提升方面的知识消费，提升自身和家人身体健康的消费，以及互联网的高速发展引发的数字化消费。然而目前中高收入群体家庭对郑州市消费升级的作用还亟待提升：一是中高收入群体收入增长并不明显，家庭财富甚至呈现下降趋势；二是中高收入群体家庭更加重视子女的教育，较大比例的家庭年收入用于子女教育，同时父母还减少了休假、放弃了个人爱好，也就是说子女教育投资挤压了其他方面消费，导致文化旅游等服务消费较为低迷，不利于消费升级。

（六）城市治理的韧性和柔性不足

当前，郑州市已步入特大城市阵营，进入高质量发展的关键时期，然而极端气候灾害、突发公共卫生事件等的破坏作用并未完全消减，各种不确定因素和未知风险不断叠加，特大型城市的人口"拥挤效应"会放大或扩散风险，使城市经济发展不稳定、不确定性因素明显增加。例如 2021 年 "7·20" 特大暴雨灾害给郑州市基础设施造成巨大冲击，带来大面积的停水断电断网等危情，部分区域救援通信系统、交通系统、支付系统难以正常运行，人员失联信息无法及时发布，造成重大人员伤亡和财产损失，这充分暴露出城市基础设施、预警发布、应急指挥、抢险救援、社会动员、科技支撑等韧性不足问题。只有加强"韧性城市"建设，才能为经济发展提供安全保障。

社会治理需要"科学立法""严格执法"等"刚性手段"来守住社会底线，但现代化城市是一个复杂的体系，包含不同类型的空间和场景，以及不同的群体，城市还需要"柔性治理"。目前，郑州市在许多部门和领

[①] 居民消费率是指居民个人消费和社会消费的总额占当年地区生产总值的比例，重庆、西安数据来自各自的 2022 年国民经济和社会发展统计公报。

域存在"一刀切"的治理模式,忽略了不同空间环境的特殊性和群众的多元化需求:一方面,一些上级单位往往忽视了地区和下级部门间存在的差异,要求各项工作落实"齐步并走",表面上看似乎是工作力度大、很有魄力,但实际上下级部门无法有效落实;一些下级单位或基层单位往往忽视本地区、本部门工作实际,把上级的指令"生搬硬套",看似"不折不扣坚决落实",实际结果是向下叠加传导,层层提速、层层加码,把所有压力传递给基层或群众,最终导致治理结果的"形式主义""政绩工程",各种问题和失误也可能会被放大。所以,如果处理不好"刚性治理"和"柔性治理"的关系,不仅会浪费大量的公共资源,人民群众最关心、最直接、最现实的利益问题还得不到有效解决,就难以收拢人心、提升城市吸引力。

四　提升郑州市经济韧性的对策建议

(一)全面培育内生发展优势

内循环是稳增长和增强经济韧性的基本保障,必须改变长期以来对发达国家市场的过度依赖,努力培育自身内生发展优势,这也是一项长期工作,重点需要从以下三个方面发力。

1. 以全国统一大市场建设为契机,促进企业转型发展

2022年4月中共中央、国务院出台了《关于加快建设全国统一大市场的意见》,意见指出要加快建立全国统一的市场制度规则,打破地方保护和市场分割,打通制约经济循环的关键堵点,促进商品要素资源在更大范围内畅通流动,加快建设高效规范、公平竞争、充分开放的全国统一大市场。全国统一大市场建设的举措一方面为郑州市企业提供发展机遇,使要素跨境流动更加自由便捷,企业在国内国际竞争中有机会做大做强,从而取得发展新优势;但另一方面,郑州市企业总体竞争力还比较弱,政府需要进一步深化"放管服"改革,继续"简政放权",提高公共服务效能,让民间资本参

与竞争性投资，引导和支持广大企业主动把握市场开放机遇，对标国际国内先进产业水平，加速转型升级，提高产品质量和管理水平，积极融入产业链高端地位，在持续增强竞争力的同时创造更多就业机会。

2. 多渠道激发内需，加快国家消费中心城市建设

内需是经济发展的出发点和落脚点，郑州市要加快构建完整的内需体系。第一，破解产业、城乡间发展不平衡问题，强化收入分配激励机制，全面提高劳动生产率，多举措提升居民可支配收入；第二，完善灵活就业人员社会保障政策，稳定外来务工人员、"4050"群体等中低收入群体就业，提高其收入和消费水平；第三，通过诚信、监督和评价体系建设，落实好教育"双减"政策，扩大居民医保范围，争取房地产税试点，切实减轻家庭教育、医疗等负担，促进中高收入群体消费升级，推进文旅消费；第四，深化供给侧结构性改革，从增加产品服务有效供给视角，提振汽车、家电等大宗商品消费，借助抖音、快手等新媒体平台，持续培育、研发、创新一批传播性和消费性强的产品，支持新零售、直播电商为代表的消费新业态发展，打造夜间经济集聚区和"网红打卡地"，加快打造国际消费中心城市。

3. 积极发挥投资在经济增长中的"压舱石"作用

虽然近年来城市建设和房地产领域投资速度大大减缓，但是投资仍然是拉动经济增长、维护经济稳定、促进就业的重要途径。在构建新发展格局中，郑州市需要补齐投资短板，扩大有效投资，积极发挥投资的"压舱石"作用：第一，按照适度超前开展基础设施投资的要求，推进水利、交通、能源等基础设施建设，加快城市燃气管道等老化更新改造和排水防涝设施建设，加强新型基础设施建设；第二，围绕高质量发展要求，加大先进制造业、数字经济、节能环保、大医疗健康产业等领域投资，促进高端制造品和消费品生产；第三，加大老旧小区改造、普惠幼儿园、社区托幼养老、全民健身等民生急需的基础设施建设力度和公共服务领域投资，为居民提供兜底保障，打通居民消费的堵点；第四，创新投融资机制，进一步放宽准入领域、降低投资门槛，重点支持民营企业在新型基础设施领域开展技术创新和商业模式创新，培育经济社会发展新动能。

（二）大力增强城市创新能力

鉴于郑州市创新能力方面的多重短板，需要集郑州市全市之力，建立"政府、市场和社会多方协同"的创新生态体系，持续提升城市创新能力。

1. 更新创新内涵，实施全方位创新战略

创新不仅仅是一个技术概念，更是经济社会概念，包含制度创新、科技创新和管理创新等层面，郑州市要围绕这几个层面推动全方位创新：第一，制度创新是我国社会主义市场经济体制永葆活力的根本来源，要在政治社会秩序稳定运行前提下，改革目前制度体系中的顽瘴痼疾，优化体制机制，改善治理手段，提高治理效能；第二，科技创新又包括基础科学、技术科学、应用技术三个层次的创新，当前阶段，郑州市要整合高校、科研院所、企业、中介组织等科技创新要素，围绕经济社会发展需求，抓基本创新、抓重大创新、抓尖端创新，实现在主要科技领域和方向上"占有一席之地"的战略目标；第三，管理创新方面要通过现代绩效管理制度推动政府、企业、社会组织等组织把创新渗透于管理的整个过程，不断进行观念创新、制度创新、市场创新，进而实现组织价值和管理效能的最大化。

2. 加大创新主体培育力度，提升企业创新水平

郑州市正处于由高速发展转向高质量发展的关键节点，目前面临的关键问题还是核心技术能力不足、仍然处于国内外产业链中低端地位等难题，需要加快提升企业创新水平。第一，扩大创新主体数量，继续实施高新技术企业、科技型企业、高成长性企业、省级及以上创新平台倍增计划，加强"专精特新"中小企业培育，大力建设制造业创新中心、工业设计中心；第二，加大装备制造、人工智能、数字经济等领域研发投入；第三，以"科研+产业+资本"的建设模式，积极引进高端创新资源在郑建立研发机构，积极争取国家大科学中心、重大科技基础设施、综合性产业创新中心等落地布局；第四，依托国家技术转移中心建设郑州科技大市场，加速科技成果转移转化，加大知识产权保护力度，优化激励机制，共享创新资源。

3. 落实青年创业创新行动，汇聚更多创新力量

要认真落实郑州"青年创业创新行动"，促进青年科技人才成长，使他们成为科技创新主力军。第一，全社会营造尊重人才的大环境，建立党政领导联系人才制度，坚持视才如金、求才若渴、与才交友，切实当好人才的挚友、诤友、好友；第二，优化布局教育、医疗卫生等公共设施，提高基本公共服务供给质量，打消青年人才后顾之忧；第三，健全"市校"协同人才培养机制，依据郑州经济社会发展需求动态优化在郑高校人才培养方案，把"青年创业创新行动"延伸到在郑高等院校，加强对在校大学生"创新创业"项目的支持，利用政府、企业等资源建立足够的"大学生校外实践基地"。

（三）着力提高经济"免疫力"和"快速修复力"

保障产业链和供应链稳定，是有效应对各类外部风险冲击并保持经济持续健康发展、增强郑州市经济"免疫力"和"快速修复力"的关键。

1. 强化基础产业和传统产业优势

基础产业提供了全面支持人们生产生活的交通、道路、通信、能源、水利等产品，是经济社会发展的重要基础。传统产业是依靠要素禀赋等优势长期发展积累形成的本地具有比较优势的产业，传统产业不等于夕阳产业，新产业、新动能都是在传统产业基础上衍生发展起来的。第一，盘活闲置用地，腾出低效用地，置换商业和安置用地，调优调增基础产业发展空间；第二，根据经济社会高质量发展和消费升级等需要，大力支持新基础产业发展，包括5G通信、新材料、新能源、新交通等为代表的"硬新基础产业"，以大数据、人工智能、IT软件等为代表的产业发展的"软新基础产业"，以及以工业互联网、智能物联网、智慧电网等为代表的"互联性新基础产业"；第三，通过数字化赋能、服务化转型、集群化培育，支持企业实施技改扩能，加快推进现代食品、铝加工等传统优势产业发展。

2. 进一步提升产业链供应链竞争力

目前，郑州市产业体系总体上还是以劳动密集型或组装加工产品为主，

许多核心器件依赖进口，核心技术发展受限，高端产业链尚未成熟。受国际能源原材料价格上升、劳动力成本上涨、部分发达国家"制造业回流"、部分产业向东盟国家转移、生态和环境治理压力增大等因素影响，郑州市制造业面临来自价值链两侧的竞争，可能会出现产业"断链"或"空心化"等风险，需要进一步提升产业链供应链竞争力。第一，郑州市应瞄准关键环、中高端，在产品细分市场中找到定位，努力打造动态比较优势，让更多附加值高、产业带动作用强的技术装备、材料器件和高端制造品主动融入全球分工体系；第二，产品设计环节处于产品链上游，决定着产品基本质量和可靠性，要挖掘整合地区需求，采取激励政策，提升区域工业设计水平，实现设计环节价值增值；第三，围绕重点产业链和重大项目开展精准招商和产业集群招商，保障工业经济平稳运行；第四，加大金融对实体经济的支持力度，实施"银企对接"行动，为供应链领域重点企业提供专属金融服务，提供更多"互联网+"的金融产品，最大限度满足企业融资需求；第五，对于有明显竞争优势，但又可能面临产业转移风险的行业，要尽快制定鼓励企业将核心技术、高附加值环节留在郑州市的支持政策；第六，对于可能受外部因素冲击的产业，需要通过技术、融资、人才、培训等扶持手段，鼓励企业加强产业基础技术研究和原始技术自主创新，减缓对相关产业与就业的负面冲击，让产业链供应链具有更强的"韧"性。

3. 增强中小微企业发展韧性

中小微企业不仅要通过政府与社会的救助获取外部支持，更要苦练内功，不断提升其发展韧性。第一，引导中小微企业根据经济社会发展新形势，做好充分的市场调研，选择前沿性的投资项目，并积极引进行业先进的技术和人才，对已有项目进行持续升级，形成自己特有的知识产权；第二，支持中小微企业最大限度接受劳动者就业，提供工作机会，履行社会责任；第三，贯彻落实《支持"专精特新"中小企业高质量发展的实施意见》，引导中小微企业积极对接"头雁"、单项冠军等龙头企业，落实已经出台的社保、金融、财税、用工等各项政策，在财政资金、融资担保、要素保障、研发投入等方面助力中小微企业做大做强。

（四）不断增强城市整体韧性

完善的城市基础设施、优质的公共服务是城市经济健康运行的坚实保障，郑州市应加快韧性城市和营商环境建设，"以人民群众"需求为中心、实施柔性治理，提升文化软实力，增强城市整体韧性，保障经济韧性。

1. 创新治理模式，加快韧性城市建设

目前，郑州市韧性城市建设面临地方政府绩效观与治理目标错位，部门间协同性差、基层政府超负荷，管理信息化和智能化等手段落后，缺乏学习更新长效机制，监督评价、激励约束机制不完善等突出问题。郑州市韧性城市建设需要从价值重塑、治理创新、技术融合、功能韧性、韧性社区、公众参与等方面构建整合模式，即牢固树立"以人民为中心"的价值观，建立数据共享和业务协同的韧性城市管理体系，实施"微循环"，强化公共设施的防灾性，全面提升城市"功能韧性"，激活城市社区韧性，健全公众参与机制。此外，还需要积极发挥理论、制度、财政、人才等方面的支撑作用。

2. 深化"放管服效"改革，建设一流营商环境

相比深圳等发达地区，郑州市营商环境不利于吸引投资和人才流入，应深化"放管服效"改革，着力解决长期以来形成的项目落地难、服务意识不强等各类突出矛盾和问题，建设一流营商环境。第一，从减环节、优流程、压时限、提效率等方面入手，优化"郑好办"等网上审核办理平台，最大化方便群众办事；第二，加强对民营企业和民营企业家合法权益的保护，在招商引资、投资建设便利度方面，实施"用地清单制"改革，推进政府监管职能和方式从注重事前行政审批向注重事中事后监管转变；第三，理顺"重叠地带""空白地带""分离地带"政府管理职责，提升基层政府公信力和公共服务效能。

3. 坚持"以人民为中心"的理念，实施柔性治理

市民是城市投资、生产和消费的主体，实施柔性治理，满足市民的多元化需求成为现代城市治理的根本价值取向。第一，各级政府在制定公共政策时，要避免"形式主义""官僚主义"，充分考虑地区和群体差异，因地制宜制定科学、合理、可行的实施政策；第二，打好"情感牌"，基层政府日常服务中，要用真心联系群众、真诚感动群众、真情服务群众，获得群众的理解和支持；第三，建立"线上线下"公众交流平台，实施民主协商、合作共治，激发公众参与城市治理的积极性和主动性。

4. 推动文化资源转化创新，增强文化软实力

文化是"老祖宗"遗留下来的宝贵财富，是郑州市经济社会发展的强大优势资源，郑州市要充分利用好历史文化资源，加快郑州历史文化的系统性诠释，促进文化转化创新，持续增强城市文化软实力。第一，加强对政府机关、企业等组织"爱国主义精神""廉洁精神""创新精神""韧性精神"的塑造，增强组织凝聚力、创造力、抗风险能力、韧性和竞争力；第二，利用微信公众号、抖音、快手等新媒体平台，把"中原文化"制作成便于快速传播的"音频""微视频"或"小段子"，发挥传统文化的教育意义，提升郑州市民文化素养，激发全民奋斗精神；第三，依托文化、自然等资源，打好文旅组合牌，积极推动郑州市博物馆、旅游景区等场馆提质升级，开发特色文旅产品，实现文化强市、旅游强市。

参考文献

苏任刚、赵湘莲：《制造业发展、创业活力与城市经济韧性》，《财经科学》2020 年第 9 期。

徐圆、邓胡艳：《多样化、创新能力与城市经济韧性》，《经济学动态》2020 年第 8 期。

李强：《新冠肺炎疫情下的经济发展与应对——基于韧性经济理论的分析》，《财经科学》2020 年第 4 期。

谭俊涛、赵宏波、刘文新、张平宇、仇方道：《中国区域经济韧性特征与影响因素分析》，《地理科学》2020 年第 2 期。

徐圆、张林玲：《中国城市的经济韧性及由来：产业结构多样化视角》，《财贸经济》2019 年第 7 期。

郭将、许泽庆：《产业相关多样性对区域经济韧性的影响——地区创新水平的门槛效应》，《科技进步与对策》2019 年第 13 期。

B.3
新发展格局下郑州市高水平对外开放的成效、困境与对策

贾玉巧[*]

摘　要： 近年来，郑州坚持把枢纽优势转化为物流优势和贸易优势，推动了外贸经济量质齐升、开放通道网络持续拓展、开放平台蓄势崛起、开放机制更加完善。但是还存在着对高水平对外开放认识不到位、外贸产业层次还处于产业链的中低端环节、四路协同度有待继续优化等问题。随着中国的开放模式逐步从商品和要素流动型开放向规则、规制、管理、标准等制度型开放转变，郑州市应积极主动适应国家开放模式的转变，充分发挥自身的区位、中间人才数量大、超大市场腹地、内陆地区口岸品种数量多功能全等优势，提升郑州市对外开放能级，助推郑州全面转型升级。

关键词： 郑州市　开放平台　制度型创新

党的十九届五中全会指出，坚持实施更大范围、更宽领域、更深层次对外开放，依托我国超大市场优势，促进国际合作实现互利共赢。随着中国成为世界第二大经济体，中国经济迈入高质量发展阶段，中国的开放模式逐步从商品和要素流动型开放向规则、规制、管理、标准等制度型开放转变。郑州市应积极主动适应国家开放模式的转变，充分发挥自身的区位、中间人才数量大、超大市场腹地、内陆地区口岸品种数量多功能全等优势，在充分理

* 贾玉巧，郑州市社会科学院经济所副所长、助理研究员，主要从事区域经济发展问题研究。

解高水平对外开放的前提下，以推动口岸经济从通道经济向产业经济转变为核心，以中间人才为基础的相对创新优势为支撑，以发挥河南超大市场对全球优质生产要素的虹吸能力为牵引，持续拓展开放通道网络，完善对外开放政策支撑体系，全面提升郑州高水平对外开放能级，助推郑州全面转型升级。

一　中国高水平对外开放的基本内涵和内在逻辑

随着国家提出高水平对外开放战略，各省市分别从不同层面推进落实，从郑州市及其他城市现有的开放举措看，呈现点式或面式，缺乏系统、深层次的措施体系。因此，把握高水平对外开放的内涵及内在逻辑，对于郑州推进高水平对外开放意义重大。

（一）高水平对外开放的基本内涵

党的十九届五中全会提出"坚持实施更大范围、更宽领域、更深层次对外开放，依托我国超大市场优势，促进国际合作实现互利共赢"。这是国家层面对高水平对外开放政策的基本陈述。一是坚持实施更大范围开放。二战后，经济全球化主要是发达国家推动的全球化，发展中国家本质上以开放的姿态接受发达国家市场经济的全球推进。中国主动融入西方发达国家主导的全球化，中国随着自身在全球价值链上位置的提升，在坚持对发达国家开放的同时，进一步扩大对发展中国家的开放。二是坚持实施更宽领域的开放。上一轮改革开放主要集中在我国具有相对优势的劳动密集型制造业，但是随着我国制造业的产业升级，急需高端服务业的支撑，下一轮开放不仅要坚持制造业开放，还要主动加大金融、咨询、知识产权、医疗、保险等服务领域的开放力度。三是坚持实施更深层次的开放。中国随着自身在全球价值链上的位置向中高端上升，对全球创新链的重塑需求越发强烈，中国不仅继续推进以贸易和投资自由化为特征的沿海沿边开放，还要在全境范围内，依托自贸区、自贸港等开放平台，构建以制度型开放为核心的高水平开放型经济新体制。四是依托本土市场优势。中国人均 GDP 已经超过 1 万美元，中等收入阶层有 4 亿多人，本土的超大市场需求将对全球的优质生产要素产生巨大的虹吸效应，从而对本土企业形成竞争引致创新效应，助推中国在全球产业链分工中形成以创新为核心的新型比较优势。

（二）高水平对外开放的内在逻辑

一是全球价值链分工演进理论是中国高水平对外开放的理论基础。中国在加入 WTO、参与全球价值链分工后，较长时间内一直处于产业链和价值链的中低端位置。随着近 20 年人力资本、产业资本的积累，中国在国际分工体系中逐步拥有了向全球价值链高端迈进的基础。二是产业的梯度转移是中国高水平对外开放的历史选择。工业革命后，现代工业集中在英国兴起，随着英国成为头号工业强国，英国的过剩产能向美国转移，为美国成为工业强国奠定基础，二战后日本、德国将轻工、纺织业向亚洲四小龙等新兴经济体转移；20 世纪 80 年代，欧日美以及"四小龙"推动劳动密集型产业向发展中经济体转移。中国正是在这个大背景下，积极对外开放，快速承接先行工业化国家转移过来的技术和产业，快速推进中国工业化进程，快速提升生产力水平，获得了分工和贸易创造的财富，为我国高水平对外开放打下了强大基础。三是中国经济迈向高质量发展阶段是中国高水平对外开放的现实逻辑。随着中国劳动力素质的提升、技术实力的迅速加强，中国有能力通过实施更高水平的开放，推动和引领新一轮经济全球化发展，并且调整和完善新一轮经济全球化规则。近年来，中国倡导"一带一路"建设、积极参与《区域全面经济伙伴关系协定》（RCEP），申请加入《全面与进步跨太平洋伙伴关系协定》（CPTPP）和《数字经济伙伴关系协定》（DEPA），逐步形成全方位、高水平开放的经济新格局。

二 郑州市高水平对外开放的基本成效

郑州市作为连通南北、横跨东西的枢纽城市，坚持把枢纽优势转化为物流优势和贸易优势的思路，推进外贸经济量质齐升、开放通道网络持续拓展、开放平台蓄势崛起，开放机制更加完善。

（一）开放经济：量质齐升

开放经济的发展水平是对外开放水平的基本指标。2021年，郑州市进出口总额完成5892.1亿元，同比增长19.1%，占全省的71.8%，在全国省会城市中排名第5位，连续10年在中部地区排名第一位。其中出口完成3552.8亿元，同比增长20.5%。进口完成2339.3亿元，同比增长17%。

1. 贸易结构更加优化

对外贸易的产品逐步从劳动密集型向技术和资本密集型转变。近年来通过大力培育先进制造业集群试点示范，电力、轨道交通、通信设备、工程机械等装备制造业产品的国际市场不断拓展；通过加大对战略性新型产业集群扶持力度，生物技术、节能环保、新一代信息技术、新能源、机器人等新兴产业国际竞争力持续提升。2021年，郑州市机电产品出口2989.7亿元，同比增长18.1%。其中，智能终端出口2727亿元，同比增长17.8%；汽车整车出口46.4亿元，同比增长25.9%；汽车零配件出口14.6亿元，同比增长70.2%。郑州市高新技术产品出口2813.8亿元，同比增长17.8%。其中，计算机与通信技术产品出口2782.8亿元，同比增长17.4%；电子技术产品出口13.5亿元，同比增长122%；航空航天技术出口增速高达171.1%。郑州市电动载人汽车出口21.2亿元，同比增长86.4%[1]。此外，还积极扩大先进技术、重要装备、关键零部件和优质消费品进口。

2. 贸易方式更加灵活

一般贸易稳步推进。2021年，郑州市一般贸易完成进出口总额965亿元，同比增长21.9%。其中，一般贸易出口726.8亿元，同比增长28.2%；一般贸易进口238.2亿元，同比增长6.2%。加工贸易水平逐步提升。积极申报国家加工贸易转型升级示范区，提升加工贸易技术含量和附加值，延长

---

① 资料来源：郑州市统计年鉴、郑州市局及相关职能部门提供的数据，本报告以下资料来源相同。

产业链，促进加工贸易产业由加工组装向技术、品牌、营销环节延伸，大力支持保税维修等新业态发展。2021 年，郑州市加工贸易额 4681.4 亿元，同比增长 18%。其中，加工贸易出口 2788 亿元，同比增长 18.4%；加工贸易进口 1893.4 亿元，同比增长 17.4%。其他贸易方式更加多样。2021 年，郑州市通过对外承包工程带动贸易进出口 6.5 亿元；租赁贸易 2.9 亿元，同比增长 52.4%；保税物流贸易 221.2 亿元，同比增长 42.8%；海关特殊监管区域货物贸易 214 亿元，同比增长 41.8%。

3. 市场结构更趋多元

深度开发欧美、日韩等发达国家细分市场，积极拓展 RCEP 协定国、共建"一带一路"国家（地区）和拉美、非洲、中东欧等新兴贸易市场。2021 年，在发达经济体中，郑州市对美国贸易总额 1557 亿元，同比增长 36.8%；对欧洲贸易总额 951.2 亿元，同比增长 4.3%；对韩国贸易总额 624.2 亿元，同比增长 49%。在世界经济组织成员国中，对 RCEP 成员国贸易总额 1667.8 亿元，同比增长 14.6%；对共建"一带一路"国家贸易总额 1176.8 亿元，同比增长 8.7%。在新兴市场中，对拉美贸易总额 195.6 亿元，同比增长 9%；对非洲贸易总额 56.9 亿元，同比增长 29.1%。

4. 外贸企业活力持续增强

截至 2021 年底，郑州市外贸企业总数达到 2.2 万家，其中 2021 年新增外贸企业 1967 家。从企业结构看，国有企业进出口总额 111.4 亿元，同比增长 59.7%；民营企业进出口总额 2049.3 亿元，同比增长 145.8%；私营企业进出口总额 2032 亿元，同比增长 153.5%；个体工商户进出口总额 1 亿元，同比增长 16%。除富士康之外的企业进出口完成 1211.1 亿元，同比增长 25.9%，高于富士康增速（17%）8.9 个百分点，高于郑州市整体增速（19.1%）6.8 个百分点。可以看出，郑州市本土企业尤其是民营企业，对外贸的拉动提升作用持续增强。在元器件、基础件、工具、模具、服装、鞋帽等行业，已形成一批竞争力强的"小巨人"企业，出现了一批发展潜力大的本土特色贸易企业，走出了一条"专精特新"中小企业的国际化道路。2021 年，以致欧为代表的家用木制品出口 2.6 亿元，增长 4.2%；以圣戈班为代表的陶瓷产品出口 10.8 亿元，增长 12.2%；以东方面机为代表的食品加工机械出口 1.6 亿元，增长 65.3%；以长城科工贸为代表的计量检测分析仪器出口 6.9 亿元，增长 41%。

（二）开放通道：持续拓展

开放通道建设是落实开放的基础条件。2021 年，郑州市统筹推进空中丝路、陆上丝路、海上丝路、网上丝路建设，开放通道网络全面拓展，立足中部、辐射全国、通达全球的国际物流中心日渐形成。

1. 空中丝路强基扩面

2021 年，在郑运营全货运航空公司 29 家（国际地区 23 家），开通全货机航线 47 条（国际地区 37 条），通航城市 49 个（国际地区 38 个）；客运航空公司 37 家（国际地区 4 家），开通客运航线 201 条（国际地区 5 条），通航城市 107 个（国际地区 5 个）。新增郑州—列日、郑州—芝加哥、郑州—马尼拉、莫斯科-郑州-下瓦尔托夫斯克-巴黎/马斯特里赫特、列日-阿拉木图-郑州-阿拉木图-伊斯坦布尔、郑州至布达佩斯等 7 条国际定期货运航线。完成航空货邮吞吐量 70.5 万吨，同比增长 10.2%，全国排名第 6 位，连续 5 年保持中部第一，连续两年跻身全球货运机场 40 强。其中国际地区货邮吞吐量 54.5 万吨，同比增长 20.8%。完成旅客吞吐量 1895.5 万人次，与 2020 年同期基本持平。

2. 陆上丝绸之路提质增量

2021 年新开通了郑州—越南过境班列、郑州—波兰卡托维兹线线路，郑州—意大利米兰线路，郑州—土耳其新线路、郑州—俄罗斯（加里宁格勒）5 条线路，中欧班列（郑州）形成了覆盖欧洲、俄罗斯、中亚、东盟和亚太（日韩等）的"十一站点、六口岸"国际物流网络体系。2021 年全年郑州国际货运班列共开行 2002 班，同比增长 77.80%。货值 75.03 亿美元，同比增长 74.04%，货重 121.83 万吨，同比增长 68.25%。

3. 海上丝绸之路无缝衔接

进一步强化与中铁联集及连云港、天津等港口合作，建设以东向为主的铁海联运国际通道。截至 2021 年底，已经开通 6 条海铁联运线路，包括郑州—胶州港、郑州—连云港、郑州—青岛港、郑州—天津港、郑州—北仑港、郑州—上海杨浦港（2021 年新增）海铁联运班列。2021 年全年铁海联运班列到发 17930 标箱，同比增长 18.6%。

4. 网上丝绸之路协同推进

伴随着陆上丝路、海上丝路、空中丝路网络的不断拓展，郑州网上丝路同步融合创新发展。2021 年 5 月全国唯一跨境电商零售进口药品试点在郑州落户，为郑州跨境电商的发展提供了机遇，截至 2021 年底，跨境电商交易额 1092.47 亿元，增长 17.35%，跨境电商进出口总额位居全国 105 个综试区第三位、全国省会城市第二位。

（三）开放平台：蓄势崛起

开放平台是高水平对外开放的重要载体。郑州依托综保区、开发区、中原科技城、口岸体系等平台，推动对外开放取得良好成效。

1. 综保区竞争力显著提升

2021 年郑州新郑综保区累计完成外贸进出口总值 4739.22 亿元，同比增长 15.5%，实现自封关运行以来"十连增"，外贸进出口值居全国综保区第 2 位、海关特殊监管区第 3 位，再创历史新高。其中，进口完成 1957.00 亿元，增长 11.2%；出口完成 2782.22 亿元，增长 18.7%。占航空港实验区外贸进出口总值的 90.54%，占郑州市外贸进出口总值的 80.93%，占全省外贸进出口总值的 53.77%。在 2020 年度全国海关特殊监管区域绩效评估中获得 A 类排名，在全国 134 个纳入考核的海关特殊监管区域中排名第三位，位列中部地区第一。经开综保区经过整合升级，在中西部排名第 13。

2. 口岸能级不断提升

截至 2022 年 5 月，郑州市依托航空、铁路 2 个一类口岸，新郑经开 2 个综保区，汽车、粮食、肉类、使用水生动物、活牛、邮政①、药品等 9 个

---

① 2022 年 3 月郑州国际邮件经转口岸由国家批复，升级为国际邮件枢纽口岸。

功能性口岸，通过发挥内陆口岸数量最多、种类最全的口岸优势，提升"2+2+9"口岸体系服务能力，延伸口岸产业链条，发展口岸经济。郑州经开区获批全国唯一跨境电子商务零售进口药品试点以来，已完成进口药品14批次20.4吨。随着2022年3月郑州国际邮件经转口岸升级为国际邮件枢纽口岸，邮政口岸业务规模将进一步扩大。

3. 通关服务更加便利

积极协调郑州市海关，推动"海关改革2020"落地见效，提高"两步申报"应用率，深入推进"两段准入"监管作业改革。协调郑州海关推行"提前申报"和无纸化作业，率先在郑州机场海关实施进口"两步申报"改革试点工作，共同推进压缩整体通关时间，依托国际贸易"单一窗口"，促进跨境贸易便利化。推动与"一带一路"沿线国家互联互通、海关监管互认，航空口岸全面实施"7×24小时"通关，铁路口岸推行"7×24小时"预约通关。

4. 自贸区建设成效显著

自贸区作为郑州市实施制度型开放战略的引领者和主阵地，是郑州落实高水平对外开放的主阵地。制度创新实现突破性进展。2021年，完成256项改革创新试点，任务完成率达98%，实施效果显著率达89%；222项改革试点经验已全部复制推广；累计形成240多项制度创新成果，其中全国首创47项。贡献度持续提升。新注册企业达1.6万家，新签约金额近500亿元；实际利用外资13亿美元，外贸进出口超过400亿元。营商环境不断优化。"郑开同城、自贸通办"首批255项事项实现跨片区通办，综合营商环境便利度模拟国际排名第29位，营商环境评价居全省国家级功能区第1位。

三 郑州市高水平对外开放中遇到的问题及成因分析

（一）思想认识问题：对高水平对外开放的战略内涵认识不足

调研中发现，对高水平对外开放战略内涵的认识不足已经成为影响政府制定开放政策、企业参与开放活动的第一障碍。一是对更大范围开放的认识不足。加入 WTO 后，中国作为发达国家产业梯度转移的接受者，主要开放国家是西方发达国家，随着中国在全球价值链中位置的提升，产业升级需求不断旺盛，中国不仅要继续向西方发达国家开放，提升自身技术创新能力，同时要加大对发展中国家的开放力度，推动构建新型国际关系和人类命运共同体，来改善中国的外部环境。二是对更宽领域开放的认识不足。上一轮改革开放中国主要集中在承接劳动密集型制造业，随着中国高素质人力资源的积累及高端生产及生活性服务业的需求扩大，中国主动提供各种便利，对咨询、芯片、软件等高新技术产业扩大开放。三是对更深层次开放的认识不足。中国从贸易和投资自由化的沿海沿边开放，转向依托自贸区、自贸港为开放平台，以制度型开放为核心内容，建立新的规则体系。

（二）产业层级问题：处于产业链条的中低端环节

调研中发现，尽管贸易结构更加优化，贸易方式更加灵活，但是贸易的产品依旧偏向于劳动密集型产业，这与中国高水平对外开放需求不是很匹配，同时不利于郑州市产业的转型升级。一是以加工贸易组装为主。2021年郑州市加工贸易额 4681.4 亿元，占总进出口额的 80%。二是服务贸易比重低且层次不高。2021 年郑州市以高新技术为核心的服务贸易基本为零。从已获得数据看，租赁贸易 2.9 亿元，保税物流贸易 221.2 亿元，共占总进出口贸易的 3.8%，其他服务贸易基本没有。

（三）开放通道问题：四路协同度不高

一是随着周边城市交通的快速发展，开放通道有所削弱。二是龙头物流企业的缺乏导致物流各个环节整合效率低、物流成本偏高，导致发展枢纽经济内生动力不足。三是空中、陆上、网上、海上四路各方自成体系，未形成高效联动推进机制。重点体现在空运、铁路、水运和公路运输数据信息格式不统一、数据不互通、信息不共享，多式联运信息断链，多种运输方式间衔接不畅，全程物流效率低下，无法形成覆盖全流程多式联运的数据交换集成网络。

（四）政策问题：政策性支持体系欠缺

围绕口岸经济、跨境电商和综保区发展缺乏完善的政策性支持体系，特别是省级层面的支持政策。随着全国跨境综试区、功能性口岸的不断增加，各地纷纷出台了含金量较高的扶持政策，政策性支持体系的缺失，使试验区面临的竞争压力进一步增大。新郑机场货运补贴降低，航空港区没有跨境出口政策扶持，致使 2022 年以来郑州新郑综保区跨境电商出口业务量出现明显下降。

四 推进郑州高水平对外开放的思路与着力点

郑州市应积极主动迎合国家开放模式的转变，充分发挥自身的区位、中间人才数量大、有超大市场腹地、内陆口岸品种数量最多功能最全等优势，在充分理解高水平对外开放的前提下，以推动口岸经济从通道经济向产业经济转变为核心，以中间人才为基础形成的相对创新优势为支撑，以发挥河南超大市场对全球优质生产要素的虹吸能力为牵引，持续拓展开放通道网络，完善对外开放政策支撑体系，提升郑州市高水平对外开放能级，助推郑州市全面转型升级。

（一）转变观念，积极融入国家高水平对外开放战略

一是充分认识高水平对外开放是中国经济发展到现阶段的必然选择。随着中国经济在全球价值链位置的提升及劳动力工资的上涨，中国经济必然要从劳动密集型向资本和技术密集型转型，比如，占郑州出口半壁江山的富士康作为劳动密集型代工型电子信息企业，未来向其他欠发达地区转移是一种必然趋势，因此必须加快航空港区由富士康诱发的本地劳动密集型电子产业集群向资本和技术密集型电子产业集群转型，推动电子信息产业向产业高端攀登。二是充分理解制度性开放是高水平对外开放的核心内容。近代以来，中国的对外开放都是被动式接受西方发达国家规制的开放，随着中国向全球

价值链高端迈进，必然要求完善和调整现有的规则体系，制定适合现实需求的全球规则体系，引领新一轮经济全球化。因此，郑州市应借助 RCEP 带来的契机，对标 RCEP 制度体系，推进郑州的制度型开放的步伐。

（二）充分利用郑州本地的中间人才优势，助推外贸产业层级提升

郑州市普通本专科毕业生在九大中心城市中，规模仅次于广州（130 万人），拥有 116 万人，并且年均增速位于国家中心城市第 1 名。介于农民工与高层次人才之间的普通本专科院校毕业生（本文定义其为中间人才）是支撑郑州产业的依靠力量和核心力量，因此推动外贸产业从劳动密集型向技术密集型转变，不仅要大力引进高层次创新人才，也要紧紧发挥本地中间人才的优势。一是大力发展中间产业。树立全产业链思维，依托郑州市的优势产业和主导产业，结合"一带一路"及 RCEP 沿线城市及国家的产业需求，大力开展食品产品种类研发、纺织布料品质研发、服装设计、机电产品的应用研发和整合等，逐步改变郑州以代工为主的低附加值出口结构。二是出台人才政策，全方位解决中间人才的流失问题。借力郑州市提出的"青年人才新政"，在以中间产业为突破口增加就业岗位的基础上，在安居住房、医疗教育、文化氛围等方面为本地中间人才提供安心、安业的高质量综合服务保障，真正让本地中间人才能够留得住，让本省本市的中间人才成为建设郑州的中坚人才。

（三）发挥内陆口岸综合优势，推动口岸经济由"通道经济"向"产业经济"转型

截至 2022 年 5 月，郑州有航空、铁路 2 个一类口岸，新郑经开 2 个综保区，汽车、粮食、肉类、食用水生动物、活牛、邮政、药品等 9 个功能性口岸，是功能性口岸数量最多、功能最全的内陆城市，口岸经济具有良好的发展基础。因此，郑州应以"口岸+"为突破口，整合各类资源，推动口岸经济由原来的"通道经济"向"产业经济"转型。一是推进"口岸+"产业链的融合发展。依托航空港区精密电子、新型显示、智能装备等优势产

业，按照"口岸+高端制造"的思路，推动研发、维修、再制造等下游产业集聚发展。依托跨境电商政策优势，按照"口岸+跨境电商+物流"的思路，鼓励现有物流企业与国外大中型物流公司通过合资、控股等多种形式进行联合，培养一批有核心竞争力的口岸物流企业集团，形成跨区域、跨国物流业务，同时，加快线上平台建设，提升跨境电商综合服务能力，助推跨境贸易便利化。按照"口岸+消费"的思路，推进医药、企业、水果、化妆品等展示、集散，依托郑州打造国际消费中心的目标，支持高端消费品牌跨国公司在郑州口岸设立亚太分拨中心。按照"口岸+总部经济"思路，依托航空、铁路一类口岸，发展租赁、融资、保险、信托等生产性服务业，为企业提供配套服务，并带动楼宇经济的发展。二是推进口岸与城市功能融合。加强口岸基础设施建设，推进口岸与郑州市基础设施互联互通，重点推进水电气暖等基础设施联网、共享共建，围绕口岸，合理布局金融、保险、人才、技术等产业服务机构，配套建设居住、商业、娱乐、休闲等设施，形成与城市一体化的发展格局。

（四）充分发挥河南超大市场腹地优势，加大郑州对全球优质生产要素的虹吸效应

国家层面提出，把握中国人均 GDP 超过 1 万美元，中等收入阶层有 4 亿人的超大市场需求，形成对全球优质资源的虹吸效应，倒逼本土企业的引致创新。郑州是拥有约 1 亿人口大省的省会，并且中等收入阶层达 2200 万人，完全有能力充分发挥河南超大市场腹地优势，助推郑州对全球优质生产要素的虹吸。一是优化的创新创业制度环境，引进人力资本、技术资本和知识资本。以全球化企业为目标，以自贸区为载体，推进投资和贸易便利化的制度性改革，吸引技术、知识向郑州集聚，激发郑州的创新创业活力。二是鼓励河南企业走出去建立"国内—全球"知识流动管道。依托河南省超大市场优势迅速成长起来的企业，在走出去的过程中虹吸国外先进生产要素尤其是高层次人才，提升国内企业在全球创新网络中的地位，逐步建立以我国为主的全球价值链。

（五）创新四路协同的体制机制，强化郑州枢纽通道优势

四路协同的优化问题是关系郑州发展枢纽经济的最基础问题。一是继续推进郑州空港+陆港公司的衔接。持续推进"郑州国际航空货运枢纽+"和"中欧班列（郑州）+"建设工程，打造"干支结合，枢纽集散"的高效集疏运体系，引领带动郑州成为中国中部乃至亚太区域国际物流枢纽。二是设立高效统一的大监管区。有效整合监管职能、力量及资源，设立大监管区，统一代码，统一监管，实现所有国际国内货物、物品在监管区域内自由流动调拨。三是打通数据交换平台。打破多种运输方式间的信息屏障，提高数据交互水平，提升数据交换效率，提升信息挖掘能力，实现多式联运数据高度共享、流程闭环管理、各种方式高效协同作业，解决专业性信息化系统间的信息孤岛问题。建立省级协调机制。建立更加快速高效的"省市区企"联动协调推进机制，实行省市区企定期例会制度，研究梳理空港、陆港、跨境电商发展思路，及时协调解决问题，确保"四路"建设各项措施落到实处，形成更高层次、更具竞争力的枢纽优势、物流优势、开放优势。

（六）完善政策支持体系，发挥政策引导效应

在当前国际形势日益严峻的形势下，在稳外贸的基础上，提升外贸层级是当前的最大任务。一是积极出台支持政策。2022年3月，商务部发布《关于用好服务贸易创新发展引导基金支持贸易新业态新模式发展的通知》，鼓励以融资新途径支持贸易新业态新模式。各地也陆续出台一系列支持政策。比如，安徽提出22条措施推动外贸新业态新模式高质量发展，包括加强跨境电商载体平台建设、支持使用和建设海外仓、发展保税维修和离岸贸易、加强贸易创新环境建设等。此外，云南、江西、宁夏、辽宁等多地也明确了加快发展外贸新业态新模式的相关支持政策。河南、郑州亟须出台相关政策，支撑外贸发展。二是继续加大资金扶持力度。设立外经贸发展专项资金，统筹支持外经贸企业参加展览会、在境外设立国际营销服务网络、发展"海外仓"业务等，保障外贸企业稳定发展。

参考文献

李燕燕：《创新完善"四路协同"体制机制 打造内陆开放新高地》，《河南日报》2020年9月25日。

王梁：《发展口岸经济 提升开放平台能级》，《河南日报》2021年12月22日。

何雄：《政府工作报告》，《郑州日报》2022年5月6日。

《我国高水平开放若干重要问题辨析》，https：//m. thepaper. cn/baijiahao_ 17937369，最后访问时间：2022年5月5日。

叶光林主编《郑州城市发展报告（2021）》，社会科学文献出版社，2021。

《加快建设更高水平开放新高地——方郑州市商务局党组书记、局长张波》，https：//baijiahao. baidu. com/s？id = 1726244500073970721&wfr = spider&for = pc，最后访问时间：2022年5月1日。

B.4

科技创新驱动郑州国家创新高地建设研究

夏 扬 范秋菊 李登科*

摘 要： 创新是推动区域经济发展的核心动力，是城市现代化建设的重要战略支撑。郑州市积极推动创新战略实施，不断创新发展新思路，优化创新发展格局，通过持续支持加大研发投入、培育高新技术企业、建设新型研发机构、促进科技成果转移转化，创新驱动能力日益增强。同时，也存在高端创新资源集聚不足、科技成果转化效率较低、创新服务体系不够完善、区域创新布局不协调等问题，需要把科技创新摆在更加突出的位置，加快培育壮大创新主体，实施更有力的创新人才计划，搭建创新引领型平台，加快体制机制改革，不断提升郑州市创新水平，为国家创新高地建设提供有力支撑。

关键词： 科技创新 创新高地 郑州

面向未来，要坚持把创新摆在社会主义现代化建设全局中的核心地位，把科技自立自强作为我国发展的战略支撑。近年来，郑州市深入实施创新驱动发展战略，加快引聚创新资源，大力培育创新主体，积极推动创新型产业集群建设，多项创新指标实现大幅度增长，但是相比其他同类城市，高端创新资源不足、科技领军人才匮乏等问题，仍然制约着郑州国家创新高地建设

---

* 夏扬，郑州市科学技术局党组书记、局长，主要从事创新驱动高质量发展方面的研究；范秋菊，郑州市科学技术局三级调研员，主要从事科技创新管理方面研究；李登科，郑州市科学技术局法规处处长，主要从事科技体制机制改革方面研究。

步伐。本报告通过系统总结郑州市国家创新高地建设取得的成效，分析存在的问题及不足，提出加快建设国家创新高地的对策措施。

一 郑州建设国家创新高地意义重大

创新是第一动力，"不进则退、慢进亦退、不创新必退"，"十四五"很有可能成为城市竞争的分水岭，郑州比以往任何时候都需要强化创新的引领和驱动作用，建设国家创新高地事关郑州前途命运和发展后劲，意义重大、影响深远。

（一）建设国家创新高地，是贯彻落实党中央、国务院和省委、省政府决策部署的必然要求

党的十九届五中全会对科技创新进行了高度战略定位，坚持创新在我国现代化建设全局中的核心地位，把科技自立自强作为国家发展的战略支撑。对此河南省确立了"两个确保"的奋斗目标和"十大战略"的工作举措；提出了一流创新平台建设，一流创新课题提炼，一流创新主体培育，一流创新团队集聚，一流创新制度创设，一流创新文化厚植，一流创新生态构建等系列思路；明确要求郑州当好"国家队"队员，提升国际化、现代化水平，积极承接国家重大生产力和现代创新体系布局，高昂科技创新"郑龙头"，打造国内一流、国际知名的创新高地。郑州市深刻领会中央、省委战略部署，深刻认识建设国家创新高地的重要意义，市委十二届二次全会提出要"深入推进实施创新驱动、科教兴省、人才强省战略行动，加快打造国家创新高地和人才高地"，引导全市上下共同努力、集中发力，让创新成为郑州的最强音、发展的主旋律。

（二）建设国家创新高地，是郑州提升区域竞争力的迫切需要

在知识经济时代，区域竞争力越来越体现在创新能力上，谁在创新上先行一步，谁就能拥有引领发展的主动权。当今科学问题和核心技术的突破已

呈现革命性的态势，新一代信息技术如物联网、大数据、人工智能等在经济和社会领域广泛渗透和应用，一些领域的重大技术突破和大规模产业化即将产生。只有不断提升区域创新能力，主动融入与参与全球科技竞争，才能推动经济增长质量由低端走向高端，为自身发展迎来更广阔的发展空间。为此，全国各地都在积极抢抓机遇，打造创新高地，北京、上海、深圳、杭州等沿海发达城市在创新驱动、转型发展方面走在了全国前列；中部地区武汉、合肥等省会创新型城市发展势头迅猛，对郑州的高端产业与人才形成了强大的磁吸效应；而西部地区西安、重庆等城市的成本和要素优势明显，与郑州形成激烈的创新资源竞争。面临这些城市的激烈竞争，郑州唯有大力实施创新驱动，加快建设创新高地，通过吸附更多高端创新资源，提高综合竞争力，在区域经济发展中占据主动，赢得先机。

二　科技创新驱动郑州国家创新高地的做法及成效

（一）谋划形成创新发展新思路

郑州市深入贯彻落实中央关于科技创新精神，成立以市政府主要负责同志为组长的科技工作领导小组，加强对全市科技创新工作的统一领导。围绕打好"创新驱动发展牌"，2019 年出台《关于全面加快科技创新推动经济高质量发展的若干意见》，明确了"以建设国家极具活力的创新创业中心为主线，引进和培育创新资源联动，坚持开放创新、产业创新、制度创新三大创新，加快扶持一批创新引领型企业、平台、人才、机构"的科技发展思路，确立了"三提升六倍增"的奋斗目标，细化形成涵盖支持企业加大研发投入、加快培育高新技术企业、促进新型研发机构发展、促进科技成果转移转化、促进科技和金融结合等科技赋能全链条的"1+N"科技创新政策体系。3年来，全市高新技术企业从 2019 年初的 1323 家，增加到 2021 年的 4130 家左右，增长 2.1 倍；技术合同成交额从 82.35 亿元增加到 306.5 亿元，增长 2.7倍；省级研发平台、顶尖人才、新型研发机构数量等指标也实现了翻番。

（二）创新发展格局不断优化

按照"东强、南动、西美、北静、中优、外联"的城市功能布局，大力实施以郑东新区为主体，以强人才、强科技、强产业为切入点的"东强"战略。将郑东新区北龙湖片区规划由原来的商住功能调整为创新要素聚集功能，连接以东区域的龙子湖智慧岛、鲲鹏小镇，一体打造"中原科技城"，以此联动金水科教园区、高新区等区域打造沿黄科创带，联动郑东新区、高新区、经开区、航空港区四个开发区推动科技创新，加快构建"一带引领、四区支撑、多点联动"的科技创新格局。新一届省委高度重视科技创新工作，明确提出将中原科技城建设与省科学院重建重振、国家技术转移郑州中心建设"三合一"融合发展，省市都成立工作专班，各项工作有序推进。

（三）自创区郑州片区加快建设

郑洛新国家自主创新示范区获批以来，郑州片区以先行先试、示范引领为重点，探索自创区管理体制及人事薪酬改革，通过"赋权、改制、考核、激励"四步联动，激发了干事创业活力。开展新型产业用地政策试点，在全省率先推出新型产业用地试点，新增新型工业用地支持新兴产业，有效缩减了科技型企业的用地成本。郑洛新国家自创区郑州片区引聚了全市74.2%的高新技术企业、70.1%的科技型企业、72.1%的新型研发机构、51.5%的高层次人才团队、70.5%的创新创业载体、65.1%的技术合同成交额，引领带动全市科技创新各类指标实现快速增长。

（四）着力加大全社会研发投入

市政府出台加强全社会研发投入支持的专项政策，通过实施重大科技创新专项和企业研发费用补助、高校院所研发投入补助等，鼓励各类创新主体开展研发活动，引导企业、高校院所加大研发投入。2020年度全社会研发投入经费276.7亿元，比2018年的185亿元增长了50%，投入强度达到

2.31%，连续两年大幅增长，从 2018 年 1.74%增至 2019 年 2.04%，再至 2020 年 2.31%，指数增长 32.8%，在国家中心城市中位居前列。

（五）着力培育一流创新主体

通过实施高新技术企业倍增计划，通过内部培育和外部引进联动的方式，不断完善科技型企业培育体系，涌现出了宇通客车、中铁装备、郑煤机、汉威科技、信大捷安、三磨所、安图生物等一大批国内外知名企业。先后引进了上汽、华为、新华三、海康威视、中国电子等创新型龙头企业落地。2021 年，全市新增高新技术企业 1212 家，比上年增长 41.5%，在全省占比 49.3%。初步形成了以龙头企业为引领，众多中小微企业蓬勃发展的格局。

（六）着力设计实施一流课题

围绕电子信息、装备制造、新材料、新一代信息技术、新一代人工智能等传统优势产业和战略性新兴产业领域，针对郑州市重点产业领域和优先发展产业领域的科技需求，提炼一流创新课题，开展重大科技专项，进行关键核心技术攻关，支持突破一批关键"卡脖子"技术，带动形成一批创新产品，宇通客车的智能网联汽车和氢燃料电池客车居于行业领先地位；安图生物的新型冠状病毒（2019-nCoV）IgM、（2019-nCoV）IgG 抗体检测试剂盒，成为全省首个获批的病毒抗体检测产品；中铁装备是全球能独立生产硬岩掘进机并拥有知识产权的三大企业之一，建成全国最大的盾构装备研发生产基地；郑煤机自主研发的多项关键技术为世界首创，成为全国最大的高端液压支架研发生产基地；二十七所研制的激光雷达提供精准数据，对神舟十三号飞船与空间站的相对位置进行引导，助力完成首次径向交会对接。

（七）着力搭建一流创新平台

近年来，郑州市相继引进中科院过程所、中科院计算所、中科院微电子所、中科院苏州医工所、浙江大学、北京理工大学、中电六所、机械科学研究总院等 12 家知名院所在郑州建立新型研发机构，全市建设新型研发机构共计 58 家。获批建设氢能与燃料电池汽车等 3 家省产业研究院和智能传感器等 2 家中试基地。先后获批建设国家专利审查协作河南中心、国家技术转移郑州中心、国家超算郑州中心，实现全省国家大科学装置零的突破。嵩山实验室、神农种业实验室、黄河实验室、龙湖现代免疫实验室等陆续揭牌运营。国家新一代人工智能创新发展试验区获批建设。

（八）着力打造一流创新生态

郑州市强力推动科技成果转化，技术合同成交额连年快速增长，正在推进建设郑州技术交易市场，不断优化创新环境。建立了"郑科贷+政策性担保+政府引导基金+科技金融资助"四驱联动的科技金融服务体系，成功入选国家第二批科技金融结合试点城市。倾力打造"郑创汇"国际创新创业大赛，自 2018 年以来已经成功举办 4 届 20 余场次，4000 多个项目报名参赛，UU 跑腿、伊啦看书、泛锐熠辉等一大批参赛项目在大赛中脱颖而出，已经成长为郑州知名企业。在 2020 年度《中国城市创新创业环境评价研究报告》中郑州成功进入全国 20 强（第 17 名），在黄河流域各城市中排名第一。总体来说，郑州的科技创新能力提升幅度比较大，发展速度也比较快，科创能力对推动郑州社会经济发展的作用也较为显著，科技创新已然是拉动郑州经济增长的新引擎，为全市高质量发展提供了强有力科技能量。

三 科技创新驱动国家创新高地建设存在的问题

郑州市与其他国家中心城市和先进城市相比，还存在高端创新资源不足、科技成果转化率低等问题。主要表现如下。

（一）高端创新资源集聚不足，科技创新能力有待提升

对标武汉、西安、合肥等中西部创新资源密集城市，郑州市一流高校、国家级创新平台、高层次人才等高端创新资源富集度较低，与郑州市建设国

家中心城市、打造黄河流域科技创新中心的需求不相适应。高校发展基础较弱，郑州市仅有 1 所"211"大学，且高校研发投入不足，2020 年高校研发投入仅占全社会研发投入的 6.09%，远低于西安、合肥等中西部省会城市。高端创新平台建设不足，国家重点实验室、国家级工程技术研究中心等平台数量与同类城市之间差距较大，不到武汉的 1/5。高层次人才相对匮乏，郑州市院士数量不到西安的 1/3、合肥的 1/6，在人才评价中还存在重头衔身份的现象，项目绩效导向有待进一步增强，郑州的人才吸引力有待进一步提升。

（二）科技成果转化效率较低，创新对产业发展的牵引力不够

郑州市技术交易市场不活跃，科技成果转化不足。科技成果转移转化率相对较低，技术合同交易额仅是西安的 1/6、武汉的 1/4；科技成果转化机制创新探索、突破不够，成果转化决策机制复杂、过程烦琐及收益分配、考核评价等问题仍比较突出；市场机制在技术和科技成果转移中的作用发挥不充分，技术交易市场有待进一步强化建设。优势领域与主导产业不相匹配，创新与产业耦合度不高。高校优势领域集中在临床医学、粮食科学与工程、材料科学与工程等领域，与新经济产业匹配度不高，对于新业态、新产业的培育支撑能力不足；现代产业集群建设成效不明显，郑州市工业经济发展整体处于转型升级攻坚期，主导产业以食品加工、电子信息、汽车、设备制造业为主，现代产业体系有待进一步完善；新经济产业培育慢，相比于杭州打造"数字经济第一城"、成都大力发展新经济，郑州市新经济生态和竞争力不足，根据 2020 年长城战略咨询《新经济生态指数》，郑州排名全国第 13，新经济发展活力处于全国第二梯队。

（三）创新服务体系不够完善，创新创业生态有待优化

一是双创载体质量有待提升。郑州市高能级"双创"载体缺乏，全市 278 家"双创"载体中，国家级众创空间仅有 30 家，国家级孵化器仅有 23 家。孵化精准性有待加强，郑州市国家级专业化众创空间数量不足武汉的 1/2，与先进城市之间差距较大。二是载体"自我"造血能力不强。载体调

研数据显示，众创空间收入中，房租物业收入、财政补贴占比达 62%；孵化器收入中，房租物业收入、财政补贴占比达 49%，创业孵化载体整体市场化程度不足、自成长能力偏弱。三是科技配套服务水平有待提高。郑州市缺少专业的科技中介服务机构，检验检测、第三方研发、委托研发等服务发展较慢。郑州市风险资本要素集聚不够，近 50% 的企业主要通过银行等金融机构贷款获得融资，融资成本较高；风险投资不活跃，郑州市融资事件数量不到杭州的 1/10。

（四）区域创新布局不协调，创新国际化发展深度不足

创新资源分布不均，全域创新格局尚未形成。郑州市新兴产业布局较为分散，产业的空间集聚度不高，新材料、网络安全、大数据等新兴产业布局较为分散。各区创新资源匹配、创新投入产出、科技企业培育不协调，半数以上的区低于同期郑州研发投入强度平均水平，且研发投入强度较高的区域与研发投入强度较低的地区差距较大。区域间创新资源分布不均衡，自创区"一区四园"集中了全市 70% 以上的科技型、高新技术型企业和创新平台，其他县（市）区创新资源占比总和不到 30%。科技创新国际化水平不高。郑州市推动优势技术、优势产业走出去力度有待提升，建设的海外研发中心、科技园区、国际合作基地等创新平台、载体较少，在推动科技成果跨国转化方面谋划不足，与国际著名大学、大企业、大机构在技术创新、产业发展等领域的合作有待深入。

（五）科技创新体制机制突破不足，制度的开放包容性有待加强

当前，郑州市科技政策体系有待完善，政策创新设计不足，政策精准性仍需加强，面向新业态新模式包容审慎的机制有待进一步突破，如瞪羚独角兽培育、场景建设等政策，目前郑州市内的独角兽培育政策仅限于郑州高新区的区级政策，市级层面的支持不足，而西安、天津、南京等城市已出台瞪羚独角兽企业培育政策，从培育引进、平台建设、人才保障等多方面给予企业支持。政策支持方式有待进一步多元化，现有支持仍以房租补贴、运营奖

励、认定奖励等为主，对于企业场景创新、授权许可、资源对接等方式的支持有待进一步强化。科技项目管理机制需进一步创新，项目管理流程需进一步优化，当前还存在过程复杂、流程较长等问题，项目立项、评审效率有待提升。

四　科技创新驱动郑州国家创新高地建设的对策

（一）把科技创新摆在更加突出的位置

学深悟透做实习近平总书记关于科技创新的重要论述及考察河南、郑州的重要讲话精神，全面贯彻河南省第十一次党代会和郑州市第十二次党代会精神，紧抓黄河流域生态保护和高质量发展的战略机遇，锚定"两个确保"，加快实施创新驱动、科教兴省、人才强省战略行动，把创新作为发展的逻辑起点摆在现代化建设全局的核心位置，继续加大研发投入，提升科技创新能力，走好开放式创新的路子。完善创新平台，把公共服务、生态环境最好的区域让位给科创产业，依托沿黄生态走廊将自创区、金水科教园区、智慧岛、鲲鹏软件小镇等串联起来打造沿黄科创带，积极争取国家大科学中心、重大科技基础设施、综合性产业创新中心等落地布局。推动中原科技城建设与省科学院重建重振、国家技术转移郑州中心建设"三合一"融合发展，打造创新人才高度集中、创新要素高度整合、创新活动高度活跃的中原地区科技创新的策源地。

（二）加快培育壮大创新主体

一是加大引进创新引领型企业力度。充分利用好国内外创新资源，把发展势头好、带动性强的企业引入郑州市，积极推动其在郑州市设立公司，带动相关产业发展。二是加快推动创新型企业集群发展。围绕引进培育一批创新引领型企业的首要任务，统筹兼顾，坚持两手抓两手都要硬，一手抓壮大创新龙头企业的发展，一手抓培育科技型中小企业与高新技术型企业的成长，加快形成创新龙头企业"顶天立地"、高新技术企业与科技型中小企业"铺天盖地"的创新型企业集群培育发展体系。三是持续引导各类创新要素向企业集聚。重点围绕优势主导、战略性先导产业，引导各类创新要素向企业集聚，促进企业成为技术创新决策、研发投入、科研组织和成果转化的主体，把创新成果转化为实实在在的产业活动，培育新的增长点，促进经济转型升级提质增效，推进创新引领型企业的梯次接续发展。

（三）实施更有力的创新人才计划

大力实施人才强市战略，加快建设一支与郑州发展要求相适应的高素质人才队伍，更好地引领支撑国家中心城市建设、打造更高水平的高质量发展区域增长极。出台更具吸引力的"高精尖缺"人才政策，优化"人才+项目+资本"模式，探索产业研究院、首席科学家等引才新路径，实施精英人才、"双创"人才、青年人才、优秀企业家等引育行动，以人才创新创业引领产业转型升级。

（四）搭建创新引领型平台

一是积极争取融入国家实验室建设布局。国家实验室是抢占科技创新制高点的重要载体，是增强创新的原动力。要依托郑州大学、解放军信息工程大学、中铁工程装备在量子与可见光通信、网络空间安全、盾构及掘进技术等优势领域融入国家创新布局，积极争取参与承担更多的国家实验室建设任务。二是大力推动基础性创新平台建设。聚焦新能源、新材料、节能环保等战略性新兴产业，布局打造一批高水平的国家、省级创新平台与载体，鼓励各类主体建设科技企业孵化器、大学科技园、双创基地等创新创业孵化平台，不断夯实自创区创新发展的基础支撑。三是持续推进大中型工业企业研发机构全覆盖。面向全市高质量发展、重大产业布局、培育发展新兴产业、推动传统产业转型升级等多项需要，以企业为主体，鼓励高等院校、科研机构积极参加，以促进产学研深度融合为导向，推进市级创新平台建设布局。

（五）加快体制机制改革创新

一是推动市场化的改革，党的十九大报告已明确提出要使市场在配置资源中发挥决定性作用，提高市场化程度，提高市场配置资源的能力，包括配置科技创新资源的能力。二是加快院所体制改革。以调动好科技研发、成果转化"两支队伍"积极性为重点，完善科研人员成果转化收益机制，形成科研支撑产业、产业反哺科研的良性互动。三是深化放管服改革。着力形成投资便利、贸易自由、创业自主、监管法治的营商环境，各相关部门要做好企业服务，及时提供指导，切实做到"一口受理，一门办理，一网通办，一次办结"。

（六）加大开放创新力度

一是融入全球开放大局。推进国际科技交流合作走深走实，身居更高起点加大自主创新力度，积极布局和主动利用国际创新要素，努力打造相得益彰的伙伴关系。二是加快推进开放合作平台建设。鼓励企业与国内外同行、大型央企、科研院所、高等院校开展合作，支持市内高校、科研院所与国内外一流大学、科研院所、世界 500 强企业在郑州市设立研发机构或科技中心，丰富合作载体，丰富合作内容，招大引强，招院引智，把创新研发力量嫁接引入郑州。三是推进技术转化合作。充分发挥国家技术转移郑州中心、知识产权专利审查河南中心的作用，以此为依托，加快技术转移，构建市场化、专业化、网络化的服务体系，大力吸引科技成果在郑州转化。

（七）加大资金投入力度

一是持续加大研发投入力度。要认真落实关于加大全社会研发投入的支持政策，引导鼓励大企业在郑州市建设研发中心，扶持小企业成长为规上企业，不断提高研发投入主体总量及体量，持续加大郑州市研发投入增量。二是建立多元化的投入机制。要加大财政对科技创新的倾斜力度，增强政府投入和调配全社会各类科技资源要素的能力，引导企业成为创新投入的主体，鼓励和引导民间资本进入创新领域。三是完善风险投资服务体系，引导社会资本参与科技创新活动，撬动投资机构加大对科技型企业的支持力度，实现资金链、创新链、服务链三位一体的有机结合，缓解科技型中小企业的融资难问题。

（八）构建新型产业体系

一是加快培育新产业新业态。紧跟全球科技发展和产业跨界融合大趋势，以创新创业为引领，大胆坚持产业试错，培育一批在全球具有先发优势的原创新产业、新业态。巩固发展大数据、云计算、虚拟现实与增强现实等新业态，积极布局超算、微模块数据中心等前沿领域。鼓励企业开展技术和商业模式创新，培育一批新技术、新产业、新业态、新模式"四新"示范企业。二是优化提升主导产业。优化提升以新一代信息技术、高端装备制造为主导，以生物医药、新能源汽车、航空经济为特色，以现代服务业为支撑的产业架构，全力打造要素富集、企业集聚、协作紧密、创新突出的产业生态，推动郑州制造转向郑州创造、郑州速度转向郑州质量、郑州产品转向郑州品牌。三是培育创新产业集群。以"中国制造2025"试点城市建设为契机，实施产业创新计划，通过"产业链、创新链、人才链、资本链、政策链"五链统筹，组建一批产业技术创新联盟，建立一批制造业创新中心，将北斗导航产业、信息安全和网络空间安全产业打造成千亿级产业。

参考文献

钟诗韵、徐晔、谭利：《双轮创新驱动对我国产业结构升级的影响》，《管理学刊》2022年第1期。

张志鑫、闫世玲：《双循环新发展格局与中国企业技术创新》，《西南大学学报》（社会科学版）2022年第1期。

雷小苗：《社会主义市场经济条件下科技创新的新型举国体制研究》，《经济学家》2021年第12期。

郑州加快建设国际消费中心城市研究

刘云华*

摘　要： 建设国际消费中心城市，将为郑州现代化国家中心城市建设注
入新活力，对提高城市实力和抢抓新一轮发展先机具有十分重
要的意义。对标其他国家中心城市，郑州目前还存在消费市场
繁荣度不高、消费集聚吸引力不强、区域辐射带动力不够、消
费资源挖掘不深等短板弱项。需要从打造国际性标志商圈、增
强郑州消费辐射带动力、促进多业融合消费互动和营造便捷舒
适安全的消费氛围等方面入手，激发"郑州消费"、探索"郑
州模式"、叫响"郑州品牌"，提高郑州国际消费中心城市建
设的竞争力。

关键词： 郑州　国际消费中心城市　消费

国际消费中心是新一轮城市竞争发展的新赛道，是后工业时代城市发展
的新动力源。当前，9个国家中心城市中，北京、上海、广州、天津和重庆
已经列入国家首批国际消费中心城市培育建设名单，武汉、成都和西安均在
积极创建国际消费中心城市。要推动郑州国家中心城市提质进位，建设好高
质量发展区域增长极，郑州必须在国际消费中心城市培育建设方面取得更大
突破。

---

* 刘云华，中共郑州市委党校教师，南开大学管理学博士，主要从事区域经济、郑州市情研究。

一 郑州建设国际消费中心城市的现状

2022年3月2日郑州市政府办公厅印发《郑州市创建国际消费中心城市实施方案》，明确提出"到2025年形成具有全球竞争力的文化、旅游、会展、教育、体育、医疗等一系列城市名片，打造独具郑州特色的国际消费中心城市"，标志着郑州国际消费中心城市创建进入实质性阶段。但是，对标其他8个国家中心城市，郑州在消费市场繁荣度、消费资源集聚、区域辐射带动等方面存在一定差距。

（一）消费市场繁荣度不高

1. 整体消费规模偏小

消费规模是评价国际消费中心城市培育建设成效的核心指标之一。2021年郑州社会消费品零售总额为5389亿元，在9个国家中心城市中位列第7，高于西安和天津，不到上海（18079亿元）、北京（14868亿元）、重庆（13968亿元）的一半。2021年郑州社会消费品零售总额的增长率为6.2%，在9个国家中心城市中位列第7，高于西安和天津，约为重庆（18.5%）的1/3（见图1）。

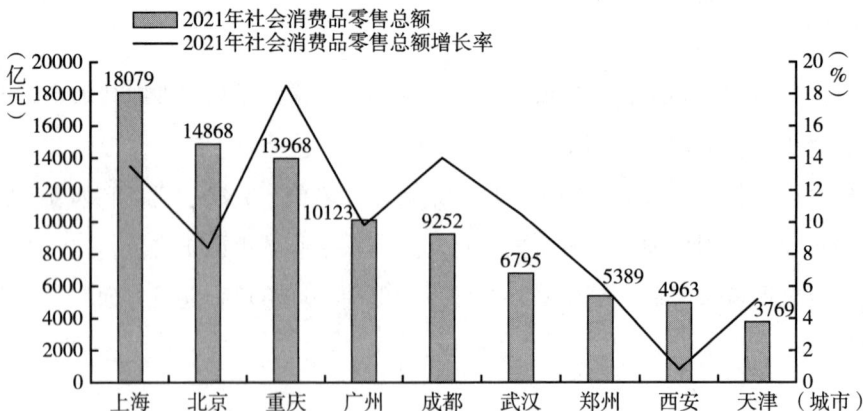

图1 2021年国家中心城市社会消费品零售总额及增长率

资料来源：各国家中心城市2021年统计公报。

2. 全市居民人均可支配收入低

全市居民人均可支配收入是社会消费能力的重要体现，也是国际消费中心城市建设的基础条件。2021年郑州居民人均可支配收入为39511元，在9个国家中心城市中位列第7，高于西安和重庆，约为上海、北京和广州的一半。2021年郑州居民人均可支配收入的增长率为6%，在9个国家中心城市中最低（见图2）。

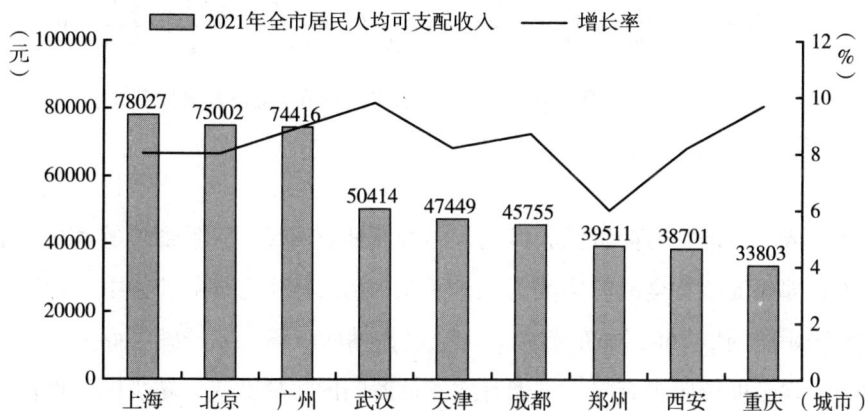

图2　2021年国家中心城市居民人均可支配收入及增长率

资料来源：各国家中心城市2021年统计公报。

3. 全市居民人均消费支出少

全市居民消费支出能够反映出一个城市最真实的消费实力。2021年郑州居民人均消费支出为25962元，高于西安、重庆，其他国家中心城市均超过3万元（缺少武汉数据）。2021年郑州居民人均消费支出的增长率为12.9%（见图3）。

（二）消费集聚吸引力不强

1. 国际性标志商圈缺乏

商圈是城市消费水平的重要标识之一，具备国际国内知名商圈是建设国际消费中心城市的必备条件。20世纪80至90年代，以二七商圈为标志的

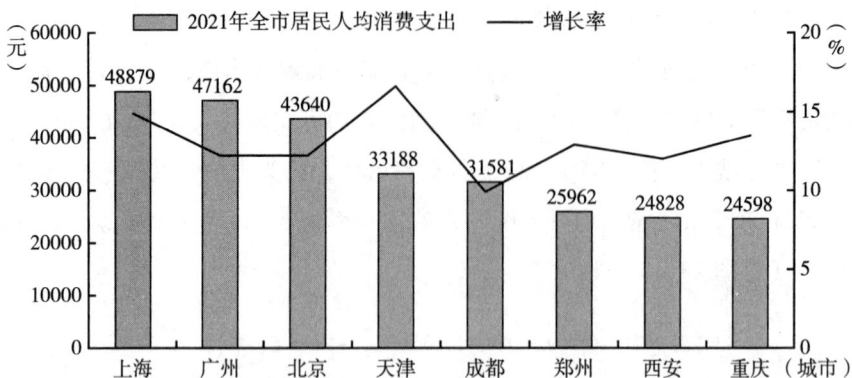

图3 2021年国家中心城市全市居民人均消费支出及增长率

资料来源：各国家中心城市2021年统计公报。

郑州，成为全国知名商贸城。但是，随着亚细亚商场、天然商厦等商场相继衰落，郑州商圈在全国的影响力逐渐消失。在21世纪城市扩建中，相继开发了花园路国贸360、郑东新区CBD、高铁站西广场、龙子湖等商圈，但国内国际知名度都较为有限，没能有效发挥商圈的集聚效应，缺少国际性消费地和标志性商圈。

2.集中性消费规模小

2021年，国家中心城市中共有15个购物中心进入全国销售额前30名，郑州单体购物中心的销售规模与北京、上海、广州、武汉相差较大，郑州大卫城80亿元销售额，仅为北京SKP的1/3。郑州入选的购物中心数量较少，上海、广州各有3家入选，北京、成都、西安各有2家入选，郑州、武汉和重庆各有1家入选（见图4）。郑州单体购物中心数量少、规模小，表明消费资源的集聚度低，消费群体的吸引力低，短期内难以出现消费的爆发式增长。

3.中高端消费水平低

2020年全国奢侈品销售额城市排名中，郑州居全国第19位，落后于郑州社会消费品零售总额在全国第14位的排名。奢侈品行业根据销售额把城市分为四类：第一类是年销售额近千亿元的北京和上海；第二类是年销售额

图 4 2021 年国家中心城市主要购物中心销售额排名

资料来源：商联网。

达 500 亿元及以上的广州、深圳、武汉、成都和杭州；第三类是年销售额超 300 亿元的重庆、南京、长沙、天津和沈阳；第四类是年销售额超 100 亿元的城市，有厦门、郑州和南宁（见图 5）。郑州的奢侈品消费与其经济实力、全国地位不相匹配，表明郑州及河南省高端消费存在外流可能性。

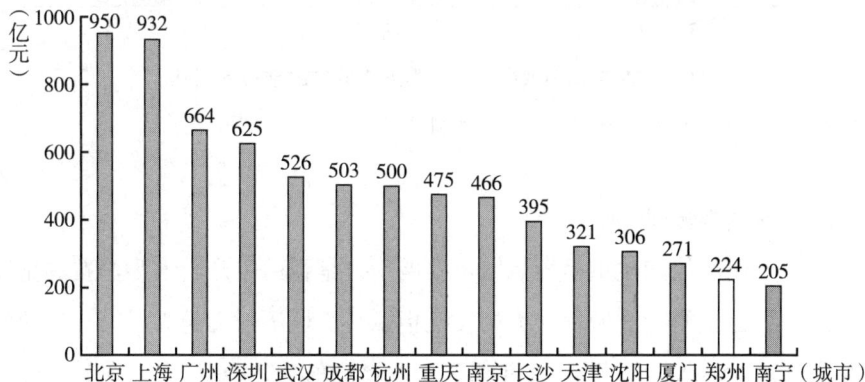

图 5 2020 年全国主要城市奢侈品销售额

资料来源：2021 年中国高端奢侈品峰会。

（三）区域辐射带动力不够

1. 资源集聚首位度低

首位度是一个城市辐射带动功能的直接体现，同时也是一个城市推动、引领都市群发展的基础。2021 年，郑州的经济首位度为 22%，比经济首位度最高的成都（37%）低 15 个百分点；郑州的消费产业首位度为 22%，不足消费产业首位度最高的西安（48%）的 1/2；郑州的人口首位度为 13%，比人口首位度最高的西安（33%）低 20 个百分点。与成都、广州、武汉、西安 4 个国家中心城市相比，郑州经济、消费业和人口的首位度均位列最后（见图 6）。

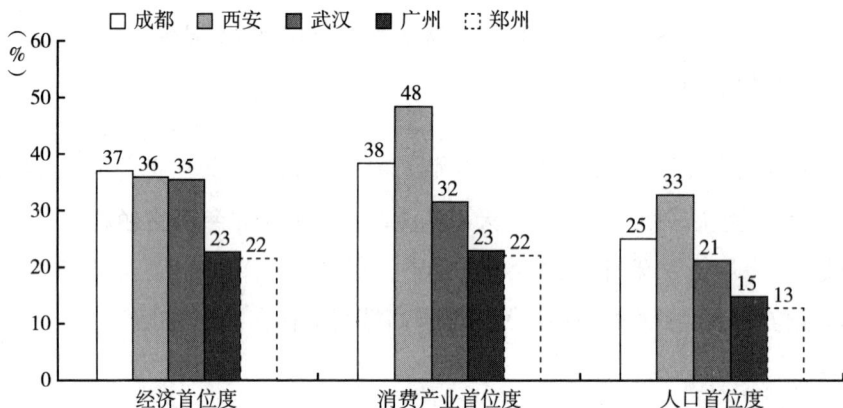

图 6　2021 年国家中心城市中五个城市的首位度对比

资料来源：相关国家中心城市 2021 年统计公报。

2. 产业结构转型较慢

第三产业产值和比重是衡量城市发展动力是否由生产转换为消费的重要指标之一，也是衡量区域辐射力的重要指标，区域辐射力越大，第三产业的比重和产值就越大。郑州 2021 年第三产业增加值为 7470 亿元，在 9 个国家中心城市中高于西安（6794 亿元），位列第 8 位（见表 1）。第三产业增加值最高的北京、上海均超过 3 万亿元，广州超过 2 万亿元，只有郑州、西安、天津尚未迈入万亿元门槛。第三产业增加值占生产总值的比重达到60%是城市发展动力已经转化为消费的标志,2021年9个国家中心城市中只有郑州和重庆没有达到,分别为58.9%和53.0%。其他7个国家中心城市都超过了60%,城市发展动力已经转化为消费,其中北京占比最高,达到81.7%。

表1 2021年国家中心城市第三产业增加值及占比

单位:亿元,%

城 市	第三产业增加值	GDP	第三产业增加值占比
北 京	32890	40270	81.7
上 海	31666	43215	73.3
广 州	20203	28232	71.6
重 庆	14787	27894	53.0
成 都	13220	19917	66.4
武 汉	11064	17717	62.5
天 津	9615	15695	61.3
郑 州	7470	12691	58.9
西 安	6794	10688	63.6

资料来源:各国家中心城市2021年统计公报。

3.配套交通设施不发达

在城市现代化发展进程中,市内轨道交通对城市空间拓展、沿线经济发展具有重要拉动作用,也是城市向外辐射和区域带动的基础,只有内畅才能外联。郑州近几年以地铁为主的轨道交通发展较为迅速,但是与其他国家中心城市相比,还有较大差距。运营里程上,郑州为206公里,位列最后,大约相当于上海的1/4、武汉的1/2;已运营地铁线路条数上,与天津同为7条,均为最少,约为上海的1/3、是武汉的1/2;客运量上,郑州为3112万人次,只高于天津,约为上海的1/8、不足武汉的1/2;进站量上,郑州为2012万人次,只高于天津,是上海的1/5,不足武汉的1/2(见表2)。

表2　截至2022年2月国家中心城市轨道交通运营数据

城　市	运营地铁线路条数(条)	运营里程(公里)	客运量(万人次)	进站量(万人次)
北　京	27	783	19025	10551
上　海	20	825	24507	10551
广　州	17	590	17014	9367
重　庆	10	402	7979	5300
成　都	13	558	11464	6546
武　汉	14	479	6952	4522
天　津	7	265	2480	1557
郑　州	7	206	3112	2012
西　安	8	253	6802	4365

资料来源：交通运输部网站。

（四）消费资源挖掘不深

1. 城市品牌过于模糊

国际消费中心城市不能以单一行业为支撑，需要商业、旅游、文化、体育、会展等多个行业联动，而城市品牌是把多个行业串联到一起的"灵魂"。郑州城市品牌资源较为匮乏，突出表现为城市品牌定位不清晰、内涵不精练、传播力不强。郑州城市形象定位视角不统一，有时定为商贸之都，有时定为会展旅游之都，有时也定为历史文化之都，城市形象模糊。内涵是对定位的系统阐释，郑州城市品牌定位不清晰自然导致内涵不精练，《郑州市创建国际消费中心城市实施方案》中对"山·河·祖·国"的提炼，只是精减了表达的字数，并没提炼表达的内涵，四个字中任一字所包含的内容都足够丰富，内涵的不精练直接导致传播时难以聚焦、难以形成合力，削弱了传播力。

2. 旅游产业优势不突出

郑州拥有文化遗迹、历史古都、名川大山等丰富多样的旅游资源，却没有转化出旅游产业的比较优势。2021年郑州旅游人数为1.13亿人次，在9个国家中心城市中位列最后，相比旅游人数最高的重庆（5.97亿人次），约为其1/5。旅游收入为1401亿元，9个国家城市中只略高于天津（1331亿元）（见图7）。

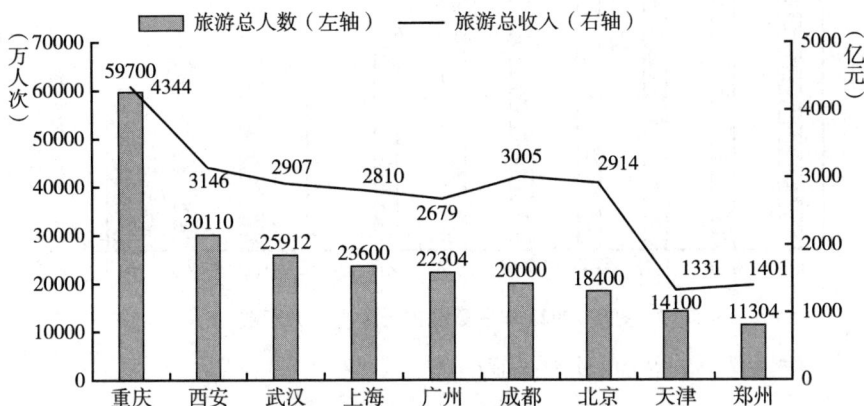

图7 2021年国家中心城市旅游人数及旅游收入

资料来源：各国家中心城市统计年鉴。

3. 高端人才吸引力不足

郑州"七普"人口总量达到了1260万人，10年间人口增加了397万人，人口净流入在全国排名第10位。郑州人口的增长，主要源于其省会地位的快速提升对省内其他城市形成了虹吸效应，因为其新增人口来源主要是省内，比例高达79.2%。2021年中国人才吸引力城市排名中，郑州人才吸引力指数为49.0（见图8），与其他8个国家中心城市相比，只高于天津（47.3），相比人才吸引力较高的北京（100）、杭州（99.2）、上海（98.6）相差约一倍。显然，高素质、高学历的优质人口的主要流向依然是长三角、珠三角等经济发达地区。

二 首批国际消费中心城市经验借鉴

2021年7月商务部多点多层次布局国际消费中心城市，宣布北京、上海、广州、天津、重庆5市率先开展国际消费中心城市建设，通过优化城市

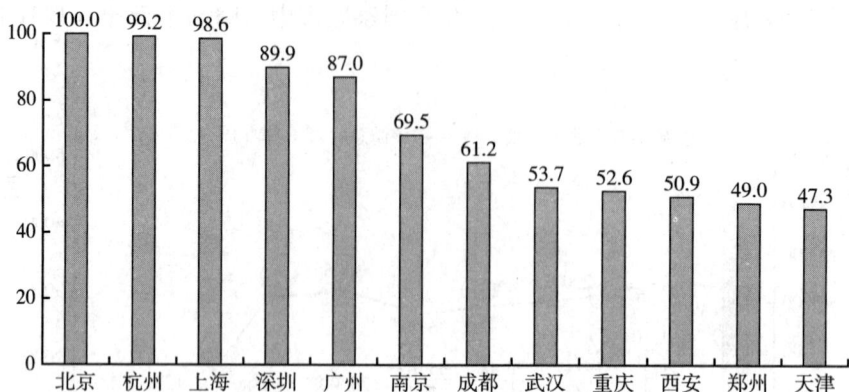

图8　2021年主要城市人才吸引力指数

资料来源：《中国城市人才吸引力排名：2021》，2021年8月29日。

规划、保护历史商业街区等措施改善核心商圈环境，培育发展各类消费服务产业，发展品牌经济，塑造多业融合互动消费生态，协同推进城市建设提质进位，为更多城市建设国际消费中心城市提供了经验。

（一）着重打造本土品牌，内在生发城市之力

北京最大的特色是突出量化目标，如到2025年，"北京老字号"认定总数达到230家；孵化出100个以上新消费品牌（其中亿级规模品牌20个以上，千万级规模品牌80个以上）；打造30条特色餐饮街区、500个美食品牌等。上海注重提出具体措施，如支持本土品牌进免税店、进商场、上平台，支持老字号在进博会宣传推广、支持老字号企业挂牌上市，鼓励免税店设立国产商品销售专区以提升本土品牌等。重庆注重"渝货精品培育壮大工程"，从榨菜、脐橙、柠檬等农产品到玻璃、陶瓷、五金等工业品，再到龙灯、木版年画等文创产品，覆盖了一二三产业，共同推动"重庆产品"向"重庆名品""世界名品"转变。

（二）全力打造标志性商圈，精准彰显城市之势

北京突出文化和体育特色：依托深厚的传统文化底蕴，打造独具人文魅

力的王府井商圈、前门大栅栏商圈；推进自然山水、冬奥元素与工业遗存结合，打造首钢商圈。上海突出商务和时尚特色：对标国际级城市会客厅，把小陆家嘴、北外滩等商圈打造成世界级中央活力区；凸显引领时尚潮流的"魔都"特性，打造淮海中路—新天地商圈和南京路商圈。重庆和天津充分利用有"水"城市优势，重庆提出"邮轮经济"，带动"船、港、城、游、购、娱"一体化发展；天津提出"水陆互动"，发展亲水旅游、亲海休闲、邮轮母港、海上观光，以及拓展围绕海洋主题的文旅消费题材。

（三）大力促进多业融合，意气焕发城市之新

北京紧扣"数字消费"，通过布局数字消费新基建、推广数字消费新场景、丰富数字消费产品新供给、培育数字消费新生态，在发展数字消费的同时，扩大文旅消费、体育消费、教育医疗消费、会展消费等。重庆主打世界美食之都，打响"中国火锅之都"品牌；建设国际生态康养胜地，打造森林康养、湖泊康养、避暑康养、文化康养、田园康养、体育康养、温泉康养等特色康养目的地；打造户外运动首选目的地，推出徒步、马拉松、自行车、登山等一批特色化体育休闲旅游产品；建设西部文化消费高地，着力挖掘和转化巴渝文化、三峡文化、抗战文化、革命文化、统战文化、移民文化资源。广州提升"乐玩广州""食在广州""美在花城"的全球知名度，提升城市文化消费品质，打造世界旅游消费目的地，建设国际康养高地，打造全球会展之都，建设全球美食之都和世界体育名城。

（四）加强推进区域联动，联动释放城市之能

广州精准抢抓战略热点，既对接粤港澳大湾区建设、RCEP 机制等重大战略，深化联通港澳、涉及东南亚的合作，共建"一带一路"，也突出强化省内及周边的广深"双城"联动、广佛"极点"带动，推动与横琴、前海合作区战略互动。天津强调与北京错位发展、差异化发展，提出打造面向东北亚、辐射俄罗斯和中东欧的特色型国际消费中心城市，强化进口汽车口岸服务辐射功能，打造京津冀1小时鲜活农产品冷链物流圈。重庆提出辐射西

部地区、面向东南亚和南亚，抓住 RCEP 新机遇，建立与粤港澳大湾区常态化合作关系，积极融入共建"一带一路"。

三 郑州建设国际消费中心城市的对策建议

郑州作为第二批建设国际消费中心城市的"赛手"，身处东西南北交会地、中部崛起关键点和著名商贸城所在地，具有突出的区位优势和各项基础条件，必须稳稳抓住建设国际消费中心城市的新风口。在加压奋进、提档加速的同时，应以更大格局、更大视野、更大手笔和更强烈的紧迫感，叫响"郑州消费"，在新一轮城市竞争中抢得发展先机。

（一）做大中高端消费载体，加快打造国际性标志商圈

1. 加强商圈整体规划，统筹商圈发展定位

大力提升二七、德化街传统商圈，借鉴上海打通南京东路和外滩两大地标改造南京路步行街的经验，一体化改造二七广场和周边商圈、商场，扩大二七步行街范围，提升二七商圈品质，重振二七商圈品牌影响力，满足本地和周边省辖市 1 小时高铁圈消费者的高端需求。借助郑州"米"字形高铁及"中转"交通优势，打造郑州高铁站商圈，吸引省内及连接周边省会城市的 2 小时高铁圈消费群。抓住河南省推进航空经济发展和实施郑汴许核心区战略的机会，高起点规划和培育航空经济商圈，发挥机场与高铁南站优势，加快培育郑州未来辐射范围最大、通达全国乃至全球的商圈。

2. 加快传统商圈升级，积极发展新业态新场景

2021 年，郑州第三产业增加值占 GDP 的比重达到了 58.9%，正逢消费能力释放爆发期和消费品质提升窗口期叠加的有利时机。对照国内、国际一流商圈标准，加快提升现有商圈，引进国际顶级奢侈品牌旗舰店，增加奢侈品牌和高品质商品；引进具有全球视野的商业运营商，提高品牌运营能力，把引入的品牌卖好、卖活、卖出知名度。大幅提高"首店、首牌、首秀、首发"数量，提升消费体验，增强商圈能级和辐射力，以新业态、新场景

留住既有高端消费需求群体，激发新的高端需求。

3. 用好中转换乘资源，依托大枢纽实施大商圈战略

郑州多个商圈位于公共交通换乘枢纽，具备构建"枢纽+商业"型"枢纽商业圈"的有利优势。郑州东站日均客流 10 多万人次，最高时超过 20 万人次，集高铁、地铁、轻轨、城际、公交、出租车等诸多交通设施于一体，借鉴上海虹桥机场"机场+高铁+地铁+商业"的商业模式，将郑州东站、地铁站等交通设施与商圈融合发展、互相嵌入，能够实现"一加一大于二"的效果，从而形成人流量大、运输力强、辐射范围广、多业态集于一体的大商圈。

（二）做实"1+8"郑州都市圈，增强消费辐射带动力

1. 规划上聚焦做强"圈心"，增强区域影响力

郑州"1+8"都市圈的规模体量达到了武汉都市圈、南京都市圈、杭州都市圈的水平，直接提升了郑州在全国的竞争层级。尽快高起点启动都市圈规划编制工作，以突出都市圈的核心引领和辐射带动为出发点和立足点，在推进都市圈内公共服务共享、社会保障互通和城市户口通迁的同时，加强都市圈旅游市场、文化市场、消费市场信息互通、监管互认、联动促销，实施异地消费积分互认、多地联保、统一售后服务等便捷消费措施，加强消费者"消费同城化"体验，把都市圈体量上的优势转变为郑州消费规模上的优势。

2. 设施上加快互联互通，实现交通同城化

借鉴上海—昆山、广州—佛山修建跨省、跨市地铁经验，拉大郑州地铁格局，向周边城市延伸，加强地铁与机场、高铁、城际衔接的顺畅性，使"一小时通勤圈"实现真正的"点"到"点"一小时。统一规划都市圈公交资源，打破行政区划限制，以人口居住密度、商业及文旅设施衔接等为依据进行线路、站点设置。借鉴武汉都市圈修建跨 5 座城市、全线 360 公里的都市区环线高速经验，在实施机许市域铁路、S312 沿黄大道、郑州至洛阳高速等单体项目的同时，启动郑州都市区的环线高速建设，推

进快速交通一体化。

3.机制上强化协同共享，突出错位发展

郑州都市圈各城市资源禀赋各具特色，可以通过消费资源共享、消费业态互补、消费机制互联，实现消费者跨市消费、双向消费、互补消费的多赢格局。创新性推进人员、土地等要素在都市圈内顺畅流动，推动文化、旅游、医疗、教育等领域资源共享，促进都市圈内城市资源的双向或多向流通。郑州作为省会城市，具有时尚引领作用和文化、教育、医疗等资源优势，可重点满足周边城市居民购物、求学、就医、购房等消费需求；周边城市具有丰富的旅游、休闲、度假资源，可重点吸引郑州消费者到周边城市休闲消费。

（三）做强城市品牌，促进多业融合消费互动

1.凸显黄河文化，塑造"有水"城市形象

文化是城市之魂，决定着城市的气质，每个城市的独特气质便取决于自己的特色定位。从五个首批国际消费中心城市看，拥江（河）发展模式成为其共性选择：北京沿永定河、上海沿黄浦江、广州沿珠江、天津沿海河、重庆沿嘉陵江及长江都布局建设了景观带或商业带。借鉴先进经验，树立"郑州是有水的城市"理念，一体推进黄河生态保护、文化传承、环境整治、防汛准备等工作，挖掘黄河文化底蕴，打造沿岸亮点片区，努力实现河畅、水清、岸绿、景美。在突出黄河文化主地标城市特征、打造黄河文化带的同时，更要突出宣传黄河的亲近感，突出黄河具有母亲河的壮美，也具有城市河的灵动，可远观亦可走近。

2.拓展消费类产品供给，扩大品牌影响力

消费者对一座城市的品牌印象主要来自消费品，一个（类）消费品就可能成就一座城市，如米兰时装、巴黎化妆品、青岛啤酒、鄂尔多斯羊绒衫。郑州明确的七大主导产业和五大新兴产业，其中主要是工业制造业，消费类产品的制造和品牌相对缺乏。一方面，要加快消费类产品制造业的引进和培育，在转变经济发展动能的同时，优化制造业的结构。另一方面，进一

步扩大现有优势行业，如鼓励支持三全、思念等享誉全国的冷冻食品品牌，拓展产品品类、提高产品品质，满足消费升级需求；鼓励支持郑州女装产业，加快产业升级，从高端定制到国货潮品，分层次成体系打造自有产品风格。

3. 推动消费模式升级，提高消费黏性

郑州是一座年轻的城市，15~64 岁人口占比达 75.8%，较全国平均水平高出 6.2 个百分点。青年消费群体的消费观念新，消费升级动能足，既是消费市场创新发展的重要支撑，也是培育消费黏性的重点对象。加大科技创新赋能，加快互联网、生物识别、地理信息等现代技术在商业领域的应用试点，不断提高消费的科技性、体验性、丰富性。建立及时高效的消费需求反馈机制，做精做深体验消费，推动消费及服务的时尚化、个性化和定制化，加快培育产业新业态、消费新模式，尤其是在中高端消费领域培育消费新增长点。

（四）做优消费环境，营造便捷舒适安全的消费氛围

1. 优化内外交通网络，提高消费环境的便捷性

借助郑州交通区位优势和航空、高铁、城际铁路等交通基础设施，科学优化车次、站点设置等，促进郑州与省内外以及全国、全球知名旅游城市、消费中心城市之间的联通，共享消费者资源，形成消费网络。提高飞机、高铁、地铁以及公交等交通设施之间换乘的便捷性，提升交通网络的通达性。强化交通设施与商圈、景区、宾馆等服务配套设施之间的衔接，强化城市内部交通设施与商业消费空间的耦合。提高各类交通设施信息化、智慧化水平，实现各类交通工具均可提前查询、精准换乘，提高商圈、景区、宾馆等服务配套设施的信息化、智慧化水平，以方便咨询、监督。

2. 便利境外游客消费，提高消费环境的舒适性

加快推进航空口岸过境人员 144 小时过境免签政策、第七航权、"免税经济"和"退税经济"等提高郑州开放度和境外游客数量的政策和措施落地，同时提前做好迎接境外游客的准备。机场、高铁站、地铁站、公交站，

以及主要商圈、旅游景点、酒店、文化场所等区域设立中英双语标识（甚至多语标识）和多语言的呼叫中心，提高国际化服务水平。根据境外游客停留时间长短等特性，分析游客出门线路、住宿需求，配套与之相适应的宾馆、租车等服务。提前与相关部门沟通，为游客设立便捷的本外币兑换网点，或探索境外游客的移动支付。

3. 注重诚信消费，提高消费环境的安全性

探索建立与国际标准相同或高于国际标准的消费者权益保护制度，坚决打击销售假货、虚假宣传、商业欺诈等行为。探索建立以商业信用为核心，跨市、跨省、跨境消费的消费者权益保护机制。建立企业主动承诺制，推动具备条件的市场经营主体实行消费纠纷先行赔付制度，引导企业自觉形成诚实经营、服务至上的理念，共同打造、提高、维护郑州的安全消费环境，确保消费者放心消费、消费放心。

参考文献

刘涛、王微：《国际消费中心形成和发展的经验启示》，《财经智库》2017 年第 4 期。

钟陆文：《珠三角适宜消费城市评价研究》，《经济地理》2018 年第 6 期。

汪婧：《国际消费中心城市：内涵和形成机制》，《经济论坛》2019 年第 4 期。

刘元春、张杰：《聚焦国际消费中心城市建设》，《前线》2021 年第 5 期。

王微、王青、刘涛：《国际消费中心城市：理论、政策与实践》，中国发展出版社，2021。

B.6
郑州先进制造业高质量发展报告

牛树海　宫银峰*

摘　要： 郑州不仅是中原地区最大的工业制造中心，而且是我国重要的电子信息产业基地、客车和乘用车制造基地、有色冶金工业基地、食品工业基地、建筑和耐火材料生产基地、纺织工业基地等。近年来，郑州市积极实施工业强市战略，持续深化供给侧结构性改革，加速制造业向高端化、智能化、绿色化转型，逐步形成了以电子信息、新能源汽车、超硬材料、高端装备产业等主导的现代产业体系；但仍存在先进制造业产业链发展不充分，特别是产业链前端研发设计、精密制造等环节薄弱，还需要努力打造促进高端制造业发展的政策环境和应用场景，大力推动先进制造业产业链向高端和前端延伸。

关键词： 制造业　高质量发展　现代产业体系

一　郑州先进制造业高质量发展基础与条件

"十三五"时期，郑州市经济总量飞速跃升，地区生产总值突破1.2万亿元，地方财政一般公共预算收入超过1200亿元，规模以上工业增加值年均增速6.6%，规模以上制造业企业数量超过2100家，主营业务收入超百亿

---

* 牛树海，经济学博士，郑州大学商学院副教授，主要从事区域经济研究；宫银峰，郑州市社会科学院常务副院长，副研究员，主要从事城市经济、产业经济研究。

元企业 13 家，在中国社科院发布的 2021 城市综合竞争力排名中居第 21 位，铸就了全国区域高质量发展的重要增长极。

（一）产业结构持续优化

郑州市作为我国重要的老工业基地之一，不仅是中原地区最大的综合工业城市，更是中国重要的有色冶金工业基地、食品工业基地、大客车生产基地、煤炭工业基地、建筑和耐火材料基地以及纺织工业基地。近年来，郑州市实施工业强市战略，淘汰落后产能，加速制造业向高端化、智能化、绿色化转型，发展现代工业，构建起电子信息、新能源汽车、超硬材料、高端装备产业等主导的现代产业体系，重点产业支撑更加坚实，形成了 6 个千亿级主导产业集群，分别为电子信息产业、汽车产业、装备制造产业、新材料产业、现代食品产业、铝及铝精深加工产业。截至 2020 年 12 月，六大高能耗产业占规模以上工业比重下降到 26.2%，主导产业比重上升至 81.9%，高技术产业比重达 33.3%，战略性新兴产业比重达 38.8%[①]。

（二）配套体系日趋完善

郑州地处中原腹地，不仅是河南省省会，在政治、经济、文化、金融发展上也扮演着举足轻重的角色，承东启西，纵南贯北，具有优越的区位优势；郑州建成了航空枢纽、高速铁路、城际铁路、高速公路等客运零换乘和物流无缝衔接的综合交通枢纽，"丝绸之路"不断扩展延伸，郑欧班列的开通将"海港"搬进了内陆，使郑州成为全国功能性口岸最多的内陆城市，郑欧班列的常态化运行带来了物流成本和运输时间的双重节约，交通优势突出；根据百度地图发布的《2020 年度中国城市活力研究报告》，郑州人口吸引力指数排在全国第 11 位，青年人口吸引力指数排在全国第 8 位，2021 年郑州是全国十大人口净流入城市之一，也是中部唯一入围城市，人口流入为郑州提供了大量的劳动力储备；郑州进入全国文明城市、全国大数据综合试

---

① 《郑州市国民经济和社会发展第十四个五年规划和二〇三五年远景目标纲要》。

验区、全国服务外包示范城市、全国交通综合枢纽示范工程城市、全国加工贸易承接示范地、全国通信网络交换枢纽城市行列，电子商务、物联网、大数据等新兴产业的成长处于全国领先地位，金融、会展等现代服务业综合竞争力跻身国内前列。

（三）竞争优势进一步提升

"十三五"时期，全市企业发展质量明显提升，在电子信息、汽车及装备制造、新材料、生物医药、人工智能等制造业重点领域，全市形成千亿级龙头企业引领、百亿级骨干企业带动、十亿级高成长企业领跑、"单项冠军""隐形冠军"企业不断涌现、"专精特新"企业快速增长的企业发展格局。"专精特新"企业数量不断攀升，拥有 5 家"单项冠军"企业、3 家国家技术创新示范企业、24 家省级技术创新示范企业、46 家省级质量标杆企业及 15 家认定工业设计中心。企业实力不断增强，拥有新型钎焊材料、超硬材料磨具、盾构及掘进技术等 4 个国家重点实验室和全球最大的客车生产基地、全球规模最大的煤矿综采技术和装备供应商，盾构装备市场占有率稳居全国第一，宇通客车股份有限公司，是中国客车行业工艺技术最先进、世界规模最大的新能源客车基地，其产品远销全球 130 多个国家和地区，中铁工程装备集团有限公司的盾构产能、科研实力和市场占有率均居国内第一，速冻食品国内市场占有率超过 60%，人造金刚石市场占有率接近 20%，成为国家新一代人工智能创新发展试验区。

（四）政策保障进一步完善

为扎实推进郑州国家中心城市建设，深入实施"制造强市"战略，为先进制造业的飞跃提供支撑，郑州市先后出台了《关于印发郑州市建设中国制造强市若干政策的通知》《郑州市制造业高质量发展三年行动计划（2020~2022）》等文件 20 余个，这样的政策环境为郑州先进制造业的升级更新提供了有力保障。

二 郑州先进制造业高质量发展环境

（一）发展机遇

一是国家战略交汇叠加带来的机遇。国家《促进中部地区崛起"十三五"规划》中，明确提出支持郑州建设国家中心城市，并赋予郑州"建设全国重要先进制造业中心"的战略新定位。郑州是实施黄河流域生态保护和高质量发展这一国家战略的龙头城市，同时，拥有"四路协同"（空中丝路、陆上丝路、网上丝路、海上丝路）和"五区联动"（航空港实验区、自由贸易试验区、自主创新示范区、跨境电商试验区、大数据试验区）等战略平台。

二是数字经济发展带来的机遇。围绕智能制造重点领域，郑州市政府制定出台一系列政策措施，如《郑州市智能制造和工业互联网发展三年行动计划（2018~2020年）》《郑州市"十三五"智能制造装备产业发展规划》，有效引导和推进了智能制造整体工作的有序展开。构建数字化产业链和生态圈，积极引导数字经济与实体经济深度融合。成立了"数字郑州"产业生态联盟，首批有阿里巴巴、海康威视、新华三、大华等行业领军企业加入，带动一批本地企业在信息安全、物联网及互联网新业态等领域形成优势和较强竞争力，加速推进郑州的产业数字化和城市数字化发展。凭借着5G覆盖、国家互联网骨干直联点、国家超级计算郑州中心等智慧新基建优势，郑州正在构建以全球人才创新创业园·中原科技城为引领的数字经济发展核心区和以郑东新区智慧岛为主体的国家大数据（河南）综合试验区核心区，并规划建设航空港区国际智能终端大数据产业园，着力打造中部地区数字经济第一城、中国的"数字信息枢纽"，数字经济的蓬勃发展为郑州制造业高质量发展提供了新支撑。

三是产业转移提速提质带来的机遇。近年来，由于东部地区的生产成本不断攀升、产品市场饱和，第四次产业转移浪潮正在国内悄然进行，本次产业转移以国内转移为主，中西部地区不断完善的基础设施以及较好的资源优势、区位优势、环境优势使其在本次转移中备受青睐。中部的六大城市群作为重要的要素集聚区和经济辐射中心，是承接东部地区产业转移的核心地区。中原城市群向东是产业强势的沿海发达地区，向西是资源丰富的西部地区，在承东启西、推动中部经济崛起上起着举足轻重的作用。郑州作为中原城市群的中心，航空港地理优势明显，铁路交通区位优势突出，产业配套能力强，对市场的吸引力大，在中原城市群内部各城市中，承接产业转移的能力排名第一。传统产业战略性转移和郑州市自身的经济优势为其承接高端产业项目、提升产业能级提供了良好机遇。

（二）面临的挑战

1.产业层次总体偏低

郑州产业发展过程中，煤炭、化工、机械制造、电力、纺织等传统工业一直处于主导地位。近年来郑州市加快产业转型升级，形成电子信息产业、汽车及装备制造业、新材料产业、生物及医药产业、铝及铝精深加工产业、现代食品制造业、家具和品牌服装制造业七大主导产业。但是在新兴产业的发展上，仍处于依靠投资驱动、资源驱动或是简单的规模扩张来实现规模跃升的阶段，经济增长动能仍以传统工业企业为主，新兴企业的数量有待提升。作为最大支柱行业的电子信息产业，是郑州转型升级的"一号"产业，但从产业链环节来看，电子信息产业仍处于产业链的低端环节，企业核心业务主要是组装加工，而研发设计、芯屏制造等高端核心环节是在郑州以外的地区进行的。汽车及装备制造业作为第二大支柱产业，在郑州的制造活动主要集中在制造环节，上汽、东风日产等知名汽车企业都将郑州作为生产基地，而暂未在郑州设立研发机构，汽车研发、设计、精密零部件制造、检测以及汽车服务相对滞后。新能源汽车、智能网联汽车等技术含量较高的产业，在规模上还不足以支撑产业链整体高质量发展。

2.产业功能区带动性弱

目前，郑州市制造业产业集群建设出现同质化倾向，各区存在产业结构雷同现象，各功能区结构趋同、定位模糊、差异化程度较低、互补性不强、缺乏主导产业或主导产业不突出。产业布局"小散乱"局面未得到彻底改善。郑州市各产业园区规模小，难以形成规模效应；分布零散，相互之间难以形成联动效应；亩均收益低，难以形成集群效应。这表现在各园区产业主要还是基于资源禀赋分布，尚未以产业链、价值链、创新链、技术链为基础完成顶层设计，缺乏更多带动力强的龙头企业和产业链完整的"龙形产业"，链式竞争力欠佳。先进制造业产业生态体系仍有待完善，以企业为主体的技术创新体系尚未形成，缺乏因技术、设计、特种制造等能力而在产业链关键环节具备巨大影响力的企业；产业相关企业的规模和实力较小，带动能力不足，上、中、下游企业缺乏有效衔接，尚未形成较为完整的联动机制，缺乏掌握市场定价权、处于行业垄断地位或足以影响产业链发展态势的企业，除大型客车、盾构机外，郑州先进制造业整体发展滞后，跨国龙头企业和世界范围内知名度较高的企业数量较少。

3. 科技创新能力和人才支撑体系较弱

郑州市拥有大量劳动力资源，但目前正处于由劳动密集型产业向高质量的技术型产业转型的关键期，对劳动力的要求就由总量大转为素质高，郑州的高技术人才储量尚不能满足制造业转型升级所需劳动力数量。郑州的高等教育资源在高校规模、办学层次和整体实力等方面与其他省会城市相比都有较大差距。郑州公办本科院校仅有16所，其中被列入"双一流"建设高校名单的仅有郑州大学、河南大学两所，高校数量远落后于国内一线城市，硕博研究生招生规模也小于其他中心城市，优质高教资源短缺、高层次人才培养不足是制约郑州市建设制造业强市的两大因素。

三 郑州先进制造业高质量发展重点

（一）加快推进优势制造业转型升级

持续推进"制造强市"战略，坚持在持续优化存量的同时，进一步调整增量，以新能源汽车为突破口，推动先进装备制造业智能化、服务化和特色化发展，优化升级现代食品业。

1.汽车制造业

要抓住汽车产业变革机遇，充分利用现有产业基础和优势，坚持传统汽车产业高端化和新能源汽车规模化并进，一方面巩固现有传统汽车的产品优势和规模，另一方面支持企业抢占市场先机，积极培育新能源汽车生产优势产品。进一步提升整车产能，促进新能源汽车发展、汽车零部件生产，打造汽车后市场产业集群。加快一批战略性项目落地，进一步扩大现有整车企业规模，同时加大国内外知名整车引进力度，着力建设全国一流的综合性汽车新城。将新能源汽车列为发展重点，积极推进各企业新能源汽车基地、项目建设，支持宇通汽车、少林汽车、郑州日产、海马轿车等汽车公司投资发展新能源车型。以龙头企业为引领，积极引导汽车、交通、通信、互联网等行业的协同，建设产业生态体系，努力将郑州建设成为竞争力强、优势显著的智能网联汽车产业基地。以技术引领汽车核心零部件产品生产能力的提升，调整汽车零部件产业布局，推进中牟汽车产业园、经开区零部件产业集群建设，完善汽车零部件上下游产业。

2.智能装备制造业

以现有产业优势为基础，一方面，发挥龙头企业的应用示范作用，引导企业结合自身科研能力、应用基础，向物联网产业渗透，培育新型商业模式，完善物联网产业链；另一方面，力争引进一批行业龙头企业，促进芯片及感知设备等重要零部件的研发和生产，并以传统制造业转型升级为导向，通过龙头企业的塑造，形成产业内生和扩张发展的双擎动力，形成一定的行业集中度。以郑州机械研究所、中电二十七所、中船重工 713 所、河南汉威电子等科研院所和科研储备为基础，以郑州智能装备制造产业发展为引领，以卡特彼勒、郑煤机等细分领域龙头企业为依托，针对全市高端装备及智能装备制造核心零部件的薄弱环节，通过集成创新，提升产品的可靠性水平，重点发展智能控制器、智能传感器、精密减速机、伺服系统，通过关键零部件的提升带动郑州智能关键零部件产业核心竞争力的提升。依托郑州航空港经济综合实验区精密机械产业园等重点园区和龙头企业，向着高速度、高精度、柔性化、功能集成化、智能化、高可靠化、网络化、标准化和并联化发展方向，着重培育运动控制器、伺服电动机、减速器等关键零部件企业，引导相关企业集群集聚发展，形成区域优势，建设具有国际先进水平的精密制造产业集群。

3. 食品制造业

郑州现代食品制造业拥有规模以上企业 180 多家，国内市场占有率超过60%，培育了三全、思念、好想你、金星、白象等一批本地行业龙头企业，现代食品制造业拥有 12 个中国驰名商标和雏牧香、博大等 45 个河南省著名商标。以集群化、高端化、数字化、品牌化、绿色化为发展导向，依托三全、思念等速冻食品企业，巩固壮大速冻食品优势行业，进一步支持速冻食品行业创新产品、增加门类、扩大规模，建设世界级冷链食品制造中心。依托好想你等企业研发适合市场和满足消费者要求的产品，做强休闲食品业。顺应社会消费升级、家庭结构小型化趋势，大力发展即食食品、即热食品、即烹食品、即配食品等预制菜产业。

4. 铝及铝精深加工产业

依托豫联集团、明泰铝业、登电集团、中铝矿业等龙头企业，遵循"高端化、精品化、集群化、绿色化"原则，瞄准汽车及装备、电子信息、航空航天、轨道交通、食品医药等新兴应用领域，大力推进"以铝代钢、以铝代铜、以铝代木、以铝代塑"等。一方面，延伸交通用铝链条，加快发展汽车车身铝合金，支持企业投资建设汽车散热器、铝合金发动机壳体、缸体、铝车轮、车架、车桥、轮毂、四门两盖、制动系统、方向盘架、空调、冲压件等铝质汽车零部件、铝型材生产线，努力推进集装箱、冷藏箱用铝项目引进和建设，打造汽车等交通运输用铝材和铝制部件生产基地；另一方面，发展高端用铝链条，加大研发投入，深入开展航空航天、船舰、军工、电子信息、汽车车身等高端铝合金的研发和生产，加快形成产业化规模，拓展高端应用市场。

（二）大力发展新兴产业

1.新能源产业

聚焦光伏、风电、氢能、先进储能、智能电网等重点领域，强化产业合作，培育、引进企业，攻坚关键技术，拓展示范应用，推动全市新能源产业倍增发展。一是在光伏产业领域，按照"引进上游硅材料、做大中游电池制造，拓展下游产业应用"的思路，加快光伏产业全产业链布局。二是在风电产业领域，按照"整机+部件+运营"一体化的发展思路，通过培育整机制造、发展关键零部件、提升风电开发运营等方面，大力发展环境友好型风电，加快建设国内重要的风电设备研发生产基地。三是在氢能产业领域，按照"示范引领、产业联动、区域联动"的思路，通过开展氢能利用示范、提升产业联动水平、深化区域协同联动等方面，加快氢能规模化应用，建设在全国具有重要影响力的氢能源推广应用示范区。四是在智能电网领域，按照"以市场换产业"的思路，强化新型电力装备企业引进，培育做大本土企业，聚力发展智能输电装备、智能变电装备和智能配电装备等，支撑郑州市建成安全、可靠、绿色、高效的智能电网。五是在先进储能领域，按照"多元化储能、一体化应用"的思路，积极发展多元化储能、强化储能技术研发、提升储能应用水平等，推动储能产业加快发展，加快建设具有区域影响力的储能电池研发生产基地。

2.新材料产业

结合郑州新材料产业基础和发展目标，大力推动超硬材料、先进金属材料、新型耐火材料、新型建筑材料等优势新材料进一步提质增效，培育壮大先进半导体材料、新型显示材料、高性能复合材料等关键战略新材料产业，积极布局新能源电池材料、3D打印材料、生物医用和医疗器械材料等前沿新材料产业，打造具有郑州特色的新材料产业体系，为郑州市新材料产业的高质量发展培育新动能、新优势。

超硬材料。不断优化郑州新材料产业园、郑州高新区超硬材料基地等重点载体产业生态，发挥三磨所、华晶金刚石、四方达、富耐克、金海威等龙头骨干企业的支撑带动作用,进一步推动超硬材料及制品、超硬材料技术及装备等领域做大做强。培育形成超硬材料创新型产业集群,打造一批在国内有影响力的知名品牌,努力建设世界级超硬材料产业名城。

先进金属材料。依托氧化铝、铝板带箔、金属丝绳、钎焊材料等领域已形成的产业基础,支持郑州金属制品研究院、中铝郑州有色金属研究院、中船重工第713研究所、河南省航空材料与应用技术重点实验室等行业龙头骨干企业和重点科研院所面向地铁、高铁、船舶、航空航天、汽车等高端装备制造领域需求,大力发展高性能合金材料、高性能金属丝绳材料和新型焊接材料的研发制造,加快推动金属材料向产业价值链中高端攀升。

新型耐火材料。立足新密、登封、巩义等区县(市)在耐火材料领域的发展基础,发挥振东科技、登峰熔料、安耐克实业、万力实业、瑞泰耐火科技等骨干企业的带动作用,依托河南省高温功能材料重点实验室、河南省精炼炉耐火材料工程技术研究中心等创新平台,加快推动现有耐火材料企业的技术、工艺和产品升级,重点研发高温工业新工艺、高温窑炉节能技术、耐火材料循环利用等前沿技术,突破制约行业发展的技术瓶颈,推动绿色、低碳、循环发展。

半导体材料。以航空港实验区、高新区、金水区、新郑市等区县(市)为依托,重点发展半导体硅晶圆材料、第三代半导体材料和靶材,积极发展半导体封装材料,支持半导体行业企业"专精特新"发展,推动先进半导体材料产业进一步发展壮大。

新型显示材料。重点依托河南华锐光电产业园、航空港实验区智能终端(手机)产业园、新郑市电子信息产业园等园区,加快集聚新型显示关键材料平台、机构、人才和企业,为建设全球重要的智能终端生产制造基地提供支撑。

高性能复合材料。重点依托登封市产业集聚区、巩义市产业集聚区、荥阳新材料产业园,引进培育一批高性能纤维及复合材料、金属基和陶瓷基复合材料领域企业,推动高性能复合材料产业向高端化、规模化、精细化方向发展。

新能源电池材料。依托郑州新能源汽车产业基础，支持比亚迪锂电材料、郑州比克电池、郑州广源电池材料等企业，重点发展钴镍锰酸锂（三元材料）、钴酸锂、镍酸锂、锰酸锂、磷酸铁锂、石墨烯基导电剂等正极材料，研发培育石墨烯、人造石墨等碳系负极材料和硅基、锡基等合金系负极材料，鼓励传统优势高分子、铝箔、膜材料企业转型发展铝塑膜、电池箔、电池盒等锂离子动力电池配套材料。

3. 生物医药产业

坚持"创新"与"传承"并重，依托生物医药龙头企业和经开区、航空港实验区、高新区等区域的重点生物医药产业园区，加快集聚生物医用材料行业资源；支持安图生物、美港高科生物科技、汇通创安生物科技、郑州万神山卫材有限公司等龙头骨干企业，围绕各种疾病治疗、创伤修复，以及人口老龄化，积极发展医学成像与诊断用高端材料。以创新药、高端仿制药、现代中药、新型制剂等为重点，着力提升产业创新能力，加快突破创新产品研发、转化、制造等关键环节，促进生物医药产业向高端化、规模化、集群化发展，着力把郑州建设成全国重要的生物医药中高端研发生产基地。

4. 电子信息产业

按照"企业集中布局、产业集群发展、资源集约利用、功能集合构建"的发展理念，加快培育具有核心竞争力和特色优势的电子信息产业集群，重点打造信息安全、软件与信息技术服务、人工智能、5G及北斗、大数据、区块链等电子信息产业集群，集聚一批具有全球竞争力的龙头企业和富有活力的创新型中小企业，形成龙头带动、产业集聚、协同创新的电子信息产业发展体系，着力建设全国重要的电子信息产业基地。

5G产业。聚焦5G产业链关键环节，以关键技术突破为支撑，以5G安全芯片和操作系统为发展重点，以示范工程和重大项目为先导，统筹推进5G+产业培育。如5G+城市治理、5G+车联网、5G+信息安全、5G+工业互联、5G+城市社区等产业，启动5G产业园建设，培育卫星导航定位和遥感应用产业。

人工智能产业。加快人工智能、智能终端等技术和产品产业化，构建人工智能产业生态。加快建设人工智能创新研究院、人工智能研发与应用平台，协同攻关关键技术。推动人工智能产业集聚，加快突破一批人工智能产业化关键技术，支持重点领域人工智能产品研发，强化人工智能发展的条件支撑，打造人工智能生态圈。

信息安全产业。加快推进以拟态防御为代表的网络内生安全技术、产品和应用创新，支持网络安全拟态防御重点实验室、量子信息与量子密码重点实验室等研发平台建设，加快实现网络安全技术和产业的跨越式发展。重点完善信息安全"产业基地+产业大厦+专业孵化器"载体链条，研发具有自主知识产权的安全芯片，筑建信息长城，加强信息安全保障，打造国家级信息安全产业示范基地。

积极营造促进电子信息产业发展的应用场景和产业生态，以国家大数据河南综合试验区建设为统揽，围绕大数据理论与方法、计算系统与分析等方面，突破大数据关键核心技术；加快研发新一代关系型数据库、分布式数据库、新型大数据处理引擎、一体化数据管理平台、数据安全等关键产品和工具；加快推进大数据在郑州政务、社会保障、健康医疗、智慧旅游、新型教育、交通物流等领域的应用和服务。形成以郑东新区智慧岛核心区、高新区大数据产业园区、航空港区国际智能终端大数据产业园为核心的大数据产业发展载体，打造基础设施完善、产业链齐备、具有全国影响力的数据中心产业基地。

四 郑州先进制造业高质量发展的对策建议

（一）突出重要载体

以航空港区、郑东新区、高新区、经开区等开发区为主，重点培育和发展智能终端及新型显示、智能网联和新能源汽车、高端装备制造、生物及医药、智能传感器、5G及北斗应用、大数据、现代金融、现代物流、跨境电商等新兴产业。以荥阳市、登封市、新密市、上街区为主，建设制造业转型升级示范区,协同推动"飞地经济"发展,重点培育新材料产业、现代家居制造业、环保装备产业、航空装备产业等主导产业。以中原区、二七区、管城回族区、惠济区为主,积极培育现代家居产业、现代食品制造业,大力发展绿色制造业,加快推进生产性服务业发展。

(二)突出自主创新

发挥企业创新主体作用。构建政府鼓励创新的正向激励机制,推动大中小企业共创共享、良性共生、协同发展,提升企业竞争力。实施高新技术企业倍增工程,做优做强头部企业,培育创新引领型企业、汇聚创新引领型人才、发展创新引领型机构,以创新型龙头企业为主体,以资本投入、科技分红等方式推进"双创"平台的升级,整合产业链优势,带动相关配套供给能力的提高,形成龙头企业为引领,各中小型企业蓬勃发展的格局。加快关键领域技术突破。在网络安全、人工智能、生物医药、5G等新兴产业领域,引进前沿技术,提升优势学科基础研究能力,有序推动更多应用场景开发;在装备制造、新能源汽车、超硬材料、食品加工等重点领域,重点突破关键共性技术;在电子信息、汽车制造等领域加快推进科技赋能,推动传统制造向智能创造转变。

(三)突出产业生态优化

推动先进制造业和现代服务业深度融合发展,以服务业高质量发展引领带动区域产业升级、释放制造业服务资源潜力。对传统物流进行智能化改造,完善集疏设施、集疏运方式及集疏运管理,提升现代物流的专业化配套服务水平;完善以会展业、咨询管理业为代表的各类商务服务业,促进商务服务业为先进制造业提供更多的增值服务;壮大会展产业、打造会展高地,建设规模大、层次高的国际化会展中心。利用人力资源和制造业产业规模优势,加快发展现代金融、科技服务等知识密集型生产型服务业。优化金融生态环境,推动绿色金融、普惠金融、互联网金融加快发展,提升金融服务整体能力,增强金融业对先进制造业的支撑作用;努力实现科技与产业的互动融合，全面提升研发设计、软件开发、知识产权服务、创业孵化、质量认证等科技服务业态的发展水平。

（四）突出总部经济

郑州作为中原经济群的中心城市，在引领科技创新、优化资源配置上可发挥核心作用。在发展总部经济时，不仅要注意对龙头企业的引进，更需扶持本土成长型企业，培育本土企业总部，做大总部经济板块。首先，郑州应提升本地的科研创新水平，吸引并培养高端人才，打造城市名片，依托郑州城市群，构建与周边城市一体化发展新态势，发挥群体优势和集群效应，增强对企业总部的吸引力。其次，加大对总部经济的政策扶持力度和服务力度，吸引总部经济项目落地，从土地、税收、落户、人才引进、租购房补贴等多个维度，对总部企业发展予以支持与奖励。再次，提升政府的服务效率、态度、质量，完善沟通渠道，及时掌握并协调解决总部企业需求。最后，打造稳定可预期的营商环境、积极创造公平竞争的市场环境、公开透明的法治环境、诚信和谐的社会环境，为总部经济的发展提供支撑。

（五）突出制度创新

加大财政资金支持力度，强化政策资金落实。认真贯彻落实《郑州市人民政府关于印发郑州市建设中国制造强市若干政策的通知》，重点支持智能装备制造自主化突破以及智能制造示范应用等方面。积极争取省先进制造业发展专项资金、首台（套）重大技术装备保险补贴等各项资金。积极对接国家智能制造战略、规划等，争取国家智能制造专项、智能制造试点示范等方面的资金支持。争取市级科技创新、信息化、中小企业等相关专项政策进一步向先进装备制造产业倾斜。充分发挥郑州市制造强市发展基金的作用，积极推动设立郑州市先进制造产业子基金。通过产业基金的示范效应，持续吸引社会面的资金投资，利用证券市场为智能制造拓宽融资渠道。

参考文献

张雯:《国家中心城市建设背景下郑州发展先进制造业研究》,《中共郑州市委党校学报》2020年第1期。

王超然:《郑州制造业高质量发展问题研究》,《商业经济》2021年第7期。

《郑州市人民政府关于印发郑州市国民经济和社会发展第十四个五年规划和二○三五年远景目标纲要的通知》,http://public.zhengzhou.gov.cn/,2021年6月25日。

《2021年河南省政府工作报告》,河南省人民政府门户网,2021年1月25日。

B.7
郑州市建设国际物流枢纽城市调研报告

陈巧云*

摘 要： 物流枢纽是物流体系的核心基础设施，具有辐射区域广、集聚效应强、服务功能优、运行效率高等特点，在物流网络中发挥着关键节点、重要平台和骨干枢纽的作用。郑州市依托区位交通、物流网络、跨境电商、集散中心等优势，构建起"联通境内外、辐射东中西"以及"买卖全球"的国际物流枢纽体系，积极融入"一带一路"与"双循环"国家战略。但随着国际国内形势变化，目前面临着国际货运竞争压力增大、回程货源相对不足、枢纽产业支撑度不高、消费市场信心减弱等问题，亟须实施优势再造战略，通过放大物流网络、物流集疏、物流产业、物流市场的牵引与带动优势，加快推进郑州市国际物流枢纽城市建设。

关键词： 郑州市 国际物流 物流枢纽

物流枢纽是物流体系的核心基础设施，具有辐射区域广、集聚效应强、服务功能优、运行效率高等特点，在物流网络中发挥着关键节点、重要平台和骨干枢纽的作用。2022年3月18日，河南省委常委会强调指出，要把强化投资、消费、出口、物流拉动作为推动经济平稳健康发展的重要举措，融入以国内大循环为主体、国内国际双循环相互促进的新发展格局。物流作为一架新的"马车"，将带动形成新的经济增长点。作为中部核心枢纽城市，

---

* 陈巧云，郑州市社会科学院区域经济所副研究员，主要从事跨境贸易及城市建设问题研究。

郑州市交通网络、物流体系、跨境电商发达，通过国际物流枢纽城市建设，实施优势再造战略，势必对郑州扩大国际贸易、提升国际地位、更好融入国家"一带一路"建设、带动产业转型升级、促进国际消费中心建设起到强力拉动作用。

一 郑州市建设国际物流枢纽城市的比较优势

郑州地处华夏腹地，区位优势明显。在全国战略布局中被赋予重任。2014 年 5 月，习近平总书记在郑州考察时，对郑州跨境电商作出"买全球卖全球"的指示，对郑州国际陆港提出"建成连通境内外、辐射东中西的物流通道枢纽，为丝绸之路经济带建设多做贡献"的殷切期望。2017 年 6 月，习近平主席会见卢森堡贝泰尔首相时，明确提出支持建设"郑州-卢森堡空中丝绸之路"，旨在打造一条横贯中欧的"空中桥梁"，构建覆盖全球的"双枢纽"航空货运网络。郑州依托国家战略布局，紧抓改革开放机遇，在综合立体交通、国际物流通道、跨境电子商贸、物流枢纽建设等方面形成了比较突出的优势。

（一）综合立体交通网络优势

郑州市坚持交通先行，构建了四通八达的米字形高铁路网、高速公路网，航空线路通达全球，中欧班列（郑州）线路不断延伸，构建了空、陆、海、网紧密相连的四条"丝绸之路"，形成了"连通境内外、辐射东中西"的综合立体交通网络。通过交通网络引领，郑州已成为全国综合交通物流枢纽中心城市、"一带一路"重要节点城市、全国唯一航空港经济综合实验区和跨境电商发展领先城市，也是中欧班列开行较早、线路最多及开行班列最多的城市之一。

（二）国际经贸物流通道优势

郑州市借助"丝绸之路"交通网络优势，不断拓展国内国际物流大通道，架起了通往中东欧、西欧、中亚和东盟的国际贸易大通道。以"空中丝路"为引领，建成了"郑州—卢森堡"双枢纽、"郑州—柬埔寨"双枢纽，构建了覆盖全球的航空货运网络；以建设郑州国际陆港为契机，持续畅通中欧班列（郑州）陆上丝绸之路国际物流经贸大通道，不断拓展境内外物流网络，探索以"多式联运"降低物流成本。通过物流枢纽通道建设，不断带动物流平台、物流园区、先进制造业、智慧口岸、商品展示等新业态发展，形成了以国内大循环为主体、国内国际双循环相互促进的新发展格局。

（三）"买卖全球"跨境电商优势

郑州市是首批国家跨境电商试点城市和第二批国家电子商务综合试验区，以"买全球卖全球"为目标，灵活运用互联网思维，探索"秒通关"，首创的保税跨境贸易电子商务"1210模式"已在全国80多个跨境电商零售进口试点复制推广，被世界海关组织（WCO）确定为全球推广的监管样板。全球跨境电子商务大会永久落户郑州。"中大门"全球商品展示展销模式，多次被国内其他城市推广复制，已形成全国特色品牌。2021年新冠肺炎疫情期间，河南保税集团创新开通多条跨境电商"五定"包机（定线、定班、定时、定量、定价），为国货出口开辟"新通道"。探索海外仓建立模式，建立了覆盖全球的物流供应链体系。E贸易核心功能集聚区已发展成为河南本土重要的外贸综合服务平台、跨境电商产业园区、国际产品消费集聚区和数字商务企业集聚区。

（四）"快速集散"物流枢纽优势

郑州市围绕物流枢纽建设积极发力，以口岸、分拨中心、集结中心建设为依托，加快发展医药物流、快递物流、保税物流、冷链物流、汽车物流等，为外贸产业提供便捷高效优质服务。高标准建设物流产业园区，新加坡国际物流产业园、B型保税物流中心、铁路集装箱中心站和机场货运站、万邦国际农产品物流城、金源百荣商业物流综合体、E贸易综合查验中心和高标准立体仓库等一批重点项目相继建成。2022 年 1 月，海关总署同意将郑州国际邮件经转口岸升级为国际邮件枢纽口岸，郑州成为继北京、上海、广州之后的第四个国际邮件枢纽，这意味着万国邮联组织各成员国和相关地区的邮件可直接发至郑州，郑州的物流枢纽地位得到了进一步提升。

二 郑州市国际物流枢纽城市建设现状

郑州市以建设现代化国家中心城市为统揽，深入推进"十大战略"行动。提出优势再造战略行动，加快建设国际性综合枢纽城市。通过完善"多式联运"体系，提升国际门户功能，加大物流产业发展力度，打造全球转运分拨中心、国际交易中心、国际结算中心等，促进国际消费中心建设，推进交通枢纽优势向枢纽经济优势转化。郑州市通过加强物流业集成服务、规模化发展、运贸一体化发展、口岸功能带动、跨境贸易提质等措施，推动郑州国际物流枢纽城市建设提质增效。从郑州市物流口岸局公布的数据来看，2021 年，郑州市物流业增加值完成 1002 亿元，首次突破千亿元大关。

（一）"多式联运"集成服务降低物流成本

一是加强"多式联运"通道建设。一方面加强与天津、青岛、连云港、宁波港、胶州港、上海杨浦港对接进行铁海联运，实现海上丝绸之路无缝衔接，建设以东向为主的铁海联运国际通道，优化运输通道；另一方面在联运规则、标准能力、服务产品、信息共享等方面推进国际陆路多式联运提单融资，初步实现了"一单制"破题。2021 年郑州市铁海联运到发集装箱 17930 标箱，同比增长 18.6%。二是提高"多式联运"信息化管理水平。郑州市依托河南保税集团搭建的多式联运集成综合服务平台，组成物流管理、仓储管理、综合第三方服务、通关服务等功能板块，自主研发通关、商品溯源、物流、仓储等一系列信息化系统，从根本上降低了物流运输成本。其中"一站到家"综合物流管理系统，涵盖从国内揽货、保税园区操作、国内机场操作、国内清关，到国际运输、国外机场操作、国外清关和目的国交付或配送的全链条综合服务，集成了国际专线、邮政小包、国际快递、空加派等多种业务模式，实现了跨境物流信息管理、流程监控和物流跟踪在内的多式联运及供应链信息综合管理。创新跨境电商陆空国际多式联运"四并行"制度，即跨境电商的境内与境外物流动态信息并行抓取与处理、货品数据与物流数据并行分析分享、双数据并行溯源、"一平台"线上服务与"一单到底"线下运营并行运作，该模式提高国际物流供应链服务效率30%以上，货品投放误差率目前已下降为0。

（二）"丝路联通"带动物流规模化发展

一是持续畅通中欧班列（郑州）陆上丝绸之路国际经贸大通道。利用境内外完善的物流网络，郑州不断提升国际陆港开放平台功能，实现"连通境内外，辐射东中西"的目标。2021年，中欧班列（郑州）开通了越南过境班列，又开通了郑州-波兰卡托维兹、郑州-意大利米兰、郑州-土耳其、郑州-俄罗斯（加里宁格勒）4条新线路，中欧班列（郑州）形成了覆盖欧洲、俄罗斯、中亚、东盟和亚太（日韩等）的"十一站点、六口岸"国际物流网络体系，覆盖30个国家、130余个境外城市。境内以郑州为枢纽，集货半径达1500公里，在国内外形成了较大的辐射力和带动力，成为"一带一路"上的明星品牌。2022年4月16日上午，中欧班列（中豫号）五地六列同发，中欧班列（郑州）出口商品有拖拉机农机产品、电子产品、服装原材料、日用品、机电设备元器件、建筑材料等货物，开往欧洲、中亚和RCEP成员国越南、泰国、老挝等国家，这标志着河南"陆上丝绸之路"建设迈向新的里程碑。这是河南省整合陆港资源、统筹班列开行、发展枢纽经济和推进高水平开放的举措。二是借助"航空+高铁"双枢纽融入国际国内大循环。利用国内大循环提供有力支撑。加快枢纽、口岸、综保区向产业链上下游延展，加快保税物流、保税展示、保税研发、国际贸易发展。2021年郑州机场集团公司获评为全国唯一空港型物流枢纽建设运营标杆企业，国际机场累计完成货邮吞吐量70.47万吨，同比增长10.22%。其中，国际地区货邮吞吐量54.51万吨，同比增长20.79%，连续2年进入全球货运机场

40 强。郑州国际货运班列（郑州）开行突破 2000 班，连续 3 年保持高增长。郑州市 A 级物流企业已达 119 家，占全省总量的 55%。郑州市省级冷链、快递、电商示范物流园区已达 14 家，占全省的 33%。郑州市河南能源化工集团国龙物流有限公司上榜 2021 年全国物流 50 强企业榜单（第 49 名），这是郑州市物流企业首次进入全国物流 50 强，也是河南省物流企业的首次入选。

（三）"口岸体系"助力外贸枢纽优势增长

口岸作为对外开放的最前沿，是推动国民经济实现"内循环"和"外循环"协调发展的纽带和桥梁。郑州市以功能性口岸为引领，不断增强外贸枢纽优势。一是持续提升"2+2+9"口岸体系服务能力。郑州市依托航空、铁路 2 个一类口岸，新郑、经开 2 个综保区，汽车、粮食、邮政等 9 个功能性口岸，延伸口岸产业链条，发展口岸经济，2021 年郑州市继续保持内陆地区口岸数量最多、种类最全城市地位。郑州航空港区以航空口岸和综合保税区为核心，谋划建成了内陆地区功能最全、效率最高的"1+1+N"口岸体系，包含郑州机场一类航空口岸、郑州新郑综合保税区和 7 个功能性口岸。其中，功能性口岸涵盖肉类、水果、冰鲜水产品、食用水生动物、活牛、邮政、药品等方面，已建成投用，口岸整体数量占河南省半数以上。郑州经开区有汽车口岸、邮政口岸、肉类口岸、粮食口岸、木材口岸，同时经开区加快中欧班列（郑州）分拨中心和仓储配送中心等配套项目建设，带动口岸经济发展。二是实施便利化通关机制。航空口岸全面实施"7×24 小时"通关，铁路口岸推行"7×24 小时"预约通关，极大地发挥了口岸功能优势。

（四）"运贸一体"带动产业链转型升级

一是"运贸一体"带动产业互补良性发展。通过中欧班列带动"运贸一体化"发展成为"郑州模式"。郑州市加强与共建"一带一路"国家制造商等建立直接合作关系，形成了"以运带贸、以贸促运"产业互补良性发展格局，依托遍布欧洲、中亚和日韩等地的业务网络，通过"直采、直运、直营"，全程冷链溯源，促进郑州由物流枢纽向产业中心转变。2021年郑州市六大主导产业增加值同比增长13.3%，对全市工业增加值贡献率达103%，形成了智能终端、大中型客车、盾构装备、超硬材料、速冻食品等一批在全球、全国具有影响力的产品。二是加快培育新型外贸产业。郑州航空港区在大力发展电子信息产业的基础上，重点培育发展了进出口服装业务。针对进口服装多为快销品牌、对分拨时效要求高等特点，新郑海关通过实行"先入区后报关、分送集报"等便捷通关举措，持续压缩货物通关时间，为新型外贸产业的发展创造各种便利条件。2021年郑州新郑综合保税区共完成服装进出口航班437架次，货量2.2万吨，进口服装可分拨至全国67个城市的600多家门店。

（五）"物流集疏"吸引枢纽偏好型产业集聚

一是物流产业规模不断扩大。郑州市经开区不断创新现代物流业发展态势，形成了物流业比较优势。集聚4A级以上物流企业21家，建成仓储面积400多万平方米，形成医药物流、快递物流、保税物流、冷链物流、汽车物流等高附加值新业态。2021年现代物流业营业收入2247亿元，同比增长6.7%。国际物流园区获评省级快递物流园示范园区第一名。郑州航空港实验区以航空枢纽为依托，以现代综合交通运输体系为支撑，加快培育航空物流产业集聚区。已引进了以顺丰和"三通一达"为代表的快递物流领军企业，以菜鸟网络、苏宁云商、唯品会为代表的电商物流领军企业，以安博、普洛斯、丰树为代表的仓储物流领军企业，初步构建了服务于航空运输的现代物流产业集聚区。二是集聚形成了物流偏好型产业。郑州在构建国际物流枢纽网络的同时，也带来了产业、市场及要素的集聚，形成了枢纽经济特别是枢纽偏好型产业，主要包括临空产业、陆港产业、物流业、金融业、商贸及会展业、旅游业、总部经济等。其中，临空产业包括智能终端产品及零部件、精密制造、集成电路、生物制药、跨境电商、服装等；陆港产业结合郑州市内陆无水港特点，主要包括汽车整车及零部件、高端装备、新材料、电力设备、工程机械等先进制造业，以及有色金属及压延产品、水泥建材等传统产业。枢纽偏好型产业集聚发展，为郑州市建设国际物流枢纽城市奠定了坚实基础。

（六）"跨境电商"引领国际消费中心建设

一是创新跨境电商新零售模式。2017 年郑州"中大门"保税直购体验中心创新实现全国首家跨境 O2O 自提模式创新和保税进口"1210"监管服务模式，借助"网上丝绸之路"的开放通道优势，打造具备线下保税商品自提服务的新零售实体商业。郑州"中大门"模式以线上线下+跨境新零售、万店互联网络化运营模式、展示展销+直播+消费园区的商业模式为主线，吸引全国很多城市组团前来学习。"中大门"跨境电商新零售模式多点开花，已经复制推广至贵阳（黔大门）、银川（银大门）、沈阳（盛大门）、乌鲁木齐（西大门）、呼和浩特（北大门）、南宁（南大门）等城市，形成了全国特色品牌。2021 年郑州市跨境电商交易额 1092.5 亿元，占全省总额的 50%以上。二是跨境电商带动优势产业发展。郑州市创新"跨境电商+"模式，引导传统企业"上线触网"，结合优势产业打造新型工贸一体产业链，形成耐火材料、矿山器械等一批跨境电商特色出口产业集群，让郑州制造、河南制造走出国门。郑州新郑综合保税区被海关总署誉为"小区推动大省"的典范，2021 年外贸进出口金额突破 4700 亿元，居全国综合保税区第 2 位，占河南省外贸进出口的 57.7%。与此同时，河南保税集团通过建设海外仓，形成了覆盖欧美的物流供应链网络，国际终端配送覆盖 77 个国家和地区，时效保障 72 小时，为国货出口开辟了新通道。

三 郑州市建设国际物流枢纽城市面临的主要问题

（一）国际货运竞争压力增大

一是其他地方政策扶持力度加大。近年来西安、武汉、长沙等周边机场纷纷效仿郑州机场，相继出台更具市场竞争力的发展扶持政策，分流了部分在郑运营全货机航班，导致郑州机场货运竞争优势逐渐弱化。二是郑州交通区位优势减弱。在跨境电商和多式联运方面，随着"郑州模式"被不断地复制推广，郑州片区在这方面的先发优势正在逐渐减弱，中欧班列（郑州）、郑州跨境电商也面临此类问题。三是产品同质化竞争严重。国内各大城市在枢纽偏好型产业布局上，存在部分产业雷同现象，导致国际货运产品同质化竞争激烈，郑州国际货运比较优势也在下降。

（二）国际货运回程货源相对不足

陆运、航运货源来自相关产业的支撑，只有相关产业集聚落地才能有力地推动"陆上丝绸之路""空中丝绸之路"建设。郑州市本地外贸相关产业基础较弱、产业结构单一，导致外贸货运集输主要依赖于周边地区集货，存在较大的不确定性。如郑州航空港综合实验区获批以来，多次与 UPS、FedEx、DHL 等大型物流集成商进行对接，但因本地航空货源不足，这些企业目前只在郑州机场开展了货代业务，其分拨中心和转运中心尚未落地。

（三）物流枢纽产业支撑度不高

郑州市枢纽经济缺乏系统规划，在国际化进程加速发展过程中，存在物流枢纽产业结构单一、规模较小、层次不高、功能雷同、枢纽产业对产业链上下游拓展和带动不足等问题。在物流交通枢纽建设方面，存在以交通运输为主，贸易、邮政、仓储等高端物流产业占比小，冷链、电商物流等发展与未来需求不匹配等突出问题。在制造业发展方面，存在研发支撑不足、规模化主导产业较少、产业链高端化不强、外贸产品集聚不足等问题。

（四）消费市场信心减弱

2020 年受新冠肺炎疫情及全球经济大环境影响，全国 GDP 增速呈回落态势。郑州市 GDP 增速由 2015 年的 10.1% 回落到 2020 年的 3.0%。经济增速的下行使得消费增长受到一定抑制，市场需求相对疲软，社会消费品零售总额也回落。2021 年，郑州市遭受洪水和新冠肺炎疫情双重打击，企业受损严重，个体商户关门歇业时间长，居民收入减少，居民的消费热情和消费能力都有所降低，导致市场活跃度不及预期。尤其是"跨境电商"展示展销受到极大冲击，"中大门"在提升郑州建设国际消费中心能级上的示范标杆效应受到影响。

四　郑州市建设国际物流枢纽城市的思路与对策

2022 年 1 月 8 日，河南省委书记楼阳生在回答《中国之声》专访时说，将加快国际航线航班全球布点，高水平建设中欧班列（郑州）集结中心，提升通江达海能力，推动"一带一路"建设高质量发展。将以空中丝绸之路建设为引领，推动空中、陆上、网上、海上"四条丝绸之路"融合并进，做大做强航空经济、口岸经济、临港经济，推动交通区位优势向枢纽经济优势转变，抓住 RCEP 生效实施的这个重大机遇，高水平建设自贸区 2.0 版。根据目前形势和河南省委要求，郑州市应顺应时势变化、抢抓机遇，通过物流枢纽优势再造，加快实现建设国际物流枢纽城市的目标。

（一）放大物流网络优势

面对当前郑州市国际货运"竞争压力增大"问题，郑州应放大物流网络优势。一是加强国际物流网络建设，在 RCEP 生效之际，积极开通西部陆海新通道，发挥中欧班列"中豫号""多式联运"和郑州航空港货运"双枢纽"优势，开辟多条航线，搭建多个网络，形成新优势。通过打造"中豫号"中欧班列国际品牌，强化中欧班列郑州集结中心东联西进、贯通南北的国际枢纽地位，优化资源配置，推动全省国际陆港集成联动和中欧班列扩量提质，带动班列经济、口岸经济、枢纽经济高质量发展。加强与"一带一路"沿线国家的人文合作与规则对接，促进双方贸易、投资便利化，推进国际货运大通道提质增效。二是畅通国内大循环。加强与国内各大城市港口之间的合作，发挥米字形高铁路网优势，畅通与国内各大城市之间的互联互通，实现资源的有效聚合和要素的合理流动，为保护产业链、供应链稳定提供高效支撑。三是打通城市内部"微循环"。推进智慧物流平台、智慧仓储、冷链销售线下展柜建设，鼓励智慧物流、快递、智慧营销点进社区，提升物流末端优质服务。

（二）放大物流集疏运优势

郑州建设国际物流枢纽城市，亟须放大集疏运优势，不断完善"干支结合、枢纽集散"的高效集疏运体系，以通道服务开放、带动贸易、集聚产业、深化合作，为实现更高水平对外开放拓展新空间。一是发挥集结中心作用。要以中欧班列郑州集结中心示范工程建设为抓手，推进中欧班列开行由"点对点"向"枢纽对枢纽"转变，提升郑州国际陆港枢纽能级，加快构建高效运输组织体系。借助中欧班列（郑州）的物流网络和高效集疏运优势，吸引更多现代物流、国际商贸、高端服务、先进制造企业落户郑州，增加货源饱和度，推进郑州国际陆港功能不断完善，降成本、提效率。二是培育壮大航空枢纽经济。以"空中丝绸之路"建设为引领，在郑州航空港经济综合实验区布局建设国际陆港新节点，加快构建"空—铁—公"三位一体、多式联运集疏运网络，做强做优航空、冷链、快递等特色物流，完善互联互通的智慧化物流信息服务平台，发展与国际接轨的现代物流服务体系，培育壮大航空枢纽经济。三是用好郑州邮政枢纽口岸政策。深度耦合综合交通物流枢纽和口岸体系优势，持续深化口岸与跨境电商、枢纽产业融合发展，提升全球消费资源集聚度，不断增强对周边城市消费的引领和带动能力。对郑州航空资源进行优化整合，加快邮件传递速度，扩大邮政特快专递物流网络和服务，实现与本土跨境电商客户的共同成长，优化跨境平台，助推"买全球，卖全球"目标的实现。四是加速建立海外仓。鼓励外贸企业抓住 RCEP 生效时机，在东盟国家和地区设置物流节点，建立海外仓基地，一方面可分散或规避国际物流通道突发情况造成的风险，另一方面也有利于集中规划组织返程货源，使海外仓成为货运班列海外货源的集结中心、分拨中心和配送中心，对海外市场资源进行有效整合，高效集疏运海外货源，扩大优质产品和服务进口，有效解决陆运、航运回程货源不足的问题。

（三）放大物流产业优势

物流业是国民经济发展的战略性、基础性、先导性产业，也是民生保障的重要支撑。针对郑州市枢纽经济"产业结构单一"、产业支撑度不高等问题，一是提升物流业专业化水平。发挥供应链组织者引导作用，促进资源整合平台、投资平台、数据平台建设。着力培育物流龙头企业，发挥网络优势，加强信息联通，在更多细分市场发挥龙头引领作用，有效整合社会物流资源，稳步提升物流产业集中度。要激发多元化出口市场主体活力，解决好出口贸易不平衡、不协调问题，使货物贸易与服务贸易同时发力，实现外贸进出口总额稳定增长。二是通过"运贸一体化"促进产业、物流业同步发展。目前，郑州市要着力解决中小外贸企业与物流公司供需信息不对称问题，促进物流供需对接，实现通关、物流运输全链条信息互通共享，提升国际供应链的便捷度。利用 RCEP 在区域内实施原产地累积规则、推进无纸化贸易、电子认证互认等政策红利，加大对外贸企业的指导培训力度，为中小企业融入区域产业链、供应链创造更多机会。三是大力发展枢纽偏好型产业。枢纽偏好型产业是指对交通枢纽位置、软硬件基础、集散能力等较为敏感的产业。根据国内外枢纽经济发展的经验，只有交通枢纽与贸易便利化平台形成协同效应，才能更好地发挥经济功能。郑州市要通过便利通达的交通枢纽保持高端要素流动的通畅，增强对国际国内物流资源要素的吸附能力，发挥空港型、陆港型国家物流枢纽优势，打造生产服务型、商贸服务型国家物流枢纽为支撑的现代国际物流中心。要做强做优航空、冷链、快递等特色物流，完善互联互通的智慧化物流信息服务平台，发展与国际接轨的现代物流服务体系，培育壮大枢纽经济。要围绕产业链条，聚焦企业关注，持续推进政策创新、服务创新，推动主导产业、特色产业不断聚集，加快形成更大规模的特色产业集群，不断提升产业国际竞争力，形成枢纽经济"基本盘"。

（四）放大物流市场优势

在新兴消费市场，物流承担着安全、快捷、高效的运输服务。只有保持物流畅通，产业链、供应链、消费市场才能活跃，才能激发市场消费潜力。而消费作为国民经济循环的起点和终点，也是生产的最终目的，对经济循环发挥着牵引带动作用。受目前疫情反复、世界局势不确定因素增加、消费市场预期和消费信心下降等影响，郑州市居民消费动力明显不足。但民生消费的潜力不可低估，线上消费依然有较大空间，因此畅通国民经济循环、发挥物流保供体系极为重要。而且智慧物流、短线物流、社区物流、城乡物流、跨境物流、冷链物流都面临着极大机遇，因此，郑州市放大物流市场优势势在必行。一是要做到"疫情防控"和"产业复工"两手抓。落实减税降费、稳岗扩岗、融资促进、畅通物流等各项普惠纾困政策，确保产业链供应链稳定。支持大中小企业健康发展，稳定就业，提高居民收入，全力保障基本民生，确保城市运行安全和物流通道畅通，恢复消费市场信心。二是发挥消费对经济循环的牵引带动作用。持续提升贸易自由化便利化水平，加快发展外贸新业态新模式，推动外贸稳定高效和外贸进口产品保质保量，满足市场需要。三是充分发挥跨境电商对郑州市建设国际消费中心的影响力和带动力。郑州"中大门"要积极探索新形势下国际商品展示展销发展模式，走出疫情带来的不利影响，借助全球跨境电子商务大会在郑州召开之际，加大宣传力度，改变宣传方式，提高品牌影响力。四是推进内外贸一体化发展。形成强大国内市场，畅通国内国际双循环。河南省"十四五"现代物流业发展规划提出，要支撑商贸流通体系建设，完善面向采购商的网络化仓储配送体系、面向网商的便捷化供应链物流服务体系、面向小品牌的专业化共同配送服务体系。围绕城市核心商圈、次级商圈、社区商圈建设，推动商圈物流资源整合提升。通过建设商圈物流高效配送体系，郑州商贸优势会得到进一步彰显，也有利于形成完整发达的消费市场，助力郑州国际物流枢纽城市和国际消费中心城市建设。

参考文献

夏先清、杨子佩：《河南整合物流枢纽新优势》，河南学习平台，2022 年 3 月 27 日。

张倩、王永伟：《逆势增长 2021 年中欧班列（郑州）累计开行 1546 班次》，"正观新闻"，2022 年 1 月 24 日。

屈本礼：《"十二五"以来郑州市工业结构演化分析》，《中州纵横》2022 年第 1 期。

杨泽雅：《2021 年河南郑州新郑综合保税区进出口总额突破 4700 亿元》，正观新网，2022 年 3 月 10 日。

《习近平在第二届联合国全球可持续交通大会开幕式上的主旨讲话》，"学习强国"学习平台，2021 年 10 月 14 日。

文 化 篇
Culture

B.8
郑州市文化高质量发展的经验、成效和趋势

郭　艳*

摘　要： 郑州市积极推进文化高质量发展，通过创新引领、统筹协调、绿色发展、扩大对外开放等措施，城乡文化建设加速发展，文化交流合作水平不断提升，文化发展新优势日益形成，构建起了公共文化共享共建的新格局。当前，郑州市文化产业发展进入新阶段，产业结构不断优化；文艺精品不断涌现，文化市场屡现热点；文化发展取得显著成效，群众的获得感越来越强；历史文化遗产保护取得显著成效，文物考古取得重大进展。未来，郑州市文化产业新业态将继续保持增长态势，文化产业和公共文化继续进行数字化转型，文旅融合加速，传统文化IP提质升级。

关键词： 文化　高质量发展　郑州

---

* 郭艳，河南省社会科学院副研究员，主要从事当代文化研究。

随着河南省"十大战略"的提出，郑州成为正在全力建设的国家中心城市和更高水平高质量发展的区域增长极，其文化发展也迎来了全新机遇期。近年来，郑州市立足新发展阶段、贯彻新发展理念、助推文化高质量发展，不断满足人民群众美好生活的新需要，文化工作整体取得了不少成绩，积累了一些宝贵经验。

一 郑州市文化高质量发展的经验

（一）坚持创新引领，打造文化发展新优势

1. 践行新发展理念

近年来，郑州市贯彻新发展理念，加快建设文旅强市。坚持创新驱动，激发文化创造活力。郑州市把创新放在发展全局的核心位置，汇聚创新资源，不断提升自主创新能力。2021年，郑州市委十二届二次全体会议暨市委经济工作会议提出，郑州要深入推进创新驱动、科教兴市、人才强市战略行动，加快打造国家创新高地和人才高地。创新驱动不仅是郑州发展的主导战略，更是郑州文化高质量发展的重要推手。郑州市依托文创园区，开启"文创+科创"模式，推动传统文化产业转型升级。位于郑州二砂文化创意园的星河·领创天下通过"文创+科创"形成了具备全链功能的综合性立体产业体系，提高了文化产业发展的效益。截至2021年9月，星河·领创天下已有17家企业入驻，其中文创企业9家、科创企业3家、视频直播企业5家。据统计，"目前二砂文创园通过首开区中原创新创业与人才孵化基地的打造，实现1000+家入驻企业与商业品牌、总就业人口30000人、年度总体客流2000万人次、年度总税收10亿元"。① 郑州市高新区一直注重文化与科技融合发展，形成了科技和文化深度融合的产业聚集优势，目前园区内有

---

① 大河报·大河财立方记者贾永标文：《变身"郑州798"，二砂文创园如何打造城市文化新地标》，https://www.dahecube.com/article.html？artid=106904？recid=605，2021年9月4日。

2437 家文化企业、1400 余家文化科技融合企业、5 家文化产业孵化载体及 5 家省市文化产业协会。园区依托科创高地的优势，大力发展数字文化创意产业，推进传统文化的创造性转换和创新性发展。2021 年，园区入选第四批国家文化和科技融合示范基地名单。

2. 科技赋能文化发展

用现代科技助力文博事业发展。郑州市在文物保护工作中积极利用现代科技手段提升文物安全保护水平，采用无人机等现代技术对文物保护单位进行现状调研和隐患排查。一些博物馆通过全息投影、虚拟现实、多媒体数字艺术等数字技术对文物及相关历史文化进行活化，创新展陈形式。2021 年 4 月 30 日，正式开馆的郑州市博物馆新馆在建设中融入了智慧博物馆的理念。郑州市博物馆新馆还与河南联通公司签署协议、共同打造"5G 联合创新实验室"，利用 5G 技术和应用创新的成果推动博物馆展陈创新。2021 年 12 月 19 日试开放的郑州商都遗址博物院也采用了不少数字技术手段。其中约 1000 平方米的数字沙盘展厅，就是将数字投影技术与沙盘相结合展示早期商城的整体布局，还有一个利用 3D 打印技术制作出来的 20 米长、5 米高的城墙断面，以及动态再现的"郑州古八景"。

加强智慧文旅建设。郑州多家旅游景区启动 5G 基站项目建设，开通"一机游""码上游""刷脸游"等服务，提升用户游览体验。2019 年 6 月，少林景区在门票处、少林寺东、塔林西、嵩阳索道等少林景区正式开通使用 7 个移动 5G 基站，打造智慧景区；2021 年 4 月，嵩山少林景区被评为河南省五钻级智慧景区。除此之外，郑州还有园博园、方特欢乐世界、伏羲大峡谷景区、郑州市银基国际旅游度假区、巩义市康百万庄园等 6 家河南省智慧景区。郑州市不仅注重单个景区的智慧化建设，还对全市层面的智慧文旅进行统一规划，构建智慧旅游服务平台。2016 年起由华胜天成集团设计并实施的郑州智慧旅游产业运行监测与公共服务平台现在已成为郑州智慧旅游城市建设的示范性、枢纽型项目，对全市旅游产业实现了运行监测、公众服务、行业监管、宣传推广等功能。截至 2020 年 12 月，郑州市 22 个重点景区均已实现智慧系统全覆盖，大数据每 15 分钟就更新一次，汇总分析人流的热力度和景区饱和度指数，通过挖掘数据可以发现游客的兴趣偏好和服务需求。2019 年 1 月，作为郑州智慧旅游产业运行监测与公共服务平台重要组成部分的"码上游"系统上线，用户可以通过手机 App 或小程序获得吃、住、行、游、购、娱等一站式服务。为了适应人们支付方式的转变，2020年 8 月郑州旅游电子年卡在支付宝正式上线、12 月在微信试运行。该卡不仅是郑州推出的旅游惠民举措，更为市民带来了"智慧出游"的新体验。如今，"郑州文旅云"、"码上游郑州"、旅游电子年卡服务已经实现与微信、支付宝和"郑好办"App 的对接。

利用科技提升公共文化服务效能。郑州市利用数字科技手段不断拓展公共文化服务范围。2020 年 6 月，"郑州文旅云"上线试运营，该平台对郑州辖区内的省、市、县区文化场馆、旅游景区、文化活动、文博信息、文化消费、文化产业等公共文化和旅游服务资源进行整合和汇聚，为市民提供互联互通、方便快捷的全方位文旅信息服务。截至 2022 年 4 月，"郑州文旅云"注册用户数已超过 130 万个，用户粉丝社群 48 个，社群用户超过 20000 人，在线发布活动 12000 余场，产生用户活动订单超过 40 万单，在活动期间招募志愿者超过 100 人，地面服务次数 500 次以上，平台开展文化直播 700 余场，平台服务覆盖人次超 3000 万。与全国同类型平台相比，"郑州文旅云"的用户注册数、订单量、活跃度等指标均处于前列。① 2022 年 4 月，"郑州文旅云"被评为"河南省数字化转型典型应用示范场景"推广类场景。

（二）坚持统筹协调，推动城乡文化建设

1. 文化建设融入城市发展、美丽乡村创建中

树立大文化观，统筹协调文化发展格局。郑州市把文化建设与建设国家中心城市和打造更高水平的高质量发展区域增长极等重大战略任务相结合，进行总体布局。2017 年 2 月 7 日，郑州市政府公布的《郑州建设国家中心

---

① 《"郑州文旅云"入选"河南省数字化转型典型应用示范场景"》，河南省人民政府门户网站，2022 年 4 月 25 日。

城市行动纲要（2017～2035 年）》在功能定位中提出要把郑州建设为华夏历史文明传承创新中心。2021 年初，郑州市十五届人大四次会议通过的政府工作报告提出 2035 年要实现"两化五强"目标，把"建成具有黄河流域鲜明特征的文旅强市"与创新强、枢纽强、生态强、法治强等四个方面融合为"五强"目标。高端规划建设公共文化服务设施，打造城市地标。位于西区的郑州中央文化区（CCD）包括"四个中心"（奥体中心、文博艺术中心、市民活动中心、现代传媒中心），它作为西部城区市民公共文化服务区在郑州的城市发展中发挥日益重要的作用。推进农村精神文明建设，打造美丽乡村。郑州市 2015 年开始启动美丽乡村建设，坚持文化建设与脱贫攻坚、乡村振兴、改善人居环境等中心工作统筹部署、同步推进的原则。2020年 11 月，郑州市人民政府出台《郑州市美丽乡村建设导则》，12 月印发的《郑州市加快美丽乡村建设实施方案》提出："2021～2022 年，建成 50 个以上精品村、300 个左右示范村，完成沿黄区域美丽乡村示范带建设，基本形成 3～5 条美丽乡村旅游精品线路，美丽乡村组团初步形成。"[1] 2021 年郑州市安排 7.2 亿元财政资金，谋划建设嵩山组团、沿黄组团等 7 个美丽乡村组团，50 个美丽乡村精品村，89 个县级投入创建示范村。通过文旅、农旅融合，助力乡村振兴。

2. 推动区域文化协调发展

打破行政区划，主动融入国家区域文化协调发展的大格局。加强顶层设计和统筹协调，构建沿黄文化带、环嵩山文化带和中心城区文化板块"两带一心"城市文化大格局。2020 年 12 月《郑州市黄河文化遗产保护传承弘扬专项规划》通过评审，《郑州市大运河文化保护传承利用暨大运河国家文化公园建设实施方案》2022 年 3 月正式实施，这些顶层设计为郑州保护传承创新黄河文化、大运河文化提供了方向引领。如今黄河、大运河国家文化公园、大河村国家考古遗址公园、商代王城遗址保护、"河洛古国"遗址保护、黄帝故里园区、"黄河天下"文化演艺综合体等重大文化项目纷纷落

---

① 《郑州：乡村振兴欢歌起　田园如画满目新》，河南省人民政府门户网站，2022 年 3 月 14 日。

地，助力郑州在"十四五"期间打造世界级文化地标。

3. 全域旅游助力乡村脱贫

荥阳通过多年发展乡村旅游的探索，形成了"重点景区+重大活动+乡村旅游+产旅融合"发展模式。古柏渡飞黄旅游区、丰乐樱花园、环翠峪风景名胜区带动当地群众 3000 多人就业；利用特色农业举办大型节会活动，河阴石榴节已举办 17 届，实现了旅游富民、惠民。郑州在发展乡村旅游时注重运用互联网等信息技术，将电商、旅游、精准扶贫与文化建设相结合，创新业态和模式，创新营销方式，提升游客体验。现在郑州已经有郑州市新郑龙湖镇泰山村、新密市米村镇朱家庵村、巩义市竹林镇石鼓村、二七区侯寨乡樱桃沟社区、巩义市小关镇南岭新村、巩义市大峪沟镇海上桥村等全国乡村旅游重点村。

（三）坚持绿色发展，留住"绿水青山"

1. 实施生态保遗工程，建设全域文物保护利用示范区

郑州作为华夏文明的重要发祥地、国家历史文化名城，拥有 2 处世界文化遗产、83 处 89 项全国重点文物保护单位、123 处河南省文物保护单位、246 处郑州市文物保护单位以及近万处不可移动文物点，其中土遗址占大多数，这为城市发展带来了难题。郑州市在全国率先探索出了文物资源分布密集型城市"生态保遗"的新路径，通过生态绿化的方式使古遗址、故城址融入城市的生态建设中。2017 年至今，郑州市全面开展生态保遗工程。截至 2021 年底，"郑州市已建成苑陵故城、小营点军台等 45 处遗址生态文化公园，近万亩绿化面积"。① 遗址生态文化公园在建成后，改变了之前环境脏乱的状况，成为市民休闲娱乐的好去处。

2. 保护传统村落，留住乡愁

郑州市在城镇化的过程中注重保护村落的历史文化风貌和自然生态风貌，尊重村落居民原有的传统生活方式，全力修复村落周边环境。目前，郑

---

① 新华社记者桂娟、双瑞、任卓如：《（文化遗产保护）千年文脉启新篇——生态保遗"扮靓"郑州文化气质》，https://www.sohu.com/a/527967522_267106，2022 年 3 月 7 日。

州有登封市大金店镇大金店老街、登封市徐庄镇柏石崖村、荥阳市高山镇石洞沟村、新密市刘寨镇吕楼村、巩义市大峪沟镇海上桥村、登封市少林街道玄天庙村杨家门村、登封市徐庄镇安沟村、登封市徐庄镇杨林村等 8 个村落先后入选中国传统村落名录。为了进一步推动郑州市传统村落的保护发展，2020 年 8 月，郑州市人民政府发布了《关于加强传统村落保护发展的意见》（以下简称《意见》），提出郑州市被列入中国和河南省传统村落名录的村落在保护中要突出村落结构机理保护与山水格局保护并重、物质文化遗产保护与非物质文化遗产保护并重、生产生活环境保护与生产生活方式保护并重的原则，保持传统村落的完整性。同时也要因地制宜、有序发展，打造宜居、宜业、宜游的美丽乡村。《意见》比较全面科学详细地提出了传统村落的保护原则及措施，对郑州市传统村落保护和利用有着明确的指导意义。

（四）扩大对外开放，推动文化交流合作

1.开展文化活动，加强交流合作

举办中国（郑州）国际旅游城市市长论坛，促进城市之间相互交流借鉴旅游发展理念和成功经验。2008～2021 年，郑州成功举办了六届中国（郑州）国际旅游城市市长论坛，成为得到旅游业认可、具有较大影响力的国际性旅游会展品牌。论坛上形成《郑州宣言》《世界旅游城市趋势发展报告》《世界旅游城市市长联盟公约》等重要成果。2021 年 4 月，郑州与沿黄九省（区）联动举办首届中国（郑州）黄河文化月活动，根据国内外形势创新形式，线上线下活动相结合，全面展示了灿烂悠久的黄河文化。提升黄帝故里拜祖大典办会水平，加强中原文化的对外传播。郑州市自 2006 年举办黄帝故里拜祖大典以来，与时俱进，不断提升大典的吸引力和影响力，现在大典已经成为全省乃至全国根亲文化的精品。利用传统节日出访演出，推动郑州文化走向海外。2020 年 1 月至 2 月，郑州市组建文化艺术团远赴美国、巴西、乌拉圭、卡塔尔等国家和地区进行"欢乐春节"巡演活动。2021 年"欢乐春节"活动主要通过线上方式进行，郑州创作的《过年》剪纸动画片亮相活动启动仪式。2021 年 2 月，郑州还携手澳大利亚非物质文

化遗产发展研究中心建立了"悉尼·中国非遗郑州馆",为中原非遗传播打开了海外窗口。2022年在郑州举办的第九届"博博会"和第三届"中国考古·郑州论坛",都极大地拓展了郑州文化的对外交流与合作。

2. 深化城市间文化旅游合作,实现互利共赢

2021年4月,郑州与乐山签订文化旅游合作协议,在保护世界遗产、打造文旅产品、宣传营销资源等领域建立合作机制,开创双方文旅融合发展的新局面。2021年4月,郑州与青岛签订文旅战略合作协议,推动双方旅游资源优势互补,实现文旅产业的协调发展。2021年5月,为推进天水与郑州的文化旅游交流合作,在郑州举办了"精品丝路游·绚丽麦积山"麦积山大景区文化旅游推介会,双方在塑造景区品牌、整合文旅资源、拓展市场等方面加强合作。

(五)坚持以人为本,打造公共文化共享新格局

推进公共文化基础设施建设,提高文化发展成果的共享程度。2020年,郑州美术馆新馆、郑州大剧院建成开放;2021年,郑州博物馆新馆、郑州文化馆、郑州商都文化公园等场馆相继开放。同时,郑州还在抓紧建设科技馆新馆、杂技馆、青少年活动中心等场馆。这些重要文化场馆的建设在保障人民群众基本文化权益方面发挥了重要作用。积极推进文化惠民工程,打造众多公共文化品牌。郑州市在开展"舞台艺术进乡村、进社区千场演出""情暖新春"专场文艺演出、戏曲进校园、公益电影放映等文化惠民活动时积极发挥品牌的引领和带动作用,不断优化公共文化服务。运用新技术、新手段,创新实施公共文化服务。积极推动公共文化服务数字化建设,"郑州文旅云"是科技+公共文化服务的重要成果。新郑建成并使用"郑韩文旅云"平台,构建互联互通的公共数字化服务网络。登封在疫情期间开展线上文化活动,举办夜品豫剧、夜典嵩韵、夜品嵩味、夜赏非遗、夜健体魄等网络直播39场。郑州各地积极创新文化服务供给模式,上街区采取"群众点单、政府派单"的公共服务模式,实现了供需精准对接;惠济区发挥馆站阵地作用,构建"院团专家+馆站骨干+中心群众"的服务体系。公益文化活

动拓展云端空间，推出网上直播、微视频等形式。2020 年郑州图书馆打造的"天中讲坛"品牌进行了 27 场云直播，少儿图书馆制作了《童话黄河》《家长微课堂》微视频。郑州将非遗推广融进公共文化服务体系中，促进了非遗的活化利用。2020 年，郑州开始向全民推广普及少林功夫，先在郑州文化馆、郑州市少儿歌剧团试点开设少林功夫非遗传习班，之后逐步扩展到各县区文化馆、文化站。郑州开展公共文化惠民活动时，坚持以群众为主体的理念，提高公共文化的群众参与度。例如：2021 年首届中国（郑州）黄河文化月活动推出的沿黄九省区文物精品展、沿黄九省区精品演出季、中国（郑州）黄河合唱周等文化惠民活动，通过线下线上互动的方式，让群众真正参与进来。

二 郑州市文化高质量发展取得的成效

（一）文化产业发展进入新阶段，产业结构不断优化

2020 年以来，郑州立足建设黄河流域主地标城市、全国重要区域性中心城市和国际商都的战略定位，不断推动文化产业发展取得新成效。在疫情对国内整个文化产业造成巨大冲击的情况下，2020 年全市文化及相关产业规模以上企业法人单位 522 家，期末从业人员 64678 人，总资产 913.18 亿元，营业收入 501.40 亿元，利润总额 25.78 亿元。文化产业营业收入稳居全省首位（见图 1）。

2021 年，郑州市规模以上文化及相关产业实现营业收入 585.14 亿元，在全省 9 个营收超过百亿元的省辖市中排名第一（见表 1）。

郑州文化产业结构持续优化，文化核心领域优势明显。2020 年，郑州市共有文化制造业企业法人 75 家，总资产 53.98 亿元，营业收入 50.79 亿元，利润总额 3.96 亿元；文化批零企业法人 126 家，总资产 107.85 亿元，营业收入 175.36 亿元，利润总额 4.52 亿元；文化服务业企业法人 321 家，总资产 751.35 亿元，营业收入 275.25 亿元，利润总额 17.31 亿元。文化服务业不论在规模上还是在利润上都占比最大，实力最强。

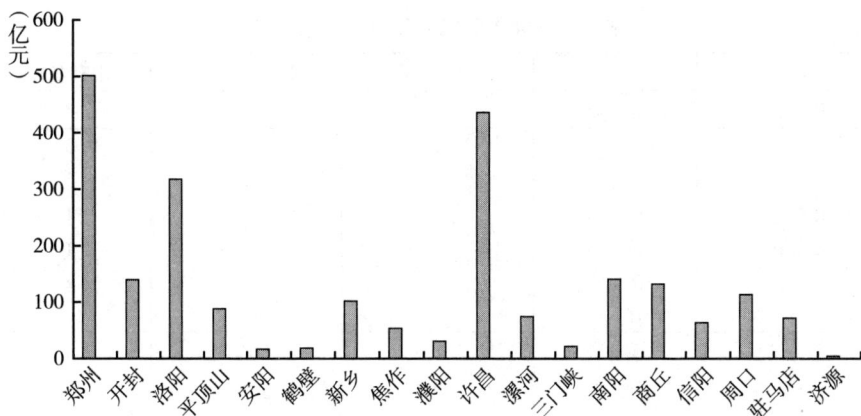

图1　2020年河南省各地市文化及相关产业实现营业收入情况

表1　2021年河南省文化及相关产业实现营业收入超百亿元的地市排行榜

单位：%，亿元

序号	省辖市	营收增速	营业收入
1	郑　州	16.7	585.14
2	许　昌	4.6	456.06
3	洛　阳	5.9	336.63
4	南　阳	19	167.06
5	开　封	-4.6	133.01
6	新　乡	26	128.12
7	周　口	4.9	118.67
8	商　丘	-17.3	109.03
9	平顶山	18	103.78

资料来源：根据河南省统计局数据整理。

郑州市文化发展质量不断提升，城市竞争力显著增强。2020年11月，中国社科院城市与竞争力研究中心国家中心城市课题组联合《华夏时报》共同发布的2020年国家中心城市指数报告显示：郑州在"国家文化中心城市"的排名中由2018年的第20位上升为第7位，跻身国家重要文化中心城市之列（见表2）。

表2　2020年国家文化中心城市排名

类型	城市	2020年排名	2018年排名	上升名次
国家文化中心	北　京	1	1	0
国家重要 文化中心	上　海	2	2	0
	西　安	3	9	6
	广　州	4	3	-1
	杭　州	5	4	-1
	南　京	6	8	2
	郑　州	7	20	13
国家潜在 重要文化中心	重　庆	8	12	4
	深　圳	9	7	-2
	武　汉	10	5	-5
	济　南	11	6	-5
	苏　州	12	11	-1
	成　都	13	14	1
	长　沙	14	10	-4
	合　肥	15	17	2

资料来源：2020年国家中心城市指数报告。

文化产业营业收入逆势增长，韧性增强。在疫情冲击下，2020年全市规模以上文化产业实现收入501.40亿元，较2019年471.44亿元，同比增长6.4%；2021年，全市规模以上文化产业实现收入营业收入585.14亿元，同比增长16.7%，发展态势逐步向好，表现出较强的抗风险能力。市民文化需求增强，消费结构加快升级。2020年10月，郑州入选"2020中国夜间经济二十强城市"，建业电影小镇的夜游项目《一路有戏》入选"2020游客喜爱的十大夜间演艺"。2021年国庆期间，建业文旅旗下的电影小镇和只有河南·戏剧幻城共接待28.02万游客。其中，"电影小镇累计接待游客18.01万人次，只有河南·戏剧幻城共接待游客10.01万人次，7天内主剧场演出100场次，总观剧人次超过60万"。① 2020年，郑州入选第一批国家文化和旅游消费试点城市，2021年中牟县、登封市被确定为首批河南省文

① 张承民：《超60万观剧人次！这个国庆假期，只有河南·戏剧幻城全程高能》，https：//www.henandaily.cn/content/2021/1008/325438.html? ivk_ sa＝1023197a，2021年10月7日。

化和旅游消费试点县（市、区），2022 年郑州出台《郑州市创建国际消费中心城市实施方案》，这些政策的落地进一步激发了郑州文化旅游消费潜力，促进文化消费高质量发展。

（二）文艺精品不断涌现，文化市场屡现热点

近年来，郑州深入贯彻落实习近平总书记重要讲话精神，实施文艺作品质量提升工程，创作出大量反映时代、书写人民的文艺精品。2021 年，郑州市围绕建党 100 周年开展主题文艺创作和展览展示展演活动，举办了"永远跟党走——庆祝建党一百周年书画展"、"铭记历史初心，致敬百年伟业"——庆祝建党 100 周年文艺汇演、"郑州市庆祝建党 100 周年百段经典戏曲展演活动"等系列活动。2021 年，5 位郑州书法家荣获第七届中国书法兰亭奖，获奖数量在全国省会城市中居首位，展示了郑州书法雄厚的实力。2021 年郑州市选送的《锦娘》《小小把城官》《宝莲灯》《单娘》4 部作品在第十五届河南省戏剧大赛中荣获河南文华奖，其中郑州市豫剧院的《锦娘》、郑州市曲剧团的《小小把城官》在省市级专业院团组的比赛中获河南文华优秀剧目奖，《小小把城官》还摘得河南文华音乐创作奖，《小小把城官》演员海波、高宝峰、李京京以及《锦娘》演员连德志、王凤琴、成棕普、张旭阳等摘得河南文华表演奖。登封市豫剧团的《单娘》、新郑市豫剧文化演艺中心的《宝莲灯》在县区级及民营院团组分别获河南文华大奖、河南文华优秀剧目奖。2020 年 11 月，由郑州歌舞剧院创排的舞剧《精忠报国》入选国家舞台艺术精品工程重点扶持剧目，之后在演出中不断提升品质。"舞剧《精忠报国》和歌曲《妈，我回来啦》《家在黄河边》《我的好兄弟》获得河南省第十二届'五个一工程'奖，歌曲《我们能》获得'优秀国际展播奖'，舞蹈《匠人之心》入选文旅部'百年百项'小型作品创作计划"。[①] 2020 年 10 月，郑州歌舞剧院的舞蹈作品《唐宫夜宴》获得

---

① 《〈中国文化报〉聚焦河南郑州：政府主导　高质量发展公共文化大民生》，https://dhh.dahe.cn/con/370827，2021 年 7 月 3 日。

第十二届中国舞蹈"荷花奖"古典舞提名,该舞蹈 2021 年春节在"河南春晚"播出后火爆破圈,成为"现象级"IP,"自上线播出后至元宵节前夕,获得 108 万讨论量、25 亿阅读量,视频更是超 20 亿播放量"。① 2021 年 10 月 21 日,《唐宫夜宴》入选第十三届全国优秀舞蹈剧目展演。《唐宫夜宴》走红带热了郑州旅游,据郑州市文化广电和旅游局统计,2021 年端午假期"全市共接待游客 506.5 万人次,同比增长 13.7%,实现旅游总收入 20.95 亿元,同比增长 38.7%。全市纳入重点监测的 17 家景区共接待游客 47.2 万人次,同比增长 144.58%;实现门票收入近 4066 万元,同长增长 202.05%"。② 以多种文化形式讲好郑州故事、传播郑州声音。近几年,郑州接连举办了第十一届全国少数民族传统体育运动会、国际乒联总决赛、第八届中国(郑州)国际街舞大赛、2021 年全国羽毛球冠军赛暨第十四届全运会羽毛球项目资格赛等重要赛事,2020 年央视春晚在郑州设立分会场,2020 年中国金鸡百花电影节(第 35 届大众电影百花奖)在郑州举办。承办这些国家级的重要活动极大地提升了郑州的文化影响力。

(三)文化发展取得显著成效,群众的获得感越来越强

郑州市持续推进现代公共文化服务体系建设,基层综合性文化服务中心基本实现全覆盖。截至 2020 年底,全市有 2769 个基层综合性文化服务中心、191 个图书馆分馆、189 个文化馆分馆、65 座城市书房。城乡文化设施建设得到全面加强,群众身边有更多可去的文化场馆。公共文化服务水平的提升离不开财政经费的支持。2020 年郑州市人均文化传媒事业经费 227.89 元,超过全省平均水平。多项文化惠民举措落地实施,让群众有实实在在的获得感。"精品剧目演出季""千场演出""大地情深"等文艺演出惠及群众 200 多万人次。郑州文化旅游惠民消费第二季活动、"河南人游郑州"等

① 《根植中原文化 打造艺术精品——从〈唐宫夜宴〉翻红看郑州歌舞剧院创新发展之路》,https://www.163.com/dy/article/G43T40LB0544AF6C.html,2021 年 3 月 2 日。

② 《端午假期我市迎客超 500 万》,https://www.zhengzhou.gov.cn/news1/5082093.jhtml,2021 年 6 月 15 日。

文化旅游惠民活动推出多样的旅游活动，丰富群众文化生活。郑州 2016 年、2017 年连续两年在亚马逊中国发布的最爱阅读城市榜中获得亚军。补齐乡村文化短板，公共文化服务均等化水平持续提升。郑州市 290 个经济落后村的综合性文化服务中心严格按照"七个一"的标准全部完成建设任务。新郑市、荥阳市分别入选河南省第三批、第四批省级公共文化服务体系示范区名录。在加强文化基础设施建设的同时，郑州市立足基层实际，打造群众喜闻乐见的品牌文化活动。各地结合本地特色，广泛开展"群星耀中原""美丽新乡村""唱响村戏""同绘村画""同跳广场舞乡贤读书会"等文化惠民活动。多元化的公共文化服务产品，极大地丰富了基层群众文化生活。各地还积极参与 2020 年全市精神文明创建活动，逐渐形成了"一镇一品牌、一村一特色"的文化阵地。登封朝阳沟"村晚"作为全国 8 台示范性"村晚"之一在"欢乐过大年·迈向新征程"——我们的小康生活 2021 年全国"村晚"示范展示活动中进行了展示。

（四）历史文化遗产保护取得显著成效，文物考古取得重大进展

文化保护规划更加完善。郑州市高起点编制了《郑州市黄河文化遗产保护传承弘扬专项规划》、《郑州市全域文物保护利用示范区总体规划》和《郑州市文物博物馆事业发展"十四五"规划》等规划，对传承弘扬黄河文化、保护郑州文化遗产工作发挥了统揽和引领作用。双槐树"河洛古国"及青台遗址、西山遗址、小双桥遗址等考古遗址公园也开始编制规划，文物保护规划全面覆盖。省级文物保护单位大幅增加。2021 年郑州市新增 24 处河南省文物保护单位，文物保护单位的增加为郑州更好地进行文物保护利用奠定了基础。目前，郑州市拥有 2 处世界文化遗产、83 处全国重点文物保护单位、147 处河南省级文物保护单位、246 处市级文物保护单位、近万处不可移动文物。2021 年 4 月，巩义双槐树遗址入选 2020 年度全国十大考古新发现。至此，郑州市有 15 个项目入选"全国十大考古新发现"（见表 3），成为全国入选考古十大新发现项目最多的城市。

表3　1990~2021年郑州市"全国十大考古新发现"榜单

序号	年份	考古发现名称
1	2020	河南巩义双槐树遗址
2	2017	河南新郑郑韩故城遗址
3	2014	河南郑州东赵遗址
4	2011	河南郑州老奶奶庙旧石器时代遗址
5	2010	河南新郑望京楼夏商时期遗址
6	2009	河南新密李家沟旧石器——新时期过渡阶段遗址
7	2008	河南荥阳娘娘寨遗址
8	2008	河南新郑胡庄墓地
9	2007	河南新郑唐户遗址
10	2007	河南荥阳关帝庙遗址
11	2003	河南郑州大师姑夏代遗址
12	2000	河南新密古城寨龙山时代古城
13	1997	河南新郑郑韩故城郑国祭祀遗址
14	1995	河南郑州西山仰韶文化城址
15	1995	河南郑州小双桥遗址

　　文物保护利用工程有序推进。2021年郑州博物馆新馆投入使用，郑州商都遗址博物院和郑州市文物考古研究院试开放运行。开工的黄河国家博物馆、大河村国家考古遗址公园（中国仰韶文化博物馆）等正在全力推进建设，预计2022年实现对外开放。这些重点项目的建设对于满足群众对美好生活的向往具有重要意义。博物馆办展质量不断提升，郑州市每年都有2~3个陈展被评为省级以上精品展览。截至2022年3月，郑州市共有109家博物馆，其中49家为备案博物馆，60家为具备开放条件、正在提升的各级各类博物馆。2021年，郑州市各级博物馆共举办200多场展览、600多场社教活动、近400万人参观。郑州博物馆的"黄河珍宝——沿黄九省（区）文物精品展"及郑州博物馆引进的"微观之作——英国V&A博物馆馆藏吉尔伯特精品展"入围第十九届（2021年度）全国博物馆十大陈列展览精品的初评。

三　郑州文化高质量发展的趋势及建议

（一）郑州文化高质量发展将呈现以下趋势

1. 文化产业新业态保持增长态势

随着科技的发展，以网络信息服务业为代表的文化产业新业态不断涌现，动漫、数字出版、互联网游戏服务、互联网文化娱乐平台等业态发展迅猛。近年来，从全国文化产业发展的总体情况来看，新业态特征较为明显的16个行业小类营收持续大幅增加。郑州的文化产业发展也体现出这一特点。2019年，郑州文化产业营业收入有5个行业保持增长，其中具有新业态特征的文化传播渠道同比增长31.6%，新闻信息服务同比增长2.0%。2020年受疫情影响，在郑州市文化产业营业收入整体下降的情况下，新闻信息服务营业收入（55.94亿元）逆势增长，比上年增长10.94%。2021年第一季度，文化传播渠道营业收入（45.78亿元）比上年同期增长103.7%，创意设计服务营业收入（18.29亿元）比上年同期增长12.8%。2022年，国内外形势依然会对郑州文化产业发展产生重要影响，文化产业新业态总体稳步发展的趋势未变，未来仍将继续是政策扶持发展的重点。

2. 文化产业和公共文化继续数字化转型

近年来，数字技术不断赋能文化发展。大数据、云计算、物联网、5G、（VR）虚拟现实、（AR）增强现实、（AI）人工智能、区块链（Block Chain）等开始应用于文化产品的生产、流通、消费等环节中，渗透于公共文化服务中，为文化高质量发展提供了许多新场景。数字化是未来经济社会的发展趋势，文化发展也是如此。文化数字化已被写入国家"十四五"规划，党的十九届五中全会通过的《中共中央关于制定国民经济和社会发展第十四个五年规划和二〇三五年远景目标的建议》提出要"推进公共文化数字化建设"和"实施文化产业数字化战略"。郑州市在推进国家中心城市建设的过程中特别重视数字建设，并提出"数字郑州"的目标，要把郑州打造成中部地区数字产业化发展引领地、产业数字化发展示范地。文化建设的数字化转型将成为"数字郑州"的重要组成部分。2020年，郑州市数字经济总量将近5000亿元，占GDP的41.4%以上，混合现实娱乐、智能家庭娱乐等数字文化消费开始出现在人们的生活中，智能制造、3D打印、机器人、无人机等技术和装备拓展了郑州数字文化产业发展空间。因此，不论是从国家战略层面还是从郑州的区域发展战略来看，未来郑州市文化高质量发展将会朝数字化方向转型。一方面，郑州的广播电视电影、文博、图书出版、演艺等传统产业将会通过数字技术进行转型升级；另一方面，网络文学、网络游戏、网络直播、短视频等新兴业态不断兴起。同时，数字化也会使郑州的公共文化服务更贴近群众，极大地提升服务效能。

3. 文旅融合快速发展

据联合国世界旅游组织发布的信息，全世界旅游活动中约有37%涉及文化因素，文化旅游者每年以15%的速度增长。文旅融合是未来发展的必然趋势。在文旅融合的过程中"以文塑旅，以旅彰文"。2021年9月召开的河南省委工作会议提出要全面实施"十大战略"，文旅文创融合战略就是其中之一。2021年2月，郑州市委十二届二次全会暨市委经济工作会议紧扣省委"十大战略"部署，提出在重点领域争取"一年起势、三年成势、五年胜势"。其中专门提出郑州市要深入推进实施文旅文创融合战略行动。在政策的引领下，郑州文旅融合将会进一步加速。黄河文化主题游将会升温。今后，随着黄河国家文化公园、黄河国家博物馆、商代王城遗址、大河村国家考古遗址公园、"黄河天下"文化演艺综合体、郑州国家级非遗中心等重大文化旅游项目的推进，郑州"读懂中国、从郑州开始"文化品牌的影响力将越来越大，黄河文化主题游将会成为游客重点关注的对象。旅游演艺将会进一步转型升级。演艺作为文旅融合的重要结合点，几乎成为国内各大景区的标配。但同质化倾向、缺乏新意等问题制约了旅游演艺的可持续发展。2019年，文化和旅游部印发的《关于促进旅游演艺发展的指导意见》提出要推进旅游演艺的转型升级。郑州市在推进文旅高质量发展时，可以依托自身资源优势，深挖景区文化底蕴，实现演艺与旅游、餐饮、文化、酒店、民宿、娱乐项目等相关产业融合发展。2021 年开业的"只有河南·戏剧幻城"拥有大小不一的剧场 21 个、演员近千名，以 3 大剧场为核心，分设 18 个小剧场，剧目总时长近 700 分钟。通过沉浸式演艺，打破观演边界，使游客更好地感受中原文化和黄河文化。2021 年 12 月，"只有河南·戏剧幻城"入选"2021 文旅融合创新项目"。

4. 传统文化 IP 提质升级

2020 年 11 月，《文化和旅游部关于推动数字文化产业高质量发展的意见》提出"培育和塑造一批具有鲜明中国文化特色的原创 IP，加强 IP 开发和转化，充分运用动漫游戏、网络文学、网络音乐、网络表演、网络视频、数字艺术、创意设计等产业形态，推动中华优秀传统文化创造性转化、创新性发展"。[①] 在一系列政策的扶持带动下，一批依托传统文化的国潮 IP 频频出圈。由郑州歌舞剧院创排的古典舞《唐宫夜宴》成为传统文化 IP 开发的成功案例，现在形成了文创生态体系，开发出文创盲盒、数字藏品等许多衍生品。《唐宫夜宴》IP 文创生态体系获评 2022 年第六届中国文旅 IP 大会"IP 有光""向阳而生"奖项。IP 化开发将是未来郑州传统文化发展的一个重要趋势。2021 年 12 月 31 日，《河南省"十四五"文化旅游融合发展规划》提出，河南未来将要"实施中华文化超级 IP 工程，构建'4+8+N'中华文化超级 IP 矩阵，打造中华文化超级 IP"。[②] 其中打造的 4 个全球著名文化 IP、8 个国际知名文化 IP、19 个全国一流文化 IP 都有来自郑州的。打造中原特色的中华文化超级 IP 是"十四五"期间郑州的重要任务。一是深入挖掘黄河文化、黄帝文化、功夫文化、民俗文化等内涵，创作演艺、影视、动漫、短视频作品，助推传统文化 IP 传播。二是建设巩义慈云小镇、登封天文小镇、新密伏羲古镇、新郑红枣小镇、荥阳樱花小镇等一批高品质的特色小镇，发挥建业电影小镇、百年德化历史街区、二七区樱桃沟、巩义市"长寿山风情

---

① 《文化和旅游部关于推动数字文化产业高质量发展的意见》，文旅产业发〔2020〕78 号，2020 年 11 月 18 日。

② 《建设文化强省！河南省"十四五"文化旅游融合发展规划公布》，http：//www. henan. gov. cn/2022/01-14/2383167. html，2022 年 1 月 14 日。

古镇文化商业街"、郑东新区龙湖里商业街区、金水区"农科路酒吧休闲一条街"等夜间文旅消费集聚区的示范引领作用，培育文旅 IP。

（二）推动郑州市文化产业高质量发展的对策建议

1. 推动文化与科技深度融合，大力发展文化新业态

文化与科技融合是推进文化高质量发展的重要途径。郑州市要聚焦文化和科技融合发展的重点领域，争取在文旅、动漫、文博等领域实现关键性突破。积极发展数字文化产业，培育文化新业态、新模式、新场景。加快博物馆、美术馆、科技馆、图书馆、文化馆等人文、科技、文化公共场馆的数字化建设，利用技术进步助推郑州市传统文化业态的转型升级。加大公共文化领域科技创新力度，突破文化资源保护关键技术。通过数字化拓展公共文化服务的能力和传播范围，让人民群众足不出户就可以享受到丰富多样、灵活便捷的公共文化服务。构建数字化文化消费场景，培育特色文化消费项目，拓展市民文化消费空间。

2. 提升公共文化服务水平，促进城乡文化均衡发展

坚持标准化和均等化的原则，完善郑州市公共文化服务网络。增加农村公共文化服务的总量供给，补齐薄弱地区文化建设短板。织密公共文化服务网络，将公共文化设施建设纳入郑州市老旧小区改造项目，纳入特色小镇、美丽乡村规划建设，打造一批具有郑州特色和人文品质的新型公共文化空间。广泛开展群众喜闻乐见的文化活动，鼓励县区开展线上线下相结合、群众广泛参与的文化活动。

3. 深入挖掘文化内涵，推进文旅融合发展

充分挖掘郑州市的黄河文化、嵩山文化、古都文化、红色文化等文化资源，构建黄河文化带、环嵩山文化带、中心城区文化板块"两带一心"文旅格局，打造黄河流域生态保护和高质量发展核心示范区文化旅游地标。立足郑州市文化与旅游资源优势进行产业布局和项目策划，打造一批文旅精品线路。加快郑州文旅、文创融合，推出一批特色文创产品。

参考文献

河南省统计局、国家统计局河南调查总队编《河南统计年鉴2021》，中国统计出版社，2021。

《回眸"十三五"，奋进"十四五"——以新发展理念引领文化和旅游产业高质量发展》，《河南日报》2021年2月1日第7版。

王林生、金元浦：《以系统观推进文化娱乐行业高质量发展》，《中国电视》2022年第1期。

B.9
郑州城市文化竞争力比较分析
及提升对策

刘 涛 聂玉婷 张培斐*

摘 要： 本报告从文化资源集聚度、文化市场和消费状况、文化辐射水平、文化管理和认同感等四个方面对包括郑州在内的九个国家中心城市的城市文化竞争力进行比较，发现郑州文化资源丰富、优质文化品牌涌现、文化辐射支撑力足，但整体实力位于中下游，呈现文化资源和优秀文化品牌延伸转化能力不足、文化传播创新不够的特点。需要通过挖掘历史文化资源、文化的融合发展、升级文创产业、拓宽传播平台和载体、完善文化发展服务体系，进一步展现古都文化魅力、释放城市文化活力、增强文化市场集聚力、提升城市文化国际影响力、增强文化支撑力，进而加强郑州城市文化竞争力。

关键词： 郑州 文化竞争力 文化产业 国家中心城市

文化是城市的内在基础性要素，是城市中的历史、风貌、文明及人们的价值、行为、精神及认同感的综合表达，影响着城市的吸引力、感召力和影响力，构成了城市综合竞争力的内核。在这种情况下，挖掘城市历史文化资源，促进文化的转化创新，强化文化供给和服务能力，增强城市的总体竞争

---

* 刘涛，郑州市社会科学院文化所所长、副研究员，主要从事城乡文化发展研究；聂玉婷，郑州市社会科学院研究实习员，主要从事城市发展研究；张培斐，中州纵横杂志社研究实习员，主要从事区域经济发展问题研究。

力，已经成为各城市发展的重要任务。尤其是国内外一些先进城市，都把文化竞争力的提升作为重点，以有效的文化政策、规模化的文创产业、优质的文化生态，促进了资源和要素的集聚，释放了城市文化活力，形成了城市的文化优势和特色。郑州作为国家中心城市和历史文化名城，具有重要的文化支撑和引领功能，文化发展持续加速，但是与文化先进城市相比，还存在一定差距，这影响了城市的文化竞争力，与国家中心城市的文化功能要求不相符。本研究通过设计文化竞争力的指标，并与其他国家中心城市文化竞争力进行比较，找到郑州在国家中心城市中的方位，分析其文化竞争力的弱项和特色，提出其未来文化竞争力提升的对策。

一 城市文化竞争力的内涵及提升意义

（一）城市文化竞争力的内涵

首先，要进行概念区分。主要区分城市文化竞争力与城市竞争力、文化产业竞争力等概念，城市文化产业竞争力主要是经济概念，指文化产品、服务的市场生产、销售和影响力，体现的是产业的产出效益，也是城市文化竞争力的一部分。从内容涉及面来看，城市文化竞争力既包括文化生产、文化消费，还涵盖公共文化服务、文化传播、文化传承、文化理论创新等内容，是一个综合性的概念。城市竞争力是经济、社会、政治、制度及文化的综合体现，是一种吸收、利用和配置资源的能力。而文化软实力是城市竞争力的重要组成部分，对城市经济、社会等领域的发展具有重要支撑作用，也是城市品质和文明程度的投影，代表着城市发展的高度及方向。尤其是现代城市竞争体系中，要获得更高层级的提升和发展，必须把文化发展纳入城市发展战略部署中。

其次，要明确城市文化竞争力的时代内涵。对于城市文化竞争力主要有两种解释：一种认为城市文化竞争力是精神引领力，以鲜明的城市文化特色和优势，吸取文化资源、促进城市发展，并形成城市文化形象的能力。另一种认为它指城市具有较强的文化要素配置能力，具有极强的资源感召力和吸引力，并在城市竞争中获得先发优势，形成较强文化竞争力，而最终实现城市发展战略的能力。这两种解读都突出城市文化的优势和特色，是一种区别于实体存在的软性实力，具有较强的综合性，是城市凝聚力、吸引力和辐射力的综合体现，包括城市文化基础设施、文化资源、文化产业等实体内容，也包括价值观念、文化政策、文化传播、文化消费等软性内容，是城市文化领域各种要素形成的综合能力。

（二）提升城市文化竞争力的意义

1. 促进国家中心城市文化功能的实现

国家中心城市在城镇体系中处于最高位置，是现代城市体中的"塔尖城市"，承载着区域经济、文化及管理等中心的工程，发挥着集聚、引领和辐射等功能。郑州作为国家中心城市，被赋予区域经济、文化等中心地位，是国家乃至全球发展体系中的重要节点城市，是文化交流和传播的中心地区。城市文化竞争力的提升，在国家中心城市建设中的作用突出，没有文化的传播力、创造力、带动力，很难形成文化的集聚和辐射力。郑州虽然文化资源丰富，但是与其他国家中心城市相比，还存在一定的差距，增强城市文化竞争力，扩大其在国内乃至全球范围内的影响力，有助于促进郑州现代化国家中心城市建设、形成具有国际知名度的文化都市。

2. 促进优秀传统文化的传承弘扬

郑州作为国家历史文化名城和全国八大古都之一，有着5000多年的文明史，登记在册的文物保护单位达1万多处，在全国"中华文明探源工程"首批9个项目中，郑州占5个，国家级文物保护单位达到83处89项，居全国城市第二位，是人类文明的重要起源地，是中华文明的发源地，承载着优秀文化传播、弘扬和传承的重任。推动郑州城市文化竞争力的提升，探索历史文化资源转化利用的新方式、新载体，有助于促进优秀传统文化的创造性转化和创新性发展，增强文化的海外传播力和影响力。

3. 促进文化创意产业提质升级

文化创意产业把创新思维逻辑融入产业体系中，促进传统文化产业的价值再造，是新型的文化业态，包括动漫、游戏、影视、出版、信息及相应的服务设施。郑州市高度重视文化创意产业的发展，产业规模、从业人数等不断提高，但是与先进城市相比，还存在较大差距。融入创意创新思维，探索文化创意产业发展的新模式，能够促进文化创意产业提质升级，打造出国民经济支柱型产业，形成高质量发展的示范地，增强郑州城市文化竞争力。

4. 满足群众精神文化生活需要

随着郑州市经济的加速发展，居民收入水平不断提高，截至2021年底，全市人均可支配收入达到39511元，比上年增长6%；全市人均生活消费支出25962元，比上年增长12.9%，其中文化娱乐消费保持较高增速，在总消费支出中的比例日益提高，但是文化产品和服务的供给能力不足，还难以满足居民多元化、高品质文化消费的需要。提升郑州文化竞争力，生产更多文化精品，提供更加完善的公共文化服务设施，可以更好地满足群众的文化诉求，带动形成新的文化消费热点。

二　城市文化竞争力的比较分析

城市文化竞争力是国家中心城市发展层级的重要体现，也是增强城市功能的重要方面。为更好地反映郑州城市文化发展水平，本报告选取了北京、天津、上海、广州、武汉、成都、西安等八个国家中心城市作为比较对象，从文化资源集聚度、公共文化服务设施、文化旅游消费状况、城市文化辐射水平四个方面进行比较，分析郑州的城市文化竞争力及特点。

（一）文化资源集聚度比较

从九个国家中心城市的博物馆数量来看，北京、成都、西安、上海、武汉位于前五位，都超过了120家，郑州位于第九位，只有70家博物馆，比西安少87家，比武汉少53家，数量差距较大。从世界文化遗产数量来看，北京、郑州位于前两位，北京为 7 项，郑州为 2 项，与西安、天津并列。国保单位郑州为 83 处，位于国家中心城市第 2 位，比西安多 25 处，比武汉多 50 处。总体来看，郑州作为国家中心城市中的重要古都，历史文化遗产资源较多，文化类型丰富，文化资源集聚度较高，具有文化竞争力提升和城市文脉开发的基础。

表 1　九个国家中心城市博物馆和世界文化遗产比较

城　市	博物馆数量	世界文化遗产	国保单位
北　京	172 家	7 项	135 处
上　海	149 家	0 项	40 处
天　津	73 家	2 项	34 处
广　州	111 家	0 项	33 处
重　庆	107 家	1 项	64 处
成　都	160 家	1 项	41 处
武　汉	123 家	0 项	33 处
郑　州	70 家	2 项	83 处
西　安	157 家	2 项	58 处

资料来源：9 个国家中心城市统计年鉴。

（二）公共文化服务设施比较

公共文化服务设施主要包括图书馆、文化馆、美术馆及相关的公共文化空间，能够为群众文化活动开展提供便利，反映一个城市文化发展水平和文明程度。从郑州与八个国家中心城市的公共文化服务设施对比来看，天津、上海、广州和郑州，分别位于 1~4 位，郑州市公共图书馆面积达到 75000 平方米，美术馆达到 23000 平方米，均位于第 4 位。但是郑州人均藏书量、人均购书经费等指标均处于末位。郑州人均购书经费仅为 0.51 元、新增入藏文献资源 10 万册，远低于 1 元/人、25.2 万册的国家一级馆标准。近年来，郑州市持续推进公共文化服务设施建设，公共文化服务体系日益健全，但是在人均占有量和总量上与其他国家中心城市之间还存在差距，需要加大经费投入力度，加强公共文化服务设施建设，满足群众对高质量文化服务的需求。

表2　九个国家中心城市公共文化设施比较

城　　市	人口（万人）	公共图书馆面积（平方米）	藏书量万册（件）	购书经费（万元/年）	文化场馆面积（平方米）	美术馆（平方米）
北　京	2189.3	37000	845	4142	13000	18000
天　津	1386.6	120000	726	3606	5380	28000
上　海	2487.1	127000	5500	14870	17370	1668000
广　州	1867.4	98000	1025.6	4922	8000	79947
重　庆	3205.4	50000	460	1800	25000	9500
成　都	2093.8	20000	318	1000	6512	2330
武　汉	1232.7	33000	323.7	860	7093	12000
郑　州	1260.1	75000	282	650	4700	23000
西　安	1295.3	15000	429	800	7300	17000

资料来源：9个国家中心城市统计年鉴。

（三）文化旅游消费状况

当前，文化旅游业已经成为现代产业体系的重要组成部分，在塑造经济发展新动能、引领产业结构转型升级中发挥着重要作用。郑州市近年来着力推动文化旅游融合发展，全面培育精品文旅线路，加大文化旅游产业扶持力度，文化旅游产业加速发展。2021年郑州市旅游总人数12120.3万人次，旅游总收入为1238.59亿元，与其他国家中心城市比差距较大，上海、北京、广州旅游总人数都超过2亿人次，天津旅游总收入为1968.81亿元，武汉为2920.84亿元；郑州A级景区数量与武汉并列，同为51家；郑州5A级景区数量与成都并列，同为1家；郑州星级酒店为75家，高于武汉的56家和天津的67家，但是五星级酒店仅为9家，在九个国家中心城市中居末位。总体来看，郑州市文旅市场高质量的文化旅游设施不足，文化服务还难以满足文化消费需求。总体来看，文化旅游市场竞争力不够强，文化设施、文旅内容的规模和质量都不高，需要整合文化旅游市场资源，提升文化旅游设施质量，培育优质文化旅游项目，打造精品文化旅游线路，以高品质吸引市场消费主体，增强文化市场竞争力。

（四）城市文化辐射水平

城市文化辐射水平展现城市文化带动效应，主要是城市对外的文化影响力、引领力和带动力，既包括城市文化的对外传递和传播，也包括城市内部文化氛围的培育和形成。郑州市注重以文化活动展示黄河文化，通过策划举办一系列重大文化活动，搭建了传播平台，也提高了城市知名度、美誉度。近年来，郑州市连续举办了"黄帝故里拜祖大典""国际旅游城市市长论坛"等节庆活动，形成了国际性的文化品牌。2021年举办大型文化活动"黄河文化月"，融入了郑州、洛阳、开封的"三座城三百里三千年"文旅活动，以及黄河文化主题艺术沙龙、黄河流域文物展览等项目，2022年2月启动"讲好黄河故事、寻迹黄河之旅、聆听黄河之声、拍黄河之美"文旅活动，传承弘扬郑州厚重的历史文化，不断将中华文明向海内外传播辐射。郑州歌舞剧院舞蹈《唐宫夜宴》开启了传统文化传播的新篇章，形成了现象级的文化传播事件，城市文化影响力得到有力提升。2021年广州、西安等城市举办了文旅宣传推广活动，成都、武汉举办了特色节庆文化活动，与之相比，郑州的品牌文化活动特色鲜明，活动的周期长、规模大、内容丰富、影响广泛，尤其是协作机制完善，传播效果明显，在国内外产生了较强影响力。

三 郑州城市文化竞争力的层级及特点

（一）实力位于中下游，部分指标相对靠前

从国家中心城市文化竞争力的比较来看，郑州文化竞争力位于中下游，北京、上海、广州位于上游，成都、武汉、重庆、西安位于中游，郑州、天津两个城市的文化竞争力相对靠后，但是部分指标相对靠前（位于中上游

水平）。从文化资源的集聚度来看，郑州市位于上游水平，仅次于北京，无论是总量还是质量都相对靠前，高于其他七个国家中心城市，文化资源潜力巨大。从文化市场和消费状况来看，与其他国家中心城市相比，郑州市指标相对靠后，龙头文化企业较少，文化企业的影响力不够。从城市文化辐射力来看，郑州市文化活动、对外影响力等处于中上游水平，全球性的黄帝故里拜祖大典、综合性文化活动黄河文化月，以及《唐宫夜宴》等现象级文化产品的出现，使得城市辐射力得到迅速提升。从对外开放度和创新力来看，郑州市文化输出能力还相对薄弱，位于中下游水平，高校总量达到 62 所，高于天津、成都，与西安、上海和重庆接近，但是高等院校质量不高，仅有1 所"211"高校，落后于其他国家中心城市。在文化科研机构方面，郑州师范学院、郑州旅游职业学院、郑州工程技术学院、郑州市社会科学院等都设置了专门的文化研究中心，但是研究人员较少，专业的文化研究机构不足10 个，与上海、北京、广州等相比还存在较大差距，也少于武汉、西安。在文化管理及文化认同感方面，文化扶持力度不断增强，郑州市出台了《建设文化旅游强市支持文化产业发展实施细则（试行）》，全面设立 2.5亿文化产业发展扶持奖励资金，重点支持文旅产业、文创产业、文艺创作等。但是也还存在一些问题，文化政策的引导性还较弱，文化资源的转化不明显，城市文化氛围不够浓厚，与其他国家中心城市相比还存在差距。从文化竞争力的各项指标比较来看，郑州市文化资源禀赋、文化认同感较强，文化发展的后劲突出，但是面临的其他城市的竞争和挑战增强，城市文化发展突围和破题的任务较为迫切。

（二）文化资源丰富，转化能力有待提升

历史文化资源、文化禀赋是提升文化竞争力的基础，也是郑州文化发展优势形成的关键。郑州市文化资源规模、密度和层级位于上游，仅次于北京，位居全国前列。郑州拥有旧石器时代遗址 400 余处、新石器时代仰韶文化遗址 200 余处，拥有"天地之中"历史建筑群、大运河通济渠郑州段两处世界文化遗产。夏、商、管、郑、韩都曾在郑州建都，此后隋、唐、五

代、宋、金、元、明、清也在此设州，郑州是国家八大古都之一，具有历史悠久、文化资源丰富、文化类型多元等特点。郑州地区是华夏文明的核心区域，是农耕文明发轫之地、人文始祖的诞生地、姓氏的起源地、科技文明的创始地，既具有辉煌灿烂的历史文化遗产以及资源，又具有山、河、湖、森林等自然生态资源，还有覆盖全市的红色文化资源，以及具有地域特色的民俗民风等，这些资源历史悠久、底蕴深厚，而且极具转化创新和开发利用前景。但是郑州传统文化和文旅资源的产业转化还不够，文化的创新能力不强，对于新技术、新场景、新载体的运用不够，文化的优势和特色展现不够，文化产品在国内外文化市场中的占比较小，文化资源还难以转化为文化竞争力。

（三）优质文化品牌涌现，延伸转化能力不足

为增强郑州城市文化竞争力，坚持把创新和创意放在重要位置，以文旅文创融合塑造品牌、培育现象级文化产品，城市关注度和吸引力得到明显增强。以"只有河南·戏剧幻城"为代表的文旅项目品牌效应显著，推动优秀传统文化的转化创新和传承弘扬，产生了极强的文旅支撑作用。以二砂、瑞光等为代表的文创园区成为文化创意的示范区，以建业、银基等为代表的本土企业成为文旅发展龙头，引领着文旅文创融合发展方向。康百万庄园、刘镇华庄园、张祜庄园等文物古迹修缮效果明显，建成了集休闲观光、文化体验、康养研学于一体的城市产业功能体。郑州现象级文化产品不断涌现，尤其是《唐宫夜宴》的推出，加速传统文化"出圈""破圈"，首播微博上话题词突破7000万阅读量，播放量超千万，让优秀文化以新形态、新时尚展现，让文物蕴藏的文化价值传向海内外。2021年中国（郑州）黄河文化月举办，融入黄帝故里拜祖大典、国际旅游城市市长论坛，协同沿黄九省（区）及郑、汴、洛三地宣传媒体进行宣传，使文化事件被高度聚焦和整合，极大提升了郑州的城市形象。在文化品牌、现象级文化产品不断涌现的同时，还存在文化活动、文化产品的延伸力不够，产业转化能力不强，产业链条较短，文化跨界融合不够等问题，难以形成持续影响力，区域文化竞争的能力不突出。

（四）文化辐射具有支撑力，传播的创新力不够

郑州城市文化的辐射具有明显的支撑力，居中的地理区位优势，发达的现代交通网络，尤其是自贸区（郑州片区）、郑欧班列、航空港经济综合实验区、跨境电商综合实验区等平台的通达性强，加上发达的物流基础设施，使得文化产品可以快速流通到全球各地。2021年全年进出口总额达到5892.1亿元，同比增长19.1%；其中，进口2339.3亿元，同比增长17.0%；出口3552.8亿元，同比增长20.5%。2021年跨境电子贸易走货量6730.0万包，货值180.0亿元，同比增长16.3%。线上网络平台和线下流通设施，形成了文化传播的支撑框架，为文化产品和服务的海内外输出、传播提供了便利，提升了城市的开放度和城市的知名度。但是传播内容、方式和机制的创新不够，文化和科技融合力度不足，国际话语体系下的内容性产品生产能力不强，能够展现优秀文化特色且具有较强创意的网络动漫、游戏、影视、文学等作品极为缺少，创意文旅品牌和基地也较为缺乏，在海外文化传播平台建设、对外交流方式等方面的创新不够，大型赛事、文化活动等在郑州的较少，尤其是时尚文化领域的品牌缺乏，优秀的城市文化还没有完全展现，这制约着城市文化竞争力的提升。

四　郑州城市文化竞争力提升对策

（一）挖掘历史文化资源，展现古都文化魅力

作为夏商都城的郑州，有着千年以上的文明史，展现了"早期中国"古都文化的精华，承载着早期中华文明的基本特质。新时代下，必须整合学科资源，完善研究机制，深入挖掘郑州地区历史文化，形成高质量的基础性研究成果。一是整合研究力量。由综合性社科管理和研究机构牵头，整合高校、科研机构的文化研究力量，以项目引导的方式，依托考古、历史、文化、社会等学科，深化对郑州"早期中国"历史文化渊源、价值、功能及

脉络等的研究,探索郑州在中华文明发展史中的地位。二是做好考古发掘工作。依托郑州考古院、郑州大学考古学、河南考古院等力量,深化对郑州地区的考古发掘,努力探索未知、揭示本源。加强对仰韶文化、夏商文化、古都文化等的考古挖掘,实施"考古中国·夏文化研究""商都文化研究"等重大项目,实证中华文明起源与早期发展、人类文明形成与民族团结的郑州贡献。三是做好研究阐释工作。建议组织实施"郑州文化研究工程",对仰韶文化、龙山文化、嵩山文化等进行系统性研究,对"最早中国"的文化标识进行深入论证,形成系列研究成果,为城市文化定位和文化布局提供理论支撑。加强对史料的整理收集,对各类文学、地理、经济、历史、民俗等领域的资料进行收集,分类整理入档,编制成大型文献,为开展研究提供充分的实证材料。加强理论研究、宣传阐释工作,组织专家通过出版专著、撰写文章、研讨交流、普及宣传等形式,推动理论创新,形成文化共识,普及文化常识,传播文化知识,提升城市文化的社会认识度。

(二)促进文化的融合发展,释放城市文化的活力

郑州作为现代化大都市,不仅是国际交通枢纽城市,也是重要的区域经济中心,城市的吸引力和感召力不断增强,截至 2021 年人口规模达到 1274.2 万,年均流入人口达到 60 万,文化碰撞、融合加速,传统与现代之间、地域之间、国家之间的文化在郑州融汇,文化多元、文化的流动性明显,让郑州成为一个包容、开放、多元的文化都市,形成了独特的城市文化魅力和特质。要立足新时代文化发展的特点,推动文化的融合发展,培育有品质的郑州文化,释放城市的文化活力,形成文化竞争力提升的重要源泉。一是促进传统文化与现代文化的融合。加强对城市历史文化风貌的保护、修复,保护好历史文化建筑、民居、民俗、习俗等,展现城市的文化形态,恢复城市的文化记忆,培育城市的文化归属感。推动现代优质文化的融入,通过创意、创新、设计等新方式,优化传统文化的展现方式,促进优秀历史文化在继承中超越,在传承中创新,形成适应现代社会的新形态、新表达。借助新媒体、新经济等进行传播、转化和创新,在新文化形态感知中了解历史

文化的魅力，感悟传统文化的精髓，促进传统文化与现代文化在新表达中融合，构建起传统与现代交相辉映的现代化大都市。二是促进地域文化的融合。促进城乡文化之间的融合，坚持工农互补、城乡互动的理念，加大对乡村文化发展的扶持力度，完善公共文化服务设施，引导乡村文化的产业化开发，建立城乡联动的文化产品生产、创新和销售的渠道，打造城乡文旅文创融合发展共同体。适应流动人群、外来创业人群、农村务工人群等文化需求，培育公共文化空间，建设特色文化活动场所，传播郑州优秀文化，丰富各类群体文化生活，增强其社会适应性，提高城市的文化活力。

（三）加快文创产业的升级，增强文化市场集聚力

近年来，郑州市文化创意产业得到快速发展，文化产业园区、基地规模不断扩大，从业人员持续增加，但是与上海、广州、成都等国家中心城市相比，还存在较大差距。郑州市目前处于文化创意产业发展的转型阶段，需要立足优势产业，进行重点投入，引领和带动整个行业的提升。立足国家动漫产业基地、国际文化创业产业园区、文旅产业基地等，加大投入力度，加大人才引进力度，促成文化创意产业资源集聚，延伸产业链条，优化资源配置，增强市场竞争力。优化文化创意产业的区域布局，引导各区（市）县合理布局，打造区域协同、差异互补、产业联动的发展格局，如金水区可利用好产业基础优势，加快发展创意设计、动漫游戏、现代传媒等产业。高新区加快发展数字文创产业，借助 VR、AR、3D 等数字技术，搭建互联网、大数据等数字平台，发展数字手游、网络文学等；登封市加快推动文旅文创融合，依托创意设计、现代产业等，推动嵩山文化、少林文化等开发，培育文化新业态，升级文旅消费模式，打造国际文旅地标，促进文旅资源集聚。高新区发挥区内比较优势和资源特色，合理配置区内要素，加快发展休闲、会展、娱乐等文化产业。加大对产业集聚区发展的支持力度，重点扶持科技类和内容生产类文化创意产业，加大项目和政策扶持力度，推动体制机制改革创新，破解文化创业产业发展瓶颈问题。引导演艺竞技、广播影视、新闻出版等行业转型升级，增强内容创作能力，培

育新产业新业态，支持跨界融合发展，打造新型产业集群，将郑州优秀的文化资源转化为经济资源。

（四）拓宽传播平台和载体，提升城市文化国际影响力

深入实施文化"走出去"战略，完善相关政策和平台，优化海外传播机制，助推文化产业和服务对外输出。一是争取国家政策支持。立足郑州会展业优势，争取大型国际文化博览会、会展及贸易落户郑州。郑州自贸区、综合保税区要充分发挥政策优势，在营商环境优化、通关便捷化、跨境电商平台建设等方面提升能力，为文化产业的生产、流通、销售、研发和传播提供高质量服务。积极向国家争取文化外贸政策，建立国际文化贸易交易中心、国际文化产品仓储物流中心，让郑州成为国际文化产品的交易和展示中心。二是提高出口文化产品的品质。支持动漫游戏、信息传输、影视广播、创意设计等产业发展，培育具有国际影响力的文化产品和品牌。引导传统文化产业转型升级，通过技术革新、产品研发和内容生产，促进文化制造业、工艺美术、印刷出版、演艺娱乐等改造提升，增强市场竞争力。加快培育市场竞争力强、发展基础好、技术创新能力突出的文化企业，给予其资金、项目、政策等方面扶持，增强其海外文化产品输出能力。加强对国际文化产品和消费市场的研究，掌握国际市场文化产品消费趋势，了解技术创新动态，引导企业针对国际市场开发新产品，提升海外传播和销售能力，拓展海外文化市场。创新文化产品的海外传播工作，积极推动将优秀文化产品纳入他国的演出、展览活动中，在海外平台进行展播、放映，宣传和推广郑州文化。

（五）完善文化发展服务体系，增强文化支撑力

一是加大扶持力度。加大公共文化服务事业发展的投入力度，建立稳定且持续增长的投入机制，提升公共文化服务设施规模和品质，提高公共文化服务设施的人均拥有量，满足群众对高质量文化生活的需求，缩小与其他国家中心城市之间的差距。二是提高利用效率。提高公共文化服务设施的利用效率，探索云旅游、云展览、云演出等文化服务新方式，让人们足不出户就

可以享受服务，实现公共文化服务的人群全覆盖，提高文化设施和服务的利用效率。三是引导社会力量参与。鼓励社会力量参与公共文化服务设施建设，兴建图书馆、文化馆、博物馆、美术馆等文化设施，给予其土地、税收、租金等方面的优惠，加大项目支持和经费扶持力度，形成政府投入引导、社会广泛参与的文化发展体系。四是促进文化金融合作发展。探索文化与金融有机结合的新路径，尝试建立文化金融融合发展先行区，区域内进行税收、土地、人才等政策创新，以创新释放文化发展动力。拓宽文化企业融资渠道，鼓励社会资金投入文化产业，推动和扶持企业上市，以资产证券化、上市融资等形式，增加文化企业流量资金，形成多渠道、多层次的融资体系，促进文化企业做大做强，打造文化领域龙头企业。五是提升文化消费能力。持续提升居民文化消费能力，通过文化宣传、机制创新、政策引导和消费引导，优化群众文化消费观念，培育文化消费习惯，增加文化消费的家庭支出比重。加大对文化消费的补贴力度，尤其是建立低消费群众的文化消费补贴机制，提高低收入群体文化消费能力，提升公共文化服务均等化水平。

参考文献

韩宝华：《中国六大中心城市文化产业竞争力比较研究》，《理论月刊》2015年第7期。

蔡晓璐：《城市文化竞争力评价指标体系理论综述》，《北京城市学院学报》2015年第4期。

陆筱璐：《促进城市文化消费持续增长》，《开放导报》2017年第6期。

黄蕾、徐盼：《公共文化服务高质量发展的政策机理与实证分析》，《山东行政学院学报》2022年第1期。

B.10
郑州建设时尚文化之都的对策研究

刘 涛 刘朋刚 梁 鑫*

摘　要： 时尚文化产业与现代城市发展紧密相关，已经成为城市中最为活跃的元素，成为展现城市品质、风格和气质的重要载体。郑州市时尚文化产业基础良好，时尚文化环境优越，公共文化设施健全，具备建设时尚文化之都的条件。但是还存在规划指导缺乏、创意设计不强、时尚品牌缺少等现实问题，需要做好建设规划，确立发展重点，优化发展体系，打造传播载体，建设具有国际水准的时尚文化之都。

关键词： 时尚文化之都　时尚品牌　时尚产业　郑州市

时尚是现代化都市的重要文化表达，是城市软实力和竞争力的核心组成部分。时尚日益嵌入城市发展的各领域，成为最为活跃的城市元素，在提升城市品质、促进产业转型升级、引领城市消费中发挥着重要作用。国内上海、广州、成都、重庆等国家中心城市，都把时尚产业发展、时尚文化建设纳入发展规划中。2022年郑州市委经济工作会议中提出，要高起点规划建设国际消费中心城市，立足郑州、辐射周边，叫响"郑州消费"。建设国际消费中心城市，必须把时尚文化培育、时尚文化产业发展放在更加重要的位置，以商贸、物流和电商为载体，以"四条丝

---

* 刘涛，郑州市社会科学院文化所所长、副研究员，主要从事城乡文化发展问题研究；刘朋刚，中共郑州市委宣传部办公室副主任，主要从事城市文化建设问题研究；梁鑫，河南省城乡规划设计研究总院股份有限公司高级工程师、博士，主要从事城市发展问题研究。

路"为支撑，整合各类时尚元素，让郑州成为具有国际影响力的时尚文化之都。

一　时尚文化之都的内涵及建设条件

随着经济发展质量的提升，人们对时尚的追求日益增加。时尚作为潮流、趋势、高端的代名词，已经融入城市发展的各领域，成为一种生活方式和行为模式。在产业经济概念中，时尚是现代产业竞争力的核心构成要素，能够促进产业业态的更新迭代，吸引更大范围内的消费者前来购物或体验，形成新的消费领域和消费动力。因此，建设时尚文化之都需要有能够影响或改变消费热点的产品或产业，需要有完善的时尚消费设施和服务，在国内外时尚产业体系中拥有较高地位，从而形成较强的消费动力和消费欲望。从本质上来说，时尚文化之都，不仅强调设计、创意等，更突出城市经济体系、文化形象和资源要素的整体构造，强调时尚文化产业的发展、时尚文化消费能力的塑造，从而形成以时尚为核心的城市发展体系。

从国内外时尚影响力较强的城市来看，建设时尚文化之都需要具备一定的条件，具体来说，一是要有较好的产业条件。要有一定规模的时尚企业、一定影响力的时尚产品或品牌、完善的产业链和供应链，以及良好的时尚产业发展环境等，其中主要包括时尚服装服饰、时尚家居、珠宝首饰、时尚旅游、创意设计、零售贸易等产业。二是要有良好市场发展环境。良好的市场发展环境涵盖法治环境、政务环境、文化环境以及物流、交通、电商等设施，能够为各类市场主体提供良好的发展环境、便利的交易和流通渠道。三是具有时尚设计的能力。建设时尚文化之都，需要提升时尚设计能力，包括时尚设计人才、时尚设计专业、创意基地等，能够开展时尚展示、时尚传播、时尚培训、设计服务，形成研发、创意、培训、生产融合的体系，为时尚文化之都建设提供支撑。四是具有一定的消费条件。具有足够多的国际游客、大型商圈、时尚街区，有多样的时尚酒店、购物商场、时尚餐饮、休闲场所等，能够为消费者提供完善的时尚服务体系。可以说，时尚文化之都，应该是时尚文化产业、时尚文化设计、时尚消费、市场交易、时尚传播等构成的综合体。

二 郑州市时尚创意产业的构成及特点

据统计，截至 2021 年底，郑州市城镇居民人均收入达到 45246 元，已进入时尚消费的成长期，而且具有良好的时尚产业基础、大型商业圈、发达的交通设施及国际商贸平台等，这都为时尚文化之都建设提供了保障。

（一）经济发展质量不断提升

郑州市获批建设国家中心城市以来，城市竞争力和吸引力不断增强，2021 年底人口达到 1274.2 万，年均净流入 40 万人，城市人口规模不断增大，人均可支配收入达到 39511 元，比上年增长 6%，人均生活消费支出为 25962 元，比上年增长 12.9%。城市消费能力也不断提升，2021 年社会消费品零售总额达到 5389.2 亿元，比上年增长 6.2%，批发业零售额为 588.9 亿元，同比增长 1.9%；零售业零售额 3864.1 亿元，同比增长 6.7%。2021 年进出口总额达到 5892.1 亿元，比上年增长 19.1%，进口额达到 2339.3 亿元，同比增长 17.0%。郑州市三次产业结构比例为 1.4∶39.7∶58.9，制造业较为发达，服务业加速发展，其中很多产业与时尚产业相关，如服装、家具、珠宝、制鞋等都具有一定的基础，作为时尚文化产业的重要组成部分，在产业结构中占据重要位置，成为时尚文化之都建设的重要支撑。

（二）时尚环境和服务设施不断优化

郑州市深入贯彻落实国家黄河战略，推动建设了 158.5 公里沿黄生态廊道，持续加强贾鲁河等城市河道治理，水环境持续改善，地下水位回升幅度位居全国前列。积极推动城市绿化、大气治理、国土绿化，生态环境持续优化，城市森林覆盖率达到 35%，城市绿化率达到 41%，城市宜居度提高，城市吸引力不断增强。积极优化营商环境，通过实施"一件事"和"一事件"模式，深化"放管服"改革，行政审批效率得到极大提升，市场主体活力得到有效激发，全市各类市场主体达到 146 万个。对外开放水平不断提升，"四条丝路"协同并进，航空网络体系不断完善，货运量已经跻身全球50 强。形成了"六口岸、十站点"的国际物流网络，跨境电商交易额年均增长 25%以上，建成功能性口岸 9 个，自贸区增长片区、航空港经济综合实验区、经济开发区等开放平台加速提质，2021 年外贸进出口额达到 5892 亿元，居中部城市首位。不断优化城市生态环境，持续提升营商环境，形成"买全球、卖全球"的商贸渠道，城市的吸引力和魅力不断增强，促进了时尚企业及其他时尚主体的集聚。

（三）时尚文化产业基础较好

郑州市时尚产业有着良好的基础，尤其是文化创意产业、时尚服装业、家具设计业、制鞋业等较为发达，产业规模较大，产业关联度高，具有较强影响力，也是郑州建设时尚文化之都的重要支撑产业。在文化创意产业领域，约克动漫、华冠文化科技等企业在新三板上市，河南光谱、金东数字创意等企业数字创意能力突出，郑州日报传媒集团、郑州广播电视传媒、百家号郑州等引领时尚传播。在时尚服装领域，郑州市拥有"纺织城"的美名，中国（郑州）国际纺织服装博览会已经成为品牌。女装在全国批发市场所占比重达 20%以上，在业内具有"中国女裤看郑州"的影响力。郑州市服装企业达 2937 家、商户 67000 户、年产值约 230 亿元，规上品牌企业 33家，西四环服装产业园、二七国际轻纺城、新密豫发密兰小镇、中牟县杉杉奥特莱斯、海宁皮革城、黛玛诗等产业基地集聚效应显著。珠宝产业日益成熟，形成了黄金、白银、玉石等品牌完整的珠宝市场，本土品牌梦祥银最具代表性，发展成为集白银文化研究、珠宝首饰设计、批发零售于一体的黄金珠宝品牌，引领珠宝首饰时尚消费风向。制鞋以本土品牌双凤鞋业最具代表，具有 70 多家郑州专卖店、140 多家全国经销商，年生产 500 万双。家具设计领域，河南美在家居有限公司、郑州佳和工艺饰品有限公司等企业，引领家居设计向创意空间、文创国潮、细节设计、流行布局等转向，形成时尚引领的新领域。

（四）时尚文化标识涌现

经过长期的运营和宣传，郑州市在街舞、街区及园区等方面，涌现出了一批时尚文化标识，在时尚文化、时尚消费引领方面起到了重要作用。郑州是全国乃至具有国际影响力的街舞艺术中心，街舞品牌时尚魅力享誉国际，中国（郑州）国际街舞大赛连续举办八届，并永久落户郑州。街舞大赛每年吸引近万名国内外舞者来到郑州，累计带动消费达5亿多元，品牌价值预估在5000万元以上。郑州时装周展示活动精彩纷呈，自2018年起，郑州国际时装周、中国（河南）国际大学生时装周连续举办了四届，在业界已经具有较大影响力。郑州市时尚创意特色的街区、园区和集聚区呈现星罗棋布、欣欣向荣的良好局面，龙湖里时尚街区、天下收藏文化街、二砂文创1958芝麻街、国际文化创意产业园、瑞光文化创意园区、艺茂国际仓、中美创业港、彩虹盒子文创园等文创能力鲜明，形成了时尚创意设计、时尚展览展示、时尚传播、时尚艺术、时尚消费相互衔接的现代时尚经济体。

三　郑州市时尚文化制度建设的问题

（一）缺少规划指导，时尚统筹力不强

从时尚城市、时尚文化之都的建设情况来看，基本都有时尚城市建设规划或方案，例如广州、上海、深圳等地，建设指导政策体系相对成熟，而且提出了打造时尚之都的目标。郑州市尚未出台相关规划和引导政策，时尚文化之都建设的统筹协调能力不足，时尚城市的定位不够清晰、资源相对分散、要素配置不合理，时尚文化产业的引领力、辐射力和带动力不强。时尚统筹力度不够，也使得一些时尚行业、时尚企业、时尚空间的发展能力难以

提升，时尚主体活力不足，品牌设计不能跟进，难以满足时尚需要，时尚消费群体流失的问题突出。

（二）企业设计创新不足，时尚转化力不足

郑州市的时尚文化产业、园区或基地的创意能力不够，存在着规模大而不强、高端人才匮乏、创新创意水平不高、产品中低端同质化严重等问题，这主要是管理部门对创意设计、创新创造的引导不够，企业设计、创新投入不足等所致，本土企业更多把精力用于规模扩张、产品销售上，对于产品研发、设计和宣传不足，知名设计师缺少，运营模式创新不够，产品、商业和企业多处于产业链中低端，产品个性化、特色化和时尚化不足，难以形成趋势、引领潮流，难以转化为时尚效益、时尚风气。

（三）行业龙头企业缺乏，时尚引领力不强

目前，郑州市的时尚文化产业的龙头企业缺乏，没有上市时尚文化企业，服装、珠宝、家具等行业的企业体量还相对较小。企业还处于规模扩张阶段，时尚创意的能力不足，亮点和特色不够突出，还没有在国内外有影响力的知名时尚企业。企业的产业链相对较短，局限于生产、加工、销售环节，在研发、传播、设计等环节存在明显不足，总部经济缺乏，产品的附加值不高，对中小企业的引领力和带动力不足，产业分工、产业布局还不够精细。

（四）时尚文化创意品牌知名度不高，时尚辐射力不够

郑州市的时尚文化品牌虽然较多，但是在国内外的知名度不高，各类时尚文化市场主体分布散、集聚弱，时尚文化传播乏力、时尚文化特色不明显等短板明显，尤其是缺少本土知名时尚品牌，行业辐射力、引领力相对薄弱。与时尚产业发展较好的地区相比，郑州的"时尚地标""时尚元素"还相对欠缺，尚无叫得响的时尚品牌。比如，服装、珠宝、玉器、黄金、鞋业都具有很好的发展基础，但没有形成具有国内影响力、带动力的行业品牌；

街舞的产业链不完整，缺少专业性的学习交流空间、拓展平台。比如，龙湖里街区是一种国际化街区的表达方式，鸿宾木艺国际化特征、设计感也很强，但是缺少中国特色、黄河特色。

四　国内外时尚文化城市的发展经验及启示

（一）国内外时尚文化城市的发展经验

一是国际时尚文化城市体系完整。在国际城市中，最有影响力和生命力的时尚之都就是巴黎、米兰、伦敦、纽约和东京，这些城市的典型就是时尚香水、珠宝、制鞋等闻名世界，都具有百年知名企业引领，产品研发能力突出，设计师团队庞大，产业链条完整，市场遍布全球，是全球时尚文化中心、时尚设计中心、时尚产业中心，时尚产业底蕴深厚、时尚消费能力较强，带动形成了国际时尚之都，因其高品质的时尚文化氛围也成为人们向往之地。二是国内城市朝向时尚迈进。北京、上海、广州等城市超前5～10年谋划发展，形成时尚影响力和辐射力，在时尚品牌、时尚消费、时尚产业发展方面国内领先。杭州、南京、成都、深圳、西安等正在积极培育打造时尚文化产业，已经启动相关时尚文化产业发展工程，时尚文化城市的魅力逐步形成，在吸引企业、资本、人才及其他资源方面优势显现。郑州市在时尚规划、时尚引领、时尚思维等方面还相对滞后，亟待以时尚创意理念推动时尚文化之都建设。

（二）时尚文化之都建设的启示

1.经济发展是基础

从国际时尚文化城市发展经验来看，市场规模大、国际交通便利，以及国际金融中心、国际性社区和国际性展览中心等服务优势都有利于时尚产业发展，郑州市人口突破千万、经济总量超万亿元，达到新一线城市水准，时尚文化产业的市场需求度、经济支撑度、市场消费能力已经具备，需要进行规划和谋划，以引领时尚潮流、形成时尚规模，全面促进城市文化内涵和品质跃升。

2. 文化底蕴是基石

城市的文化底蕴影响着时尚文化的发展方向，是时尚文化之都建设的重要资源。郑州文化底蕴深厚、文化资源丰富、文化类型众多，"山河祖国"品牌叫响全球，需要向时尚文化产业转化，放大和确立城市超级文化IP，塑造城市形象，打造古今辉映、魅力四射、活力涌现的现代化国际时尚文化之都。

3. 时装服饰是风向

巴黎、米兰、纽约、伦敦、东京的时尚产业发展，都在确定时尚产业的主导地位后，通过时尚产业链的整合，塑造了各具特色的时尚文化和时尚经济，成为举世公认的世界级时尚文化中心。郑州市时装、服饰、面料以及制鞋业已经具备打造现代时尚产业的基础，可引导时尚服饰与商贸结合，发展新业态、新模式，构建现代服装产业体系，形成一流国际商贸之城。

4. 时尚活动是催化剂

国际性的时尚活动对于时尚文化之都的建设具有重要推动作用，例如时装发布会、时装周、时装博览会、时尚展示会、流行色发布会等都能够引领时尚风向。郑州市国际时装周、中国郑州国际街舞大赛、河南省大学生时装周等影响力初步显现，需要借助时尚文化产业发展契机做大做强时尚活动品牌，推动形成城市时尚文化氛围。

5. 本土品牌是标志

从时尚文化之都发展特点来看，都拥有本土的时尚文化品牌，时尚文化品牌也是支撑城市时尚地位的要素。郑州市服装、珠宝、制鞋、街区等都有基础，需要加以引导、整合、提升，培育形成行业的时尚龙头，并带动和引领时尚文化产业发展。

五 郑州市时尚文化之都建设的目标和路径

（一）定位与目标

对历史文化底蕴厚重且具有千年商都美誉的郑州来说，已经进入城市转型发展的新阶段，进一步提升城市的国际化水平，增强城市的核心竞争力，加快发展时尚文化产业、培育时尚文化品牌、增强时尚文化消费能力迫在眉睫。坚持总体布局、系统谋划、整体推进、项目带动的原则，瞄准时尚文化之都的总体建设目标，立足"魅力郑州·时尚之都"的定位，挖掘"最时尚"的元素，展现"最郑州"的形象。立足并发挥郑州商贸城市优势，以国际交通枢纽中心为引擎，以现有服装、珠宝、鞋业等产业为支撑，以及演艺、会展、文化等资源为基础，以创意设计和科技创新为动力，对表对标国内外时尚文化之都，把郑州建设成为国内外时尚文化创意的策源地、时尚文化消费的引领地、时尚创意文化的展示地，打造跻身国内外时尚文化之都行列的国际化城市。

（二）时尚文化之都建设的路径

1. 以时尚文化创意设计提升为牵引

立足郑州市既有的资源、要素和城市文化 IP 基础，充分发挥政府的引导和规划作用，借助资本、科技和市场力量，对现有设计、研发、推广和转化资源进行整合，集中优势资源提升创意设计水平，形成核心设计竞争力。加快推动时尚创意设计产业园区、孵化器、基地和产学研平台等建设，形成创意设计的集聚效应，实现与国内外创意平台的对接，融入国内外高端创意设计领域。通过开展创意设计活动、普及创新思维、传播创意文化，营造人人都是时尚文化创意主体的氛围。

2. 以时尚文化创意宣传为引导

通过打造时尚文化街区、时尚文化地标、时尚文化商圈、时尚文化建筑，以有形载体进行传播宣传；设计一批特色突出的时尚文化创意产品或文化符号，传播展示郑州时尚文化要素；在做大做强现有时尚文化活动的基础上，引进和培育有国际影响力的时尚文化会展、活动、论坛等，展示最新时尚文化品牌，交流时尚文化理念，引领时尚文化趋势，进行时尚内容发布。

3. 以现代科技为动力

推动数字科技与时尚制造、时尚营销、时尚推广等融合，培育集时尚传播、直播、订制、销售等于一体的数字平台，形成依托新媒体发展的时尚新业态。推动时尚制造业的跨界融合发展，推动制造业、设计订制、电商平台、社会资本等协同发展，形成一体化的生产链、价值链、金融链、供应链等，以科技串联全行业、串接全链条，带动时尚文化产业高效发展。

4. 以文化创意品牌培育为支撑

把时尚文化品牌培育作为推动时尚文化之都建设的重要支撑，鼓励企业、行业和机构加大创新创意力度，开展具有自主知识产权的设计，培育具有引领力的时尚文化产品，以形成国际时尚文化之都的核心竞争力；加大服装、珠宝、制鞋等行业设计人才的培养和引进力度，通过培养本土设计大师、建设国际知名设计工作室、建立设计师团队，为时尚文化产业发展提供核心支持，推动形成国际知名文化品牌。

六 郑州市时尚文化之都建设的对策

（一）规划建设时尚文化之都

把建设时尚文化之都纳入城市发展规划，用 5~10 年，把时尚文化培育成为城市的名片。推动市工信委、发改委、文旅部门等联合制定出台时尚文化之都建设专项方案、时尚创意城市发展规划等，优化时尚文化之都布局，明确时尚文化之都建设目标、任务和措施。在具体的定位上，依托郑州市交通、商贸、设计等基础，瞄准时尚贸易中心、时尚消费中心、时尚设计中心三个方向，打造在国内外具有较强影响力的时尚文化城市，发挥郑州对周边城市和地区发展的带动作用，展现国家中心城市和门户城市的引领作用，真正"出重彩、成高峰"。一是加强研究。整合全市科研资源，加大时尚文化之都的研究力度，各级各部门开展专项研究，对本领域的基本情况进行摸底调研，掌握时尚发展基础、动向和价值，形成基础性研究报告。二是融入时尚。把时尚融入项目、园区、企业、创新、建筑等领域，尤其是在产业园建设上突出时尚元素，在园区企业进驻中吸引设计型企业、总部型经济，打造具有时尚文化气息的产业园，推动高端产业资源和要素集聚。推动二七商圈、花园路商圈、惠济商圈等升级，吸引国际时尚商贸企业入驻，打造地标式、文旅商融合等现代商贸综合体。三是资源整合。按照"政府引导、协会组织、资本注入"的理念，整合全市时尚街舞、时装周、时尚展会等分散品牌，进行统一的活动开展、赛事运营、流行发布、内容传播，尤其是借助资本平台，扩大时尚文化内容的传播、开发和运营，让时尚"破圈""出圈"，形成人人参与时尚的格局，提升郑州时尚文化城市在国内外的整体影响力。

（二）明确时尚文化产业重点发展领域

一是聚焦重点行业。推动时尚文化产业发展，把重点聚焦在服装服饰、珠宝首饰、制鞋、时尚家居、动漫游戏等重点行业上。时尚服装业要紧跟潮流趋势，重点发展好纺织面料、女裤品牌、服装交易市场等，结合时装周、街舞等，培育本土时尚品牌。双凤鞋业等要联合国际鞋业品牌，提升创意设计水平，做好宣传推荐，提升国内外知名度。珠宝首饰要融入优秀传统文化元素，吸收国际珠宝设计理念，采取"线上营销+线下互动+研究院助推"的发展模式，推动珠宝的国际化、一体化营销，实现珠宝全球专属化订制，打造具有国际风范、民族特色、时代元素的珠宝品牌。依托约克动漫、小樱桃等动漫领军企业，生产优质动漫原创作品，培育国产动漫品牌，建设特色动漫游戏小镇，组织动漫游戏博览会，引领行业风向，并向国漫文学、动漫游戏、盲盒衍生品等产业延伸，形成动漫游戏时尚引领地。二是培育市场产业集群。依托现有产业基础，重点打造服装服饰、珠宝首饰、鞋业制造、家具设施、动漫游戏等五大时尚产业集群。尤其是重点推动服装纺织产业集群发展，整合西四环服装产业园、二七国际轻纺城、新密豫发密兰小镇、中牟县杉杉奥特莱斯、海宁皮革城、黛玛诗等产业园，推动原有服装产业的升级提质，建设高端产业设计基地，引领服装原料流行趋势，提升服装业创意、创新、设计、研发和营销能力，打造国际女裤品牌，叫响"纺织城"美誉，培育形成现代时尚纺织服装产业体系。

（三）优化时尚文化产业发展体系

一是布局打造城市时尚文化中心。立足全市时尚文化产业分布，重点打造时尚文化产业核心引领区，形成基于消费、生产、交易、设计等的产业中心，提升产业带动和辐射能力。依托全市商圈，引入时尚文化品牌，重点打造集时尚购物、消费、休闲于一体的时尚文化消费中心；立足郑州市纺织面料、服装、服饰等特色，打造国家级服装生产、交易中心，引领服装时尚潮流，展现郑州时尚文化元素；规范珠宝首饰市场，整合珠宝首饰品牌资源，提升珠宝首饰设计水平，打造国际珠宝首饰展销中心；提升动漫游戏研发转化能力，依托高新区和金水区动漫游戏基地，形成以"创意"为核心，以动画、漫画为表现形式，包含文学创作、动漫开发、影视产品、游戏竞技、服装玩具等的动漫游戏时尚娱乐竞技中心。通过主体鲜明的时尚文化中心建设，推动时尚文化创意渗透到城市各领域、各环节，为时尚文化产业发展提供支撑，激活城市时尚魅力。二是整合深化时尚文化产业链。把时尚文化元素融入传统产业中，尤其是把创意、设计、美学、艺术等融入三次产业中，带动传统产业的形式、内容、品质提升，形成以时尚设计为纽带的传统产业转型新模式。同时，引导时尚文化产业与传统产业融合，延伸时尚文化产业链条，引导重点时尚文化产业向鞋帽、皮包、化妆品、电子产品、数字平台等延伸，形成涵盖时尚制造、时尚服务、时尚餐饮、时尚媒体、时尚艺术、时尚音乐、时尚文旅、时尚印刷等特色突出的时尚文化产业体系。实施"数字科技+时尚创意"产业新样态，把产业链从研发直接带到云平台营销、订制、购买，形成时尚文化产业发展的 4.0 版模式。

（四）打造时尚创意展示传播载体

一是培育城市时尚文化的展示窗口。重点分析郑州市特色街区的引领力、消费力、时尚水平和承载能力，筛选打造 2~3 条特色时尚文化街区，确立街区定位、瞄准时尚前沿、引领时尚趋势，引导时尚商贸、时尚休闲、时尚消费、时尚传播、时尚艺术等行业的入驻，形成城市特色街区时尚地标。推动全市商圈、园区、基地、中心等时尚文化产业集群的优化提升，加大国际知名时尚品牌引进力度，引入或打造知名设计师、设计团队，形成集培训、教学、体验、参观、休闲等于一体的特色时尚文化综合体，让消费者与设计零距离接触，让创意设计走入城市，打造形成全市时尚文化展示宣传的"窗口"。在原有产业和资源基础上，鼓励各县（市）区建立一批时尚文化街区、名村、名镇及产业园区，培育形成网红打卡点，带动当地经济文化发展，提升时尚文化辐射力。二是做强时尚文化活动。将郑州市时装周、时尚节、时尚会展等，按照国际时尚标准运营，提升时尚节会的品质和层级，提升其国际吸引力和影响力，吸引全球知名时尚文化品牌、设计师等加入。同时，借助各类时尚文化节会、赛事、论坛等平台，尤其是在黄河文化月活动中融入时尚内容，宣传本土时尚文化品牌，扩大本市企业、设计师、创意产品的影响力，提升城市时尚文化的国际影响力。三是发挥时尚文化龙头企业的引领作用。把龙头企业作为时尚文化之都建设的支撑，重点培育一批产业基础好、发展潜力大、竞争能力强的时尚文化企业，尤其是能够打造为行业时尚龙头的企业。如加快推动四环服装产业园、二七国际轻纺城、黛玛诗、双凤皮鞋等发展，培育打造行业龙头企业，尤其是加大创意设计、品牌培育、技术创新、设备升级、人才引进力度，推动基础好、有潜力的时尚文化企业向龙头企业和企业总部方向转型，向时尚创意、品质提升、品牌塑造、宣传推广等方向整合运营，形成在国内外时尚领域具有较强竞争力的知名企业。

参考文献

曹宇昕、魏建漳：《时尚产业新城的路径选择》，《中国服饰》2021年第9期。

徐紫嫣：《多措并举提升我国时尚产业控制力》，《中国发展观察》2021年第15期。

耿帅：《中国时尚文化消费现状分析》，《全国流通经济》2019年第31期。

侯萱、张振鹏：《时尚产业科技赋能的路径选择》，《中国国情国力》2021年第6期。

B.11
郑州市优秀历史文化资源保护
利用的对策研究

王军青 刘海涛 郭盼盼*

摘　要： 历史文化资源具有重要文化传承价值、艺术审美价值和经济开发
价值，是一个城市历史底蕴和文化特色的展现。郑州市高度重视
历史文化资源保护传承，以"活化保护"为抓手，以"创意赋
能"为驱动，以"搭台唱戏"为载体，促进文化的转化创新，
城市文化特色日益鲜明，同时也存在系统规划不够深入、表现形
式不接地气、文化创意人才匮乏等问题。因此，需要从"文化
+"角度入手，完善文化扶持政策，促进文化与科技融合，增强
文化创意能力，促进文化的创造性转化和创新性发展。

关键词： 郑州市　历史文化资源　文化创意

历史文化资源是一个城市历史和文化内涵的重要体现，同时，历史文化
作为一种资源，能够创造巨大的经济价值、文化价值和社会价值。在郑州优
秀历史文化资源保护利用中，传承郑州优秀的历史文化资源并且进行创造性
转化、创新性发展，古为今用，继往开来，让郑州历史文化产业真正"活"
起来、"潮"起来、"旺"起来，可以增强其历史文化的自信心，激发传统
文化的生命力，提升城市文化的竞争力。

---

* 王军青，郑州旅游职业学院讲师，主要从事历史文化和旅游文化的教学和研究；刘海涛，郑
州旅游职业学院讲师，主要从事旅游规划和旅游文化的教学和研究；郭盼盼，河南大学专业
硕士，郑州旅游职业学院讲师，主要从事黄河文化与旅游文化的教学和研究。

一　郑州市优秀历史文化资源保护利用的价值

郑州地处中原文化中心区域，在郑州市行政范围内，旧石器时代人类遗址有距今 10 万年的织机洞和距今 4 万年的老奶奶庙等，新石器时代人类遗址有距今 8000 年的裴李岗文化和距今 6000 年的大河村文化等；夏、商、管、郑、韩等先后建都于此，前后延续长达 1700 余年。郑州这些优秀的历史文化资源，有待进一步深入挖掘其价值所在，从而加大保护传承的力度，最终进行创造性转化、创新性发展。近两年，郑州市提出重点打造"山河祖国"文化品牌，着力打造黄河历史文化主地标城市，都是对郑州优秀历史文化资源进行保护和利用的措施。

（一）文化传承价值，见证郑州这座城市的历史变迁

历史文化资源是历史发展过程中形成的文化财富和资源财富，也是民族精神和民族价值认同的纽带之一。郑州是华夏文明的重要发祥地之一，截至 2021 年底，郑州拥有 2 处世界文化遗产，83 处国家级重点文物保护单位，123 处省级文物保护单位，246 处市级文物保护单位，45 处遗址生态文化公园，49 家备案博物馆，30 余万件馆藏文物。这些历史文化资源是中华民族先贤文化成果的积累，是中原地区历代民众智慧的结晶，记载了郑州悠久的历史文化信息，凝聚了炎黄子孙生活中的文化智慧。嵩山、黄河、黄帝、古国在郑州大地上相遇，见证了黄帝部落的诞生发展，留下了河洛古国的丰富遗迹，描绘了早期中国的灿烂文化，谱写了华夏文明的动人华章。

（二）艺术审美价值，见证郑州天下之中的文化魅力

历史文化资源很多都是天才的艺术创作，丰富多彩的表现形式和无与伦比的艺术手段，能够从内心深处去触动观众的情感。郑州是历史文化名城，又是中国八大古都之一，诗赋楹联、宗教文化、豫剧唱腔、黄河风情等历史

文化资源极具审美价值，让人可以从不同细节感受到先贤的情感、艺术的特点和辉煌的成就。如郑州登封少林寺山门，上面覆盖琉璃瓦顶，正脊采用龙纹点缀，两端装饰龙吻，中间装饰龙首，都采用了当时先进的高浮雕彩色琉璃工艺，另外重脊、戗脊这些也都采用花脊、垂兽、走兽等，充分体现了清代建筑艺术特点和当时的审美特质。又如豫剧唱腔"古今兼纳、刚柔相济、豁达宽厚"，其中散发的"中和"之美，彰显了自信、开放、富有勃勃生机的中原文化魅力。国家级非物质文化遗产登封窑，从胎质到釉色，从造型到纹饰，体现了中国人和谐统一的审美理念。

（三）经济开发价值，见证郑州文化产业的高速发展

经济开发价值是市场经济和消费社会条件下，历史文化资源的一种重要价值形态。党的十九大以来，郑州市优秀历史文化资源的保护利用以及创造性转化、创新性发展，客观上促进了郑州市历史文化产业的高速发展，间接性推动了产业结构的调整和社会经济的高质量增长。譬如以博物馆的历史文物作为灵感来源，豫博文创开发了形式多样的文创产品，特别是受广大中青年群体青睐的"考古盲盒"，基于自带的迷你版"洛阳铲"探孔定位功能，不管是难得一见的青铜器、陶器、铜佛、铜鉴，还是喜闻乐见的元宝、银牌、银园、玉器、纪念牌都有可能被挖到，"考古盲盒"在 2019 年下半年一经推出，便火爆全网。截至 2021 年 9 月，"考古盲盒"销售量达 35 万个，销售额超 2800 万元，吸引了大量粉丝、热衷考古和文物的年轻人，带动了历史文物的出圈、出彩。

二　郑州市优秀历史文化资源保护利用的现状

郑州市着力塑造"行走郑州，读懂最早中国"文化品牌，大力加强优秀历史文化遗产保护与城市生态文明建设的融合，注重科技元素在历史文化表现中的应用，打造国家历史文物保护利用示范区，在优秀历史文化资源的保护传承、创新利用等方面取得了显著成效。

（一）以"活化保护"为抓手，历史文化产业展现新魅力

郑州属于文物分布密集型城市，也是中国开展考古工作最早的地区之一。近几年，郑州市将历史文物保护与生态文明建设有机融合，通过建设历史遗址生态文化公园的方式，让"收藏在禁宫里的文物、陈列在广阔大地上的遗产"得到生动展示。截至 2021 年底，郑州已建成 45 处遗址生态文化公园。

郑州许多遗址能够在保留历史风貌的基础上，活化保护，有效利用。优秀历史文化遗产成为精神熏陶和社会文化之间的桥梁，成为郑州优秀历史文化资源的承载地，成为郑州广大市民平时生活的重要组成部分。2021 年，郑州商都遗址博物院开放运行，郑州博物馆新馆正式开馆，郑州各级各类博物馆总数达到 109 家，全年举办各类主题活动 500 场以上，全市"主体多元、结构优化、特色鲜明、富有活力"的博物馆建设体系初步形成。

（二）以"创意赋能"为驱动，历史文化业态焕发新活力

基于优秀的历史文化资源，郑州市的演艺产业在科技加持的同时，着重从表现形式上进行创新赋能。2021 年河南卫视春晚节目《唐宫夜宴》，别出心裁的"舞蹈串烧"，恢宏大气的特效设计，讨喜可爱的唐宫少女，让节目一经播出，马上成为当时网络的一个热门话题。后来又在元宵、清明、端午等传统节日推出系列奇妙游，延续了《唐宫夜宴》的表现手法，创新性将优秀历史文化借助科技手段融入歌舞、戏曲、武术之中，使日趋式微的中国传统节日迎来了"复兴"的曙光，市场反响比较热烈。

以历史文化为基，结合时代发展与中原地域文化的实景演出，也让实景旅游演出与优秀历史文化形成相互促进、相互融合的良性循环。《只有河南·戏剧幻城》通过 21 个相互连贯的实景剧场，把建筑、雕塑、装置等多种美学艺术完美融合在一起，从 2021 年 6 月开业至年底的半年时间里接待游客 50 万人次，实现收入高达 1.4 亿元。此外，如《禅宗少林·音乐大典》《电影小镇·一路有戏》等项目也取得了良好效益，呈现文商旅深度融合的局面。

（三）以"搭台唱戏"为载体，历史文化品牌凝聚新引力

作为"黄河之都，黄帝故里"，黄河与黄帝是郑州市重要的标识性文化遗产，也是郑州市确立文化首位度的两大瑰宝。自 2006 年以来，郑州市已连续 15 年成功举办黄帝故里拜祖大典，郑州新郑的形象也以"全球华人拜祖圣地、中华民族精神家园"的身份走出中原、走向世界。2021 年 4 月，郑州市成功举办了"黄河文化月"活动，通过丰富多彩的舞台演出、主题鲜明的艺术沙龙和大众参与的合唱活动，强化了郑州黄河文化品牌凝聚力和影响力，郑州市"黄河历史文化主地标"的地位日益凸显。

"三座城三百里三千年"首次全网络、全媒体直播，活动通过郑州、洛阳、开封三地联动，打造沿黄河流域的多条旅游线路。郑州致力于打造"黄河流域国际旅游目的地"，先后完成"嵩山之旅""河洛之旅""南岸之旅"三场网络直播，取得全网累计曝光量超 10 亿次、话题播放量超 4.5 亿次、观看量超 2000 万次、活动传播覆盖总人次达 4.2 亿的好成绩。目前，作为全面收藏、展示、研究和传播黄河文明的重要基地——黄河国家博物馆正在有序施工中，《郑州市黄河文化遗产保护传承弘扬专项规划》也已经进入实施阶段。

三 郑州市优秀历史文化资源保护利用的问题分析

受环境、政策、人才、资金等多方面因素的影响，郑州市优秀历史文化资源保护利用过程中存在一系列问题与障碍，行业的主要痛点也在快速发展中不断显露出来，一些缺陷和不足在郑州优秀历史文化传承利用的视野下亟须弥补和突破。

（一）系统规划有待深入，产业发展政策不完善

郑州历史文化资源丰富但不集中，市县联动一体的整体布局尚未完全形成，历史文化产业存在着"大而不强、散而不聚、断而不续、古而不新"

的发展现状，合理、有序、统一的历史文化产业系统规划有待进一步加强。同时，历史文化产业涉及的部门多、行业广，资源相对分散，市场合力不强，现有历史文化创意产品不能完全适应市场需求，中小历史文化创意企业发展后劲不足，针对这些情况，郑州市制定了一系列产业发展扶持政策，但是受历史文化产业发展程度不高、历史文化品牌聚集度较低的影响，再加上政策制定之前对于扶持对象摸排不够，市场反应论证不足等原因，造成部分政策落地、落实存在一定的难度，没能达到预期效果。

（二）表现形式不接地气，文化展示内容不亲民

优秀的历史文化资源，既显示郑州这座城市历史生活的一个片段，更是郑州这座城市精神的一个载体。从这个意义上讲，郑州优秀的历史文化资源不能"养在深闺人未识"，而应该"飞入寻常百姓家"，为更多的市民和游客所熟知。但是受传统惯性思维模式束缚，郑州市一些优秀的历史文化资源在被保护利用时并没有真正做到创意引领、深入人心。如生态保遗工程中建设的遗址生态文化公园，主要通过雕塑小品来传递历史知识，但多数较为严肃呆板，而在景观建设方面，过于追求崭新、规整，反而降低了对市民的感染力。又如庙沟遗址生态文化公园，虽然设置周代生活、器皿文化以及考古体验等多个展示区域，但是参观主线并不清晰，加上雕塑小品多而凌乱，来此观看的市民纷纷表示"看不懂""没看头"。

（三）下沉市场创新乏力，文化资源挖掘不够深入

创意是历史文化资源保护利用的核心驱动力量。郑州市历史文化产业现有项目更新迭代方面缺乏后劲，新上项目缺乏创意内容。如郑州的老牌街区德化街，目前已逐渐沉寂，主题性不强、创意性不足是其跟不上市场发展形势的主要原因。2021年，"郑州1948主题街区"开业，在挖掘本土文化方面做出了可贵的尝试，也取得了较好的效益，但其规模较小、空间局促，尚不能像成都宽窄巷子、苏州淮河街、长沙文和友等街区产生全国性影响力。再如博物馆创意方面，河南博物院近年推出了文物人偶、挂饰、书签、纸扇

等文创产品，产品内容较为传统，缺乏独有 IP 产品。2021 年开馆的郑州商都遗址博物院，也缺乏让人身临其境的体验性项目。

（四）发展缺少平台支撑，文化产业链条不完整

历史文化产业可持续发展，离不开有序的产业发展链条和成熟的商业运营模式。目前，郑州历史文化创意产业还没有形成以历史文化创意为龙头，以文化内容创作为核心，以文创衍生产品为依托的完整的、高效的产业链条，主要表现在中小企业融资困难、各个企业之间缺乏协作、很多历史文化创意产品创作以及后续服务很难融入价值链条运行当中。如《黄帝史诗》在中央、省相关文化产业政策以及"郑州市动漫精品工程"政策资金的扶持下精彩出炉，但由于亲和力不足、欠缺有力的支撑平台、产业延伸乏力，截至目前还未产生应有的影响力，文化企业从中获益也非常有限。

（五）文化创意人才匮乏，人才培养机制不健全

历史文化产业属于智力型、创新型行业，其特性决定了历史文化创意产业的发展需要聚集一大批既懂消费者心理、也懂内容生产和市场营销的复合型人才。郑州在高端复合型人才和历史文化原创人才等方面的储备力量明显不足，主要是因为郑州各大高校人才培养方向以研究人员为主，历史文化创意、创作复合型人才缺口特别大。同时，郑州市对于优秀历史文化创意人才的吸引力还有待提高，任泽平研究团队研究发布的《2021 年中国城市人才吸引力排名》显示，郑州市在参与排名的 100 座城市中排名第 19 位，这既与郑州的地缘环境和历史因素有关，也与人才政策、分配机制及发展环境有较大关系。历史文化产业人才的引进和培养是一项综合性工程，郑州在人才培养、吸引、留存等方面都有着较大提升空间，任重道远。

四 郑州市优秀历史文化资源保护利用的对策研究

优秀历史文化资源的保护利用，对于郑州市优化产业结构、增强文化自

信、加快打造黄河历史文化主地标城市以及满足人民群众日益增长的精神文化需求有着重要意义。在具体的实践操作中，要依托郑州市丰富的历史文化资源，探寻切合郑州实际的历史文化保护利用道路，解决产业发展系列配套问题，敏锐应对市场变化，使郑州市历史文化产业永葆竞争力和长期可持续发展。

（一）文化+政策，让郑州优秀历史文化"动"起来

优秀历史文化资源的保护利用，需要发挥政府的主导作用。首先，要努力做好郑州历史文化产业的顶层设计，深入发掘郑州历史文化资源的优势，找到与其他相关产业之间的契合点，制定立足于本地实际情况的产业规划。其次，要积极争取各级政府对于发展郑州历史文化产业的政策支持，加大历史文化产业领军企业培育支持力度，对历史文化产业中小企业采取一定的政策倾斜。最后，要加大对郑州优秀历史文化产业的金融支持力度，充分发挥杠杆效应，从而推动郑州历史文化产业的发展。

由于近两年新冠肺炎疫情带来经济下行压力，文化企业融资能力以及财务可承受能力下降，中小企业融资变得更加困难。郑州市可以借鉴国内外市场的成功经验，针对性推出符合本地实际情况的历史文化产业版权质押融资产品，这样既可以顺利融资，又可以降低风险。此外，可以在证券市场调整历史文化企业的准入门槛，通过 IPO 上市、发行债券等多种渠道帮助历史文化企业融资，从而在资金上为这些企业的可持续发展提供支持和帮助。

（二）文化+科技，让郑州优秀历史文化"活"起来

郑州优秀的历史文化资源，从来都不是有着几千年历史的商都古墓陪葬品，也不是众多历史博物馆里僵化的、静态的古标本，它流淌在郑州这座城市每个人的血脉之中，在郑州历史文化产业创造性改进、创新性发展过程中迸发着蓬勃的生命力。郑州市大力打造"行走郑州，读懂最早中国"文化品牌，通过高新科技手段，让郑州优秀历史文化

"活"起来。2022 年，郑州要着力推进巩义石窟寺、宋陵数字化展示工程，如同《国家宝藏》栏目一样，讲述一个个生动形象的历史故事，将历史文化和现实科技结合起来，在欣赏国宝、品味文明中见证历史、启迪后人。

实施科技创新与文化创新双重驱动，文化+科技，让历史文化资源传播有了新方向、新路径、新载体、新形式。譬如为了广大游客能够身临其境感受到博物馆藏品的魅力，可以在郑州商都遗址博物院、郑州大河村国家考古遗址公园等场馆采用"互动体验式陈列"和"场景复原式陈列"，通过 AR 增强现实、全息 AI 投影等技术手段，实现虚拟影像场景叠加现实世界的交互形式，从而让"博物馆奇妙游"变成现实。还可以通过高清拍摄修复仪、物联网恒温恒湿系统、高像素数字成像系统等高端设备，助力郑州市优秀历史文化资源的保护利用。

（三）文化+创意，让郑州优秀历史文化"潮"起来

创新能力是历史文化产业可持续发展的主要推动力，只有将文化创新和技术创新摆在首位，才能不断提升历史文化产业的市场竞争能力。郑州历史文化产业创新能力的提升包括以下两个途径：首先，在技术手段上通过大数据、物联网、新材料等高新科技，增强郑州历史文化产业的创新能力；其次，在创新体系上以市场需求为导向，充分发挥产学研的联动作用，大力推动郑州市优秀历史文化科技成果的落地转化。

郑州市历史文化资源的保护利用要把消费者的体验放在第一位，通过互动性强、体验感好的产品来满足广大消费者的精神文化需求。如"豫游纪"品牌的历史文化创意产品，把中原的特色文化与现代的生活体验融为一体，通过系列原创设计，让历史文化创意产品更加符合现代人的精神需求和审美理念。又如 2022 年郑州文化创意大赛明确提出，参赛者应以突出文化导向、遵循独特创意、立足传统文化、运用科技表达为原则，围绕郑州具有黄河流域鲜明特色的历史文化资源设计制作相关文创产品。

（四）文化+名片，让郑州优秀历史文化"亮"起来

文化是城市的一张名片。契合时代特点和郑州独有的历史文化资源，运用现代影视艺术、大众熟识的动漫 IP、社会流行的文学作品等手段让郑州"山河祖国"的名片"亮"起来，把"行走郑州，读懂最早中国"文化品牌叫得更响。同时，郑州还可以借助国家历史文化名城和国家重点支持的六大遗址片区之一，打造专属于郑州这座城市的历史文化名片，利用河南博物院、郑州博物馆等场馆的古文物，少林寺、观星台等特色古建筑，郑州小双桥、裴李岗等历史文化遗址，通过传统节庆、文化演出、产品展览等丰富多彩的表现形式，推动郑州优秀历史文化产业特色化发展。

郑州虽然有着丰富的历史文化资源，但是这些历史文化资源分布比较分散，并且大多位于郑州下辖的市县，譬如少林寺在登封、康百万庄园在巩义、黄帝故里在新郑，从某种意义上讲不利于郑州历史文化中心地位的形成，在某种程度上也削弱了这些优秀历史文化资源的影响力。因此，在历史文化资源保护利用上要坚持郑州全域一盘棋的思维。另外，由于郑州城区兴起较晚，郑州中国八大古都之一和国家历史文化名城的称号并不为广大游客熟知，要加强对历史文化古迹的开发和保护，大力发展历史文化旅游产业，提高郑州古都名片的含金量和知名度。

（五）文化+人才，让郑州优秀历史文化"火"起来

人才是历史文化资源保护利用的关键所在，产业跨界融合也需要既懂历史文化又熟悉市场营销的复合型人才。因此，突破郑州历史文化产业发展的人才瓶颈，既要高屋建瓴进行历史文化产业的顶层设计，又要实事求是满足历史文化人才的具体需求，既要抓好历史文化产业的人才源头建设，也要完善历史文化产业的人才引进机制。

在历史文化人才培养上，依托郑州各大高校，办好各类历史文化专业人才培训班，在政府相关部门指导下，编制、配备科学合理的人才梯队；在历史文化人才选用上，要从历史文化产业实践中选择有能力的人才，选择合适

的人才；在历史文化人才引进上，不要受传统的思维限制，不要拘泥于地域和资历，努力从海内外寻找各种高精尖人才；在历史文化人才激励上，要根据郑州的本地特点，建立一套高效的人才激励机制，实现"金凤凰"引得来、留得住。

（六）文化+融合，让郑州优秀历史文化"旺"起来

实现历史文化产业跨界融合、打造历史文化产业新业态，是郑州推动历史文化产业健康可持续发展的新选择。国务院《关于推进文化创意和设计服务与相关产业融合发展的若干意见》中，明确提出文化产业要跨越产业固有边界，打破行业与区域壁垒，相互融合发展以促进产业结构的升级。郑州市要实现历史文化产业与其他相关产业的融合发展，应该充分利用"天下之中"的区位优势、"千年商都"的文化优势和"黄河之滨"的生态优势，深入挖掘中原文化、中和文化和功夫文化，大力开发以文化养生为主导的相关创意产品。

在郑州市优秀历史文化资源保护利用中，依托郑州丰富的、历史悠久的文化资源，通过深入挖掘、精心提炼和二次创作，把深受广大群众喜爱的优秀历史文化转化为市场接受度较高的文化创意产品。同时根据郑州地域特点和文化优势，因地制宜，量体裁衣，积极探索出一条适合郑州历史文化产业可持续发展的跨界融合之路，通过新技术、新思维、新应用，做大做强实景体验游戏、工艺美术设计、数字文创产品等历史文化相关产业，打造具有郑州标识和城市特点的历史文创产品，增加产业新的发展亮点，让郑州优秀历史文化真正"旺"起来。

参考文献

买靳：《郑州国家中心城市建设中的世界文化遗产保护利用》，《文化产业》2020年第17期。

河南省文化和旅游厅：《深入挖掘郑州文化资源　培育文旅融合新业态》，《郑州日报》2021年12月9日。

成燕：《郑州今年文物工作大盘敲定》，《郑州日报》2022年3月10日。

《生态保遗"扮靓"郑州文化气质》，《中国旅游报》2022年3月22日。

孙新峰、潘燕、左丽慧：《源远流长"山河祖国"涵养"文化郑州"之魂》，《郑州日报》2022年3月2日。

张洪玮、赵晓强：《新时代文化产业发展的资源整合》，《中国社会科学报》2020年12月4日。

B.12
郑州市工业文化遗产资源的
保护利用对策

庞倩华*

摘　要： 工业文化遗产是具有特色的文化遗存，更是工业发展历程的见证，对研究城市历史文化有着重要的价值。郑州市采用专题博物馆、主题文化公园、文化创意产业园、休闲游乐场所的保护利用模式，将工业元素和符号被充分运用在新型公共文化空间，使得工业文化遗产的文化价值和经济价值开发卓有成效。郑州市工业文化遗产资源的保护利用，还存在政府重视不够、普查认定不及时、保护模式单一、转化利用不足等问题，需要通过摸底普查、立法保护、落实主体、文旅融合等措施，提升保护利用水平。

关键词： 工业文化遗产　资源类型　保护利用

　　国家一直高度重视工业文化遗产的保护利用，2006年5月国家文物局下发《关于加强工业遗产保护的通知》，明确了工业文化遗产保护的思路和任务，为工业文化遗产的保护和利用提供了方向。自此，各省市政府和文物部门全面展开工业文化遗产的普查认定和保护研究工作。2007年，郑州市在第三次全国文物普查工作中，将30处①工业遗址登记在册。2018年，郑州市公布了《郑州市第一批历史建筑保护名录》。在积极推动工业文化遗产

---

* 庞倩华，郑州二七纪念馆学术研究部主任，副研究馆员，主要从事文化遗产保护研究。
① 资料来源：根据第三次全国文物普查郑州市近现代不可移动文物普查小组填报的登记表统计。

保护传承的背景下，郑州市也探索工业文化遗产保护的区域路径，完善工业文化遗产的保护体系，使工业文化遗产资源的保护利用取得了显著成效。本报告从对工业文化遗产内涵的解读切入，梳理工业文化遗产资源的价值和类型，分析郑州工业文化遗产保护利用中存在的问题，并提出具体的解决对策。

一 工业文化遗产界定及资源类型

（一）工业文化遗产的界定

2006 年 4 月 18 日，首届中国工业遗产保护论坛在无锡召开，会议通过了《无锡建议》，并对工业遗产的概念做出界定："具有历史学、社会学、建筑学和科技、审美价值的工业文化遗存。包括工厂、车间、仓库、店铺等工业建筑物；矿山、相关加工冶炼场地、能源生产和传输及使用场所、交通设施、工业生产相关的社会活动场所；相关工业设备以及工艺流程、数据记录、企业档案等物质和非物质遗产。"根据《下塔吉尔宪章》《无锡建议》和中华人民共和国工业和信息化部开展的《国家工业遗产名录》申报与公布工作的相关内容，可以将我国工业遗产定义为：1980 年前建成、主体保存良好、产权关系明晰的工业企业，以及与之相关的物质文化遗产和非物质文化遗产。

（二）工业文化遗产资源类型

1. 物质工业文化遗产中的不可移动类

不可移动的物质工业文化遗产，包括用以生产的工业建筑、运输设施、职工住房、教育设施等建筑物。如生产区的厂房、仓库、车间、办公用房等，生活区的居民楼、休闲娱乐设施等，与工业生产相关的轨道专用线、码头、界石等不可移动的遗产类型。

2. 物质工业文化遗产中的可移动类

可移动类工业文化遗产，主要包括两类，一是实物类。这类资源类型涵盖广泛、种类繁多。包括能够反映郑州各工业门类的建设、生产和运营情况及能够反映工人生产、生活面貌的机械设备、生产工具、生活器具、办公用具、奖杯证书等。同时还包括商标广告、招标合同、设计图纸、票据单据、工业产品等可移动的物质工业遗产。二是档案类。工业遗产中的历史档案类别，内容多而庞杂。包含能够反映郑州各工业门类建设、发展情况的报纸、图书、档案、照片、手稿、书画作品、音像制品等各类文献和影像资料。同时还包括，工业发展中重大事件和重要决策的当事人、知情人的自传、采访记录、回忆等文字资料。

3.非物质工业文化遗产

非物质工业遗产是指流传在职工记忆、习惯中的工艺流程、手工技能、原料配方、企业文化等工业文化形态。同时，还包括口耳相传的生产经验、人文趣事等文化表现形式。这种工业文化遗产类型的保护和利用，需要专业技术人员用文字和影像记录保存，并进行物质化转换。比如：中华人民共和国成立之后第一批全国劳模的事迹、援建专家的个人经历、各企业在建设发展过程中的鲜活故事、生产过程中师徒相传的生产技巧……非物质工业文化遗产是工业文化遗产不可分割的一部分，亟须重视和关注。

（三）郑州市工业文化遗产资源概况

根据工业文化遗产时间、内容、范围和价值的界定标准，在查阅《郑州市志》、郑州历年统计年鉴和厂方档案等资料的基础上，整理出能够反映郑州工业各个发展阶段的代表性企业，郑州市工业文化遗产资源概况见表1。

表1　郑州市工业文化遗产资源概况

序号	名称及年代	价值	类别
1	明远电灯股份公司(1914年)	现郑州供电局,郑州最早的电厂	1949前的工业文化遗址
2	豫丰纱厂(1920年投产)	郑州棉纺织业的先驱	
3	巩县兵工厂(1915年筹建)	全国现存最早的人防工程	
4	郑州帆布厂(1931年)	1958年后专业生产帆布	
5	南阳面粉厂(1946年筹建)	民族工商业者的爱国见证	

续表

序号	名称及年代	价值	类别
6	黄河铁路桥（含涵洞、桥墩、沿线车站等）（1905 年竣工）	比利时公司承建，我国在黄河上修建的第一座永久性桥梁	铁路相关遗址
7	京汉铁路郑州段（1905 年竣工）	郑州近代工业发展的开端	
8	陇海铁路汴洛段（1909 年竣工）	郑州近代工业发展的开端	
9	363 电厂（1952 年动工）	苏联援建 156 项重点工程建设项目之一	援建项目
10	郑州油脂化学厂（1951 年筹建）	苏联援建	
11	中国第二砂轮厂（1953 年筹建）	德意志民主共和国援建	
12	郑州热电厂（1956 年动工）	德意志民主共和国援建	
13	郑州国棉一厂——六厂（1953～1958 年建设）	郑州纺织工业基地称号的来源	"一五"期间重点发展的纺织业
14	郑州纺织机械厂（1949 年筹建）	全省第一家纺织机械制造企业	
15	郑州印染厂（1958 年筹建）	生产的花布多次获国家优质奖	
16	郑州漂染厂（1958 年）	1979 年，改名为郑州第二印染厂	
17	河南纺织器材厂（1958 年）	1959 年，改名为河南省郑州纺织器材厂	
18	郑州纺织工学院（1955 年）	前身是郑州纺织机电学校	
19	河南省纺织工业学校（1954 年）	前身是郑州纺织工业学校	
20	河南省纺织科学技术研究所（1958 年）	前身是河南省纺织工业局科学研究室	
21	河南省工人文化宫（1954 年）	全国著名的纺织工业基地配套设施	
22	河南省纺织机械厂（1959 年）	郑州纺织机械厂分厂独立而成	
23	郑州电缆厂（1958 年筹建）	当时中国规模最大的电缆厂	"一五""二五"期间重点发展的机械制造业
24	河南省重型机器厂（1958 年）	1965 年改名为郑州煤矿机械厂，国内最早试制成功和批量生产液压支架、单体液压支柱的厂家	
25	郑州机械修配厂（1953 年）	1961 年，改名为郑州水工机械厂	
26	郑州勘察机械厂（1956 年）	1964 年，改名为河南省中州煤矿机械厂，河南省桩工、水井机械唯一生产厂家	
27	郑州发电设备厂（1958 年）	1958 年，成功研制河南省第一台 100 千瓦交流蒸汽发电机	
28	郑州变压器厂（1959 年）	1990 年 10 月，与郑州电器厂合并为郑州电气装备总厂	

续表

序号	名称及年代	价值	类别
29	郑州电线厂（1968 年）	前身是管城木器厂	制造业
30	郑州汽车制造厂（1969 年）	1970 年开始小批量生产,全年生产 256 部汽车,填补郑州市一项空白	
31	郑州锅炉厂（1965 年）	前身是 1948 年建的私营义和铁厂	
32	郑州拖拉机厂（1969 年）	前身是 1927 年建的郑州私营华兴厚铁厂	
33	郑州电焊条厂（1965 年）	直至 1990 年,全市唯一一家电焊条厂家	
34	新密煤矿公司（1951 年）	1953 年更名为新密煤矿,现郑煤集团	煤矿、冶金业
35	新密王庄煤矿（1951 年）	1984 年,中国第一台运煤兼运工人上下井钢心强力皮带运输机试运成功	
36	郑州铝厂、小关矿等（1958 年）	我国兴建的第二个铝工业生产基地	
37	郑州被服厂（1951 年）	1959 年,首次向苏联出口衬衣并获免检	轻工、化工、食品业
38	郑州搪瓷总厂（1954 年）	郑州成立最早的搪瓷制品专业生产厂	
39	河南化工厂（1972 年投产）	郑州唯一生产氯化苯和苯胺的化工厂	
40	河南省农药制造厂（1950 年）	1954 年 4 月,与华北农业病虫药制造厂合并,更名为郑州农药厂	
41	郑州化工厂（1962 年投产）	1970 年建成联碱车间,结束郑州市不产纯碱的历史	
42	郑州油漆厂（1967 年）	前身是民族资本家创办的华兴造胰厂	
43	郑州卷烟厂（1957 年）	前身是 1945 年建立的利民烟厂,1954 年并入郑州烟厂,定名为河南省郑州烟厂	
44	郑州东风啤酒厂（1964 年）	前身是郑州啤酒厂	
45	郑州食品总厂（1950 年）	1958 年,试制生产出郑州市第一罐啤酒	
46	国营郑州糖厂（1959 年动工）	郑州市第一家制糖厂	

资料来源:《郑州市志》、郑州历年统计年鉴和各厂《厂志》。

（四）郑州市工业文化遗产数量占比情况

工业文化遗产是城市文化遗产的重要组成部分，展现了城市的历史和积淀，郑州市工业底蕴深厚，历史悠久，形成了较为丰富的工业文化遗产遗迹。从已认定的工业文化遗产数量和层级来看，全国重点文物保护单位有 2 处，在郑州的占比为 2.41%；省级文物保护单位 3 处，在郑州的占比为

2.04%；市级文物保护单位 5 处，占比为 2.16%；县级文物保护单位 5 处，占比为 1.09%。由此而看，郑州市工业文化遗产虽然类型多样、内容丰富，但是被纳入文物保护单位的占比并不高（见表2）。

表2　郑州市各级文物保护单位中工业文化遗产的占比

单位：处

项目	全国重点文物保护单位	省级文物保护单位	市级文物保护单位	县级文物保护单位
数量(处)	83	147	231	458
工业文化遗产数量(处)	2	3	5	5
占比(%)	2.41	2.04	2.16	1.09

资料来源：根据国务院及各级人民政府核定公布的郑州市各级文物保护单位名单统计整理。

二　郑州市工业文化遗产的价值分析

郑州市工业文化遗产见证了城市工业萌芽、调整和快速发展的各个时期，具有重要的历史、科技、情感和时代价值。

（一）历史价值

工业对郑州城市发展的影响主要表现在产值、人口和城市框架三个方面。工业总产值 1949 年为 3301 万元[1]，1990 年高达 174.4 亿元[2]；城区人口 1954 年为 55.8 万[3]人，1990 年达 540.65 万[4]人；城区面积 1948 年为 5.23 平方公里[5]，1990 年拓展至 1013.3 平方公里[6]。中华人民共和国成立 40 年间，郑州从普通小县城发展成中部地区重要的工业城市，工业

---

[1]　郑州市地方史志编纂委员会编《郑州市志（1991~2000）》（第1分册），1999，第25页。
[2]　郑州市地方史志编纂委员会编《郑州市志（1991~2000）》（第1分册），1999，第40页。
[3]　郑州市地方史志编纂委员会编《郑州市志（1991~2000）》（第1分册），1999，第344页。
[4]　郑州市地方史志编纂委员会编《郑州市志（1991~2000）》（第1分册），1999，第39页。
[5]　郑州市地方史志编纂委员会编《郑州市志（1991~2000）》（第1分册），1999，第209页。
[6]　郑州市地方史志编纂委员会编《郑州市志（1991~2000）》（第1分册），1999，第3页。

为郑州的发展做出巨大贡献，郑州市工业文化遗产具有重要的历史价值。

（二）科技价值

"一五"计划之后，郑州市的纺织、磨料磨具、铝加工等生产企业及其产品全国闻名。郑州市拥有 6 家国营全能大型纺织厂，形成了科研、纺织机械、棉纺、化纤、印染、服装等完整的纺织工业产业链，是我国著名的纺织工业基地之一。1953 年兴建的中国第二砂轮厂，多年来一直是我国乃至亚洲最大的综合性磨料磨具生产企业。1956 年，郑州纺织机械厂研制出中国第一台新型绳状漂白联合机；1958 年，郑州国棉五厂研制出中国第一台制钢丝圈机；1959 年，郑州国棉四厂研制出中国第一台无梭喷气织机；1963 年，郑州三磨研究所研制出中国第一颗人造金刚石；1964 年，郑州煤矿机械厂研制出中国第一台液压支架……郑州的工业企业创下多个中国第一，多项产品荣获国家发明奖、国家科技奖等，工业文化遗产成为反映当时科技发展水平的重要实物见证，郑州市工业文化遗产具有重要的科技价值。

（三）情感价值

工业文化遗产与古代文化遗产不同，厂房、机器、生活区和居民楼是郑州市民生活中的一部分，更是城市独特的记忆。具有时代特色的集体生活、工人当家做主后的主人翁风貌、建设新中国的豪迈激情、无私奉献的劳模精神……与工业建设有关的文化和情怀至今仍被津津乐道，郑州市工业文化遗产具有重要的情感价值。

（四）时代价值

郑州市工业文化遗产具有特色鲜明、类型丰富、区域集中的特点，通过各种保护利用方式，老旧厂房被打造为文化新地标，焕发出新的活力，带动了整个区域餐饮娱乐、交通设施、文创产品的同步发展。工业文化遗产资源的开发利用，能够实现其经济价值的转化，成为新的经济增长点，凸显出工业文化遗产的时代价值。

三 郑州市工业文化遗产的保护模式

（一）专题博物馆

专题博物馆是指，把具有较高文物价值，但已不具备生产功能的工业建筑改造成博物馆，从而对工业文化遗产进行展示和研究的保护模式。对工业文化遗产以这种模式进行多方位、多角度的保护利用，需要满足以下条件：一是工业遗址结构完整；二是工业遗址具有代表性和艺术性；三是在保护工业建筑的基础上，能够为其他类型的工业遗产提供展示的空间和平台。郑州纺织工业遗址博物馆（在建）、河南纺织服装博物馆、郑州二砂历史记忆馆、栖棠博物馆等，这些都是对工业遗址以专题博物馆模式进行保护利用的成功案例，不论是对工业建筑的保护，还是对工业文化遗产的展示、研究和宣传，都取得了显著成效，成为郑州市工业文化遗产资源保护利用的典范和样板。

（二）主题文化公园

主题文化公园是指，依托工业建筑及其构筑物的深厚文化积淀，工业文化符号能够得以展示的休闲公共场所。这种模式在充分利用公共文化空间的基础上，提升了市民的参与度，加强了市民对工业文化遗产的认识和了解，形成工业文化遗产的新型宣传路径。东风渠铁路主题公园是这种模式的代表，公园借助"东北环线"遗留的铁轨，配以车站模型、旅客塑像等铁路元素，把铁路文化打造为公园独特的景观。

（三）文化创意产业园

文化创意产业园是指，通过对车间、仓库等工业建筑的改造，使其成为文化创意产业集聚区的一种开发利用模式。郑州对部分工业遗产资源，仿照北京"798"艺术区进行开发利用，如：二砂文化创意园、芝麻街双创园、良库文创园、良酷油化厂创意园、密登堡文化产业园……空置的厂房经过改造，完成旧建筑向文化创意产业园的转化。这种模式促进了工业遗产保护和文化创意产业的有机结合，实现了工业遗产文化价值的转换，其社会和经济效益也有所提升。

（四）休闲游乐场所

休闲游乐场所是指，利用工业建筑自身的特点，把其改造为餐厅、咖啡馆等消费场所，或改造成运动场、攀岩室、蹦床公园等游乐场所。这种保护模式对工业建筑的要求很高，一是建筑独具特色。作为休闲餐饮场所，具有富有特色的建筑风格、独具年代感的环境和氛围，才能吸引顾客。二是空间足够宽敞。将工业建筑改造成游乐场所，在满足设备安装所需层高和游客总载量的基础上，工业元素才能成为独特景观。如二砂文化创意园内的 Tims 咖啡馆、中国有色六冶金属结构厂院内旧厂房改造的蹦床公园等，都是这类模式的成功范例。

四 郑州市工业文化遗产资源保护利用中存在的问题

（一）政府部门重视不够

郑州市工业文化遗产资源的保护利用，存在价值认识不足、相关部门重视不够等问题。具体表现在：一是保护措施落实不到位。保护名录公布之后，缺少保护方案的实施。如：2011 年 3 月 17 日，郑州市公布了《郑州市第一批城乡优秀近现代建筑保护规划·中心城区保护名录》，随后并没有出台相应的利用规划和保护措施，在专项资金尚未到位的情况下，名录中的 5 处建筑依然遭到拆除。《郑州历史文化名城保护与发展战略规划研究》于2019 年出版，截至目前，这份研究成果尚未落实到具体操作中。二是文物保护单位对工业文化遗产申报不积极。工业文化遗产涉及多个管理部门,部分遗产的责任主体不明确、产权关系不清晰,造成遗产所有权人在文物保护单位和国家工业文化遗产申报工作中消极被动,导致郑州具有代表性的工业文化遗产得不到应有关注。如中华人民共和国工业和信息化部从 2017 年 12 月 20 日开始,到 2021 年 11 月 30 日,共公布五批《国家工业遗产名录》,全国 197 处[①]工业遗产入选。工业文化遗产类型丰富的郑州却因价值认识不足、重视不够、申报不积极等原因,无一处上榜。

(二)普查认定滞后

由于没有全面开展摸底普查,郑州市工业文化遗产的数量和现状尚不清楚,导致认定滞后、工业文化遗产得不到及时保护。具体表现在:一是普查起步晚。2007 年,第三次全国文物普查时开始对工业文化遗产分类登记,但是这并没有引起重视,登记在册的 203 处近现代不可移动文物中,工业遗址仅 30 处。[②] 二是普查不彻底。2018 年 12 月 10 日,郑州市公布《郑州市第一批历史建筑保护名录》,包含 212 处历史建筑,工业建筑和遗址共 85 处,占比高达 40%,却是把一处工业遗址拆分为多处进行收录。如:郑州油脂化学厂拆分为 21 处、中国第二砂轮厂拆分为 14 处、郑州煤矿机械厂拆分为 10 处、国棉二厂拆分为 5 处、郑州纺织机械厂拆分为 4 处,由此可见,实际收录的工业遗址数量并不多。三是普查不全面。一些具有代表性的工业遗址没有普查到位,造成已收录或已公布的工业遗产在行业门类、历史贡献、科技创新、名优产品等方面代表性不足,既不能涵盖郑州近代工业发展历程,也不能全面反映工业对郑州城市发展的贡献。

(三)政策法规缺乏

相关部门在实际调查的基础上,有针对性地制定保护法规,使经过认定

---

① 资料来源:根据中华人民共和国工业和信息化部官网公布的第一批、第二批、第三批、第四批、第五批《国家工业遗产名录》名单统计。

② 资料来源:根据第三次全国文物普查郑州市近现代不可移动文物普查小组填报的登记表统计。

的工业文化遗产得到法律的保护，这是工业文化遗产资源保护利用的关键。但是，郑州关于工业文化遗产认定、保护和利用的法律法规还处于空白，现行的文化遗产保护法规在工业文化遗产保护方面存在不明确、不完善的问题，需要进一步充实。一些先进城市相继出台了工业文化遗产保护方面的法律法规，注重加强对工业文化遗产的保护传承，以在城市文化展现、工业遗产传承弘扬方面发挥重要作用，郑州市工业文化遗产保护法规的制定迫在眉睫。

（四）转化利用不足

郑州市工业文化遗产资源通过二次开发，得到了相应的保护和利用，但是，也只有为数不多的工业遗产能够实现文化价值和经济价值的转化。文物、规划、城建等部门没有开展专业的工业遗产调查、认定和保护工作，导致一些工业遗产无法实现其价值的有效转化。比如：中州煤矿机械厂、厂矿铁道专用线、黄河铁路桥涵洞及桥墩等，这些重要的工业文化遗产都处于废弃闲置状态。还有一些对城市发展功不可没的工业企业，在文献资料中有据可查，遗址却无迹可寻，如363电厂、豫丰纱厂、郑州印染厂等。工业文化遗产得不到良好保护，是无法实现其价值转化利用的重要原因。

五　郑州市工业文化遗产资源保护利用的对策

（一）开展摸底普查，落实遗产认定

郑州市工业文化遗产资源的保护利用亟须开展摸底普查，并在此基础上进行遗产认定。一是组建团队。工业遗产的普查涉及文物、国资委、国有企业、规划、城建等多个部门，仅靠一个部门很难全面掌握工业遗产的现状。需要政府牵头，组建专业的调查团队，配备专业技术人员和设备，在全市范围内开展工业遗产的摸底普查，摸清郑州市工业遗产的底数和构成。二是建档检测。在普查的基础上，建立工业遗产记录档案，根据保护现状，对工业

遗产实施动态监测，避免工业遗产遭损毁。三是专家认定。全面普查结束后，聘请相关专家，对各种类型的工业遗产进行价值认定。针对不同等级、不同类型的工业遗产，制定相应的保护利用方案，实现其社会文化功能的转化。

（二）出台政策法规，实施立法保护

公布保护名录不是工业文化遗产保护的目的，使之在法律保护和政策支持下得到有效利用才是关键。一是编制规划。编制郑州市工业遗产保护利用整体规划，从规划层面完善工业遗产的保护利用策略，杜绝违法违规建设和拆除行为。严格遵守"谁使用、谁负责、谁保护"的原则，对工业文化遗产资源进行合理化的保护和利用。二是出台政策。在税收、财政、土地使用等方面出台有利于工业遗产资源保护利用的政策，简化工业遗产保护利用项目的行政审批流程。工业文化遗产资源的保护利用，还应充分运用国家扶持文化创意产业的优惠政策，引导社会团体、企业和个人参与，支持以厂房租赁、企业资产重组等形式进行市场化运作。

（三）厘清责任主体，提升转化利用率

由郑州市政府牵头，以工业遗产所在地的区政府为主，郑州市发展和改革委员会、郑州市工业和信息化局、郑州市财政局、郑州市文物局、郑州市自然资源和规划局等相关部门按照各自分工做好行业指导，形成条块结合工作机制。理清工业遗产的产权归属、资产性质、管理层级、使用和管理部门等，在不改变工业遗产整体结构的基础上，对老厂房进行功能置换。落实以产权单位为工业遗产的管理主体，调动其在工业遗产保护利用中的积极性和主动性。指导和监督国有资产的管理，推动国有资本优化配置，提升国有资本运营效率和回报水平，探索工业遗产资源保护利用的新模式。

（四）分类整合资源，创新开发模式

工业文化遗产的类型不同，保护方式也有所差异，登记在册的工业遗产

分类整合后，应按照类别进行保护。一是针对不可移动的工业遗产，进行修缮和维护，并准确勘察和测绘。二是针对可移动的工业遗产，在保护实物原件的基础上，形成文字、图片、音像档案进行保存和展示。三是针对非物质工业遗产，通过走访参与者、见证者和知情者，完整真实地记录工业发展过程中的生产技艺、人文情怀。同时，创新保护利用模式，避免因特色缺乏而导致的形式单一重复。如：二砂文化创意园、芝麻街双创园区、良库工舍等功能相同的文创园区，在后期运作中，由于创意氛围不充分、基础设施不完善以及交通、租金等因素的影响，商铺和文创企业的入驻率并不高，工业遗产的利用率并没有达到预期效果。因此，工业文化遗产的开发利用需要对资源进行整合，根据工业遗址周边的交通、人流、配套设施以及租金等因素进行合理化设计。

（五）加强研究宣传，进行成果展示

依托高校和科研院所，开展工业文化遗产的价值研究，挖掘其文化内涵和时代特征，为探索郑州市工业文化遗产资源的保护利用提供理论支撑。借助"文化遗产日""5·18国际博物馆日"等主题日，加强对工业文化遗产知识的宣传和普及，不定期组织工业文化遗产的研讨、宣传和推介活动。让工业文化遗产保护利用现有的研究成果、典型案例通过宣讲和巡展的形式走进校园和社区，加深民众对工业文化遗产的认识和了解，以此讲好工业遗产故事，彰显文化自信。

（六）推进文旅融合，实现文化惠民

工业遗产的文旅融合，需要通过对机器设备、厂房车间、特色建筑、档案史料等的陈列展示，为人们提供了解工业文化遗产的平台，形成新型的文化旅游模式。如：洛阳东方红拖拉机厂，把东方红农耕博物馆、现代化生产厂区、样品体验区和生活区建筑群由点串联成线，涵盖历史回顾、厂区考察和特色建筑欣赏，打造一条完整的工业旅游线路，取得了文旅融合的预期成效。郑州市工业文化遗产缺少一条成熟完善的工业旅游线路，虽然每个打造

成熟的工业遗址都能成为文艺爱好者的打卡地,但是,要实现工业遗产的文旅融合,必须进行遗址点之间的串联整合。同时,借助郑州市推动的文化惠民工程,利用闲置的铁路专用线、车间仓库、墙体标语等工业附属设施,打造带有工业元素、市民能够广泛参与的新型公共文化空间,真正做到文化惠民,这是郑州市工业文化遗产资源保护利用的新方向。

参考文献

俞孔坚:《中国工业遗产初探》,《建筑学报》2006 年第 8 期。

单霁翔:《从"文化景观"到"文化景观遗产"》,《东南文化》2010 年第 2 期。

庞倩华:《城镇化建设中市区近现代不可移动文物的保护》,《黄河科技大学学报》2015 年第 3 期。

庞倩华:《郑州工业遗产的保护与利用》,《遗产与保护研究》2018 年第 10 期。

郑州市地方史志编纂委员会编《郑州市志》,中州古籍出版社,1998。

刘坤:《让工业遗产不再"沉睡"》,《光明日报》2019 年 5 月 12 日。

社 会 篇
Society

B.13

郑州市城乡居民基本养老保险发展报告

范会芳　刘振奋　苏晓冰*

摘　要： 城乡居民养老保险作为社会保障的重要组成部分，在缓解居民养老困境、提升居民的生活质量的同时，也促进了社会的和谐稳定。作为河南省会，郑州市在城乡居民养老保险制度的建设上一直走在前列。相关数据显示，近年来郑州市城乡居民基本养老保险取得了长足的发展。一方面参保率持续提高，基本实现全覆盖；另一方面城乡居民养老保险的待遇水平不断提高，满意度得以提升；此外，制度在不断完善的过程中彰显了人性化特征，制度的管理与监督更加规范，政策回应性得以提高，但是仍存在居民缴费档次整体偏低、居民对"城居保"定位不清、长期缴费意愿不高等问题。建议提高居民缴费档次，增强居民参保意识，打通城镇职工与城乡居民养老保险之间的制度壁垒，打破制约城

---

* 范会芳，博士，郑州大学教授，主要从事城乡社会学、社会保障等相关研究；刘振奋、苏晓冰，郑州大学政治与公共管理学院社会保障专业硕士研究生，主要从事社会保障理论与实务研究。

乡居民养老保险发展的瓶颈。

关键词: 养老保险 郑州市 社会保障

2014 年 2 月，国务院出台《关于建立统一的城乡居民基本养老保险制度的意见》（以下简称《意见》），《意见》决定将新型农村养老保险（新农保）与城镇居民养老保险（城居保）两项制度合并实施，在全国范围内建立统一的城乡居民养老保险。此项举措一定程度上解决了养老保险制度"碎片化"问题，有效降低了制度运行的成本，这对于统筹城乡发展、解决城乡二元体制的遗留问题以及促进社会保障制度改革深化都具有重要的意义。郑州市作为省内率先建立城乡居民养老保险制度的地市之一，并轨之后在制度建设与实施方面积累了较多的经验，取得了不菲的成绩。本文拟结合官方数据，在对现状及存在的问题进行深入分析的基础上，探索城乡居民养老保险制度的优化路径，以促进城乡居民养老保险制度高质量发展。

一 郑州市城乡居民基本养老保险的现状：做法与成效

郑州市城乡居民基本养老保险起步较早，并且从一开始就将城市居民与农村居民的基本养老保险并轨运行，有效避免了城乡居民基本养老保险的"碎片化"趋势，保证了农村居民与城市居民在养老保障领域均能享受到平等的福利待遇，也减少了因制度并轨带来的转制成本。通过七年的发展，郑州市城乡居民基本养老保险获得了显著的成效。

（一）参保人数不断增加，养老保险参保率明显高于其他险种

城乡居民基本养老保险制度因其覆盖人群广、参保门槛低等特点，颁布以来便成为我国养老事业发展的重要依托。有关数据显示，截至 2020 年底，

全省参加城乡居民基本养老保险的有 5255.87 万人，其中，郑州市参加城乡居民基本养老保险的人数为 568.3 万人，比上一年度增加 76.5 万人，增幅达 15.56%。与 2011 年相比，增幅高达 230%。此外，相比于失业保险和医疗保险，郑州市养老保险的参保人数增幅最大。以医疗保险为例，2011 年郑州市参加医疗保险的人数为 16.4 万人，而同年参加养老保险的人数为 172.1 万人，为参加医疗保险人数的 10.5 倍。截至 2020 年底，郑州市医疗保险参保人数达到 254.2 万人，城乡基本养老保险参保人数远高于医疗保险（见图 1）。

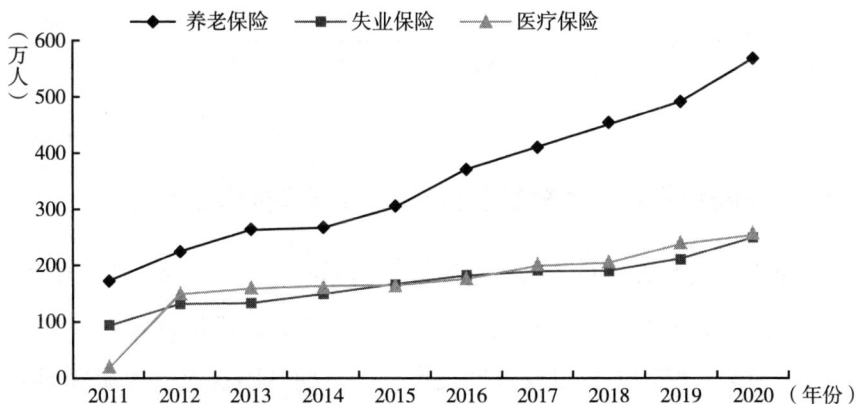

图 1　郑州市 2011~2020 年各年社会保险参保人数变化情况

资料来源：郑州市统计局官网。

（二）居民基础养老保险待遇水平不断提高，缴费档次有所调整

2020 年，郑州市在社会保障与就业领域的支出为 141.41 亿元，占年度财政总支出的 8.22%，支出比例位于全省前列。自城乡居民养老保险制度出台以来，居民基础养老金的待遇水平逐年提升。2018 年，郑州市提升城乡居民养老保险基础养老金补贴标准，在中央补贴的基础上（18 元/人·月）又增加了 12 元，基础养老金由 160 元/人·月提高到 190 元/人·月。2020 年 7 月 1 日，郑州市再次提高基础养老金标准，调整为 200 元/人·月。

此外，郑州市政府通过完善缴费激励机制，提高缴费档次的补贴金额，使广大居民获得了实惠（见表1）。

表1　2018年河南省城乡居民养老保险缴费档次及补贴额度

单位：元

缴费档次	补贴金额	缴费档次	补贴金额	缴费档次	补贴金额
200	30	700	100	2000	220
300	40	800	120	2500	250
400	50	900	140	3000	280
500	60	1000	160	4000	310
600	80	1500	190	5000	340

资料来源：郑州市人力资源和社会保障局官网。

（三）养老保险制度关注弱势群体，改革举措彰显人性化

郑州市在城乡居民养老保险制度运行的同时，还关注到特殊群体的养老保障问题，让制度更加人性化。从2019年开始，郑州市对农村贫困人口、低保对象、特困人员以及重度残疾者、长期贫困残疾者等缴费困难群体暂保留每人每年100元的最低缴费档次，并且给予每人每年不低于30元的缴费补贴。同时，郑州市将被征地农民纳入基本养老保险保障范围，积极鼓励被征地农民参加基本养老保险，为其提供缴费补贴，提高了被征地农民的养老待遇水平。2021年，河南省建立城乡居民基本养老保险丧葬补助制度并于2022年1月1日开始实施。作为城乡居民养老保险的重要组成部分，郑州市积极落实《河南省关于建立城乡居民基本养老保险丧葬补助制度的意见》，积极推动政策落地，保障城乡居民的切身利益。为方便群众，郑州市依托"政务服务系统""郑州社会保险"等网上信息平台，积极推进电子社保卡普及化，使居民的养老、医疗、就业等社保服务项目实现了"一键办理"，既减轻了社会保障经办机构的业务压力，也方便了居民办理相关业务。

（四）养老保险基金管理与监督更加规范，政策回应性增强

近年来，郑州市养老保险基金的管理与监督进一步规范，养老保险基金实现平稳运行。2016 年，郑州市《关于进一步规范社会保险基金管理完善社会保险基金监督工作的通知》发布，对社会保险基金的管理监督主体、管理监督原则、监督方式和事项等做了明确的规定，其中对基本养老基金的监督按照"权有所属、责有所归"的原则，由基金监督机构、经办机构、信息化机构等部门负责。此外，郑州市人力资源管理与社会保障局密切关注医疗、养老等方面的舆情，一方面做到信息及时公开，2021 年主动公开新闻动态类消息 1291 条，政策、文件类信息 849 条；另一方面及时回复社会公众反馈的各类问题。依托"12333"热线，共办理"领导信箱"来信 2075 件，开展网上调研 4 次，主动了解社会公众的反馈与评价，政策的回应性增强。

二 郑州市城乡居民基本养老保险的短板：
问题与原因

从制度运行与受众范围来看，郑州市城乡居民基本养老保险制度运行整体平稳，受众范围不断扩大，基础养老金待遇水平不断提高，越来越多的城乡居民从中受益。但不可否认的是，该制度在发展过程中也存在不少短板，急需弥补。

（一）居民缴费档次低，基础养老金水平低

建立城乡居民基本养老保险制度既是老龄化背景下广大城乡居民的迫切需求，同时也是推动社会公平、促进城乡融合发展的内在要求。但是该制度出台时间较短、政府财政能力有限、居民经济收入有限等原因，导致该制度在运行多年后依然存在居民缴费档次低、基础养老金水平低等问题，制度的养老保障功能受到局限。2018 年河南省调整了城乡居民基本养老保险的缴

费档次，出台新的缴费办法规定，居民可以自行选择 15 个缴费档次，同时鼓励居民选择较高的缴费档次。但从相应的补贴标准来看，该举措未能起到明显的激励效果，大多数居民仍然选择最低的缴费档次。

究竟是哪些原因导致上述结果呢？这与以下几个方面的因素有关。一方面，郑州市城乡居民基本养老保险较高缴费档次的补贴金额相对较少，补贴比率随缴费金额的增加而下降。数据显示，在 200～1000 元这个区间，补贴比率总体上呈现波动上升趋势（缴费 200 元时补贴率为 15%，缴费 1000 元时补贴率为 16%），超过 1000 元之后，政府补贴比率明显下降（缴费 1500 元，补贴率为 12.7%；缴费 5000 元时，补贴率下降为 6.8%）。整体上看，在高缴费档次区间，居民缴费金额越多，政府补贴率越低（见图 2）。在低缴费档次补贴率明显高于高缴费档次补贴率的前提下，选择低缴费档次显然是符合行动者的短期利益与理性逻辑的。换句话说，在某种程度上，正是因为对较高缴费档次的补贴率较低，才导致了大多数城乡居民不约而同地选择最低档进行缴费的现实。另一方面，目前郑州市居民的可支配收入较低。数据显示，2020 年郑州市全年居民人均可支配收入 37275 元，比上年增长 3.7%；其中，城镇居民人均可支配收入为 42887 元，同比增长 1.9%；人均消费性支出 25450 元，同比下降 6.4%。农村居民人均可支配收入 24783 元，同比增长 5.3%；人均消费性支出 17518 元，同比增长 3.9%。纵向来看，虽然城乡居民可支配收入比往年都有所提高，但同一时期，南京市 2020 年全年人均可支配收入是 60606 元，广州市为 68304 元，杭州市为 61879 元。与国内其他发达地区的省会城市相比，郑州市的人均可支配收入仍处于较低水平，农村居民的人均可支配收入更是低于城市居民以及国内其他发达地区的农村居民人均可支配收入水平。此外，受疫情等多方面因素的影响，2020 年郑州市城镇居民消费价格较上一年度上涨 2.3%。物价上涨、居民生活成本提高等多种因素都影响居民对养老保险缴费档次的选择。

郑州市城乡居民基础养老金水平较低是城乡居民养老保险制度实施与运行中另一个突出问题。郑州市城乡居民基本养老保险待遇由"基础养老金"

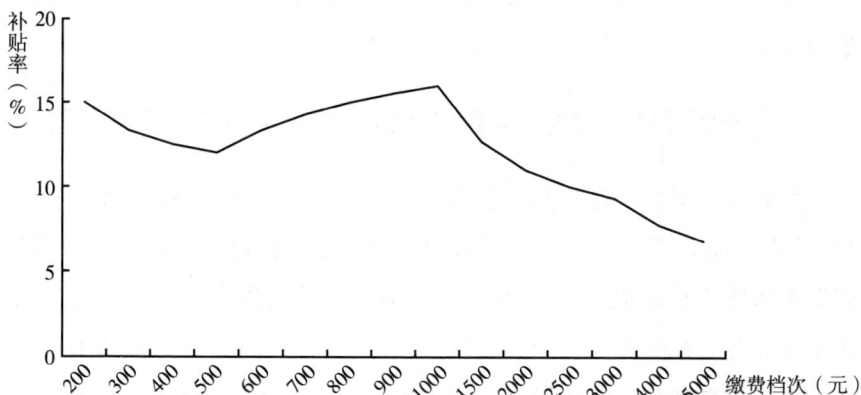

图 2　郑州市城乡居民基本养老保险政府补贴率变化情况

资料来源：根据郑州市人力资源和社会保障局官网发布的数据整理所得，其中补贴率的计算公式为补贴金额/缴费金额×100%。

与"个人账户养老金"两部分构成。目前，大多数省市基础养老金都是由中央、省、市三级政府财政共同支付。郑州市基础养老金标准自 2020 年 7 月 1 日起调整为每人每月 200 元，但这对于老年人尤其是那些未缴纳养老保险只依靠基础养老金的农村老人而言，200 元更像是"零花钱"，其福利功能远大于保障功能。本文认为造成基础养老金水平低的原因主要有三个方面。第一，基础养老金筹资渠道单一。目前大多数省市都是由中央、省、市政府三级财政共同支付基础养老金，这给地方政府财政造成了不小的压力。第二，老龄化加剧。《郑州市第七次全国人口普查公报（第三号）》公布的数据显示，截至 2020 年 11 月，郑州市常住人口已达 1260 万人，其中 60 岁及以上人口为 161.74 万人，占 12.84%，其中 65 岁及以上人口为 113.10 万人，占 8.98%。与第六次人口普查相比，郑州市 60 岁及以上人口的比重提高 2.17%，65 岁及以上人口的比重提高 1.82%。不断加深的老龄化程度意味着有更多的老年人需要领取养老金。加上之前一定程度存在的养老金空账问题，导致政府的财政压力加重了，同时也制约了相关部门对于基础养老金的补贴力度。第三，基金投资渠道单一，养老基金面临的保值增值压力大。由于养老保险基金的安全关乎城乡居民养老事业的发展，因此在投资时需要格外谨慎，这在一定程度上导致了养老保险基金投资渠道单一、投资回报率低等现实。

（二）居民对城乡居民养老保险定位不清，长期缴费意愿不高

城乡居民基本养老保险制度在 2014 年开始运行之时，就被明确定位为"社会保险"而非"社会福利"。但是在制度实施过程中，部分居民却错把养老保险当作"社会福利"，过分强调政府补贴的主体责任，忽略了个人缴费的主体义务。社会保险强调的是权利、义务的统一性，只有缴纳了一定的费用，才能够享受相应的待遇。而社会福利具有一定的普惠性，通常只强调作为公民应享有的权利。一定程度上看，基础养老金具有普惠性。该制度设计的初衷是保障那些未被制度覆盖的人群，同时也考虑到部分城乡居民可能没有固定收入的现实情况，所以制度在设计之初将个人缴纳部分的基点定得比较低。但这并不意味着个人可以不用承担缴费的义务与责任。此外，部分居民长期缴费的意愿也较低。由于城乡居民养老保险缴费周期长，而收益见效慢，因此许多居民尤其是年轻居民长期缴费意愿低。这一方面反映了居民的投保意识较差，另一方面也与该群体的收入不稳定有一定的关系。

（三）不同类型养老保险制度之间存在明显的制度壁垒，政策宣传力度不足

政府设立多层次的养老保险制度有深刻的历史原因。新中国成立初期，由于国家的经济基础较为薄弱，无法同时建立面向全体居民的养老保障体系。因此，先从城市职工的养老保险制度入手、逐渐扩大到其他人群是基于现实考量的选择。当前，我国设立了多层次的养老保障体系，包括城乡居民基本养老保险、机关事业单位基本养老保险、城镇企业职工养老保险，此外还有针对高龄老人的养老津贴和针对农村贫困家庭的"低保""五保"等。不同类型、不同层次的养老保障制度为全体居民构建了健全的制度养老之网，有效缓解了城乡居民的养老压力，但是不同类型的养老保险制度之间存在"制度裂缝"，具体表现为保障水平不同、缴费主体不同、运行方式不同

等多种差异，尤其是城镇企业职工养老保险与城乡居民基本养老保险制度之间存在明显的待遇差距问题。以养老金领取时间为例，职工到退休年龄即可领取养老金，一般在 45～60 岁。而城乡居民基本养老保险制度规定，年满60 周岁之后才能领取基础养老金。上述差异在一定程度上拉大了不同群体之间的收入差距，损害了养老保险制度的公平性。

另外，城乡居民基本养老保险制度发展时间较短，相关部门对政策的宣传力度不足，导致部分居民对该政策的了解不够全面、认识出现偏差等现象产生。相关调查显示，有近 80% 的受访者表示对"政府补贴""养老金额""养老金待遇计算""激励措施"等内容"不了解"，有 46% 的受访者认为城乡居民基本养老保险政策"不稳定，变化大，有风险"。这说明在政策实施过程中，相关部门的宣传没有到位，这在一定程度上影响了参保者的缴费选择和缴费意愿。究其原因，主要在于两个方面，第一，基层经办机构管理能力有限。由于基层经办机构直接面对众多参保对象，工作量大，再加上资金、人力、设施不足等，许多基层经办机构无法腾出时间与精力去做好城乡居民基本养老保险的政策宣传工作，很多居民不了解"多缴多得，少缴少得"的基本原理。第二，政策变动大。城乡居民基本养老保险制度是一项在实践过程中不断完善的保障措施，政策变动是其发展的内在要求，但是这种变动给居民造成了一种"不稳定的"主观印象，降低了其对这一制度的信任感。第三，缺乏创新的政策宣传方式。传统的宣传方式由于渠道狭窄、受众范围小等，没有达到理想的宣传效果，尤其是在一些农村地区，许多居民由于文化程度低，对政策宣传内容一知半解。

三　郑州市城乡居民基本养老保险的优化路径：对策与建议

（一）提高居民缴费档次，加大财政补贴力度

第一，适时提高全市基础养老金水平及高缴费档次的补贴率。基础养老

金的设置要坚持与城乡居民收入水平、物价水平、职工养老金水平相挂钩，尽快建立科学的基础养老金变动参照体系，使基础养老金的增长与城乡居民的生活水平提升保持同步。具体而言，可以将基础养老金变动与个人缴费的年限、缴费的金额挂钩，对于那些缴费时间长、缴费金额多的参保者，适当提高其基础养老金水平，增强基础养老金的激励功能；完善缴费政策，提高各缴费档次的补贴金额，适当加大高缴费档次与低缴费档次之间的补贴差别，使缴费居民看到高缴费档次所带来的好处，从而引导居民选择较高的缴费档次；建立"长缴多得"机制，将原来的"定额补贴"调整为"按比例补贴"，使居民可以根据自己的经济状况自由选择缴费金额，不再受限于固定缴费档次的限制。

第二，拓宽城乡居民基本养老保险基金的筹集与投资渠道，增强其保值增值能力。针对当前城乡居民基本养老保险筹资渠道单一的问题，要注重发展本地企业与集体经济。积极争取信用良好的金融机构的资金支持；采取多种组合的养老金投资方式，综合考虑各类投资项目的安全性、收益率等因素，选择既有利于规避风险又有利于提高基金收益的多元投资组合方式，加快建立高层次养老保险基金的投资管理机构，培养专业人才，为养老保险基金市场化做好准备。

第三，积极拓宽就业渠道，增加居民收入。应该通过各种方式增加居民的就业机会，畅通就业渠道，建立统一的就业信息发布平台，及时发布就业信息，完善招商引资政策，创造良好的投资环境，为居民提供更多优质的就业岗位；通过开展职业技能培训，帮助居民获得相应的劳动技能，提高劳动者的就业素质；鼓励、扶持年轻人创业，营造"大众创业，万众创新"的良好氛围，通过创业带动就业；提高郑州市最低工资水平，完善就业保障措施。

（二）增强居民参保意识，强化参保者的筹资责任

在人口老龄化背景下，养老问题已经不仅仅是家庭成员的内部事务，更是政府应该承担的公共责任。受传统养儿防老传统观念的影响，加之部

分居民养老意识淡薄，导致他们在参保过程中态度消极、对政策的信任度较低、选择低缴费档次参保等现实。改变上述问题既需要从政策的完善入手，也需要加大宣传力度，改变传统固有的宣传方式尤其是将政策文件直接派发式的宣传，可以通过定期组织政策宣讲、设立专门的政策咨询服务台等具体措施，通过广大人民群众喜闻乐见的方式使人们了解政策、相信政策、回应政策，认识到参保的意义及其未来回报，改变对于养老保险的错误认知。

同时，建立促进缴费的倒逼机制，提高居民缴费率。除了正面的激励措施之外，采取一定程度的倒逼机制也有利于提高居民的缴费率。对于部分缴费不积极的人群，可以通过相应的制约措施，比如延迟基础养老金领取时限、设置滞纳金、提高手续费等，起到反向激励的作用。将各辖区城乡居民基本养老保险缴费比例等指标纳入当地政府的绩效考核中去，并建立相应的监督机制，防止基层政府为了提高当地缴费率而采取强制缴费等违背"城居保"自愿性的措施。

（三）打通城镇职工与城乡居民养老保险之间的制度壁垒，推动二者之间的转化与衔接

不同类型的养老保险制度安排会影响劳动力的跨区域流动，衔接不当将直接影响参保者的实际权益和长远福利。因此要优化两种类型养老保险制度，推动城乡居民养老保险与城镇职工养老保险相互转换，在制度设计、待遇水平方面逐步减少两种制度的差异性，促进城乡居民基本养老保险的缴费方式转变，按照城乡居民人均收入的一定比例缴纳个人养老金，并且计入个人账户，在退休时按比例领取相应的养老金，从而减少人们因为趋利心理而偏向某一养老保险所导致的制度间发展不均衡现象，改变城镇职工养老保险缴费人数下滑的局面，促进二者的融合发展，健全养老保险制度衔接机制，促进各类养老保险制度良性协调发展。在业务办理过程中，要加快畅通城乡居民基本养老保险与城镇职工养老保险相互转换的渠道，设置专门的处室，指派有关工作人员进行业务对接，除了要为前来办理养老保险待遇转换业务

的居民做好转换工作外，还要做好政策解释工作，提升养老保险待遇转换的可行性与便利性。

同时，要提高经办机构的执行能力，进一步加快信息化建设步伐。要不断提高基层经办人员的专业素质，优化人员绩效考核方式，将"群众满不满意"等指标纳入考核体系，加大对基层经办机构的保障力度，满足其在人力、办公设备以及资金方面的需求；针对养老保险基层经办机构条块分割的现状，要建立协调机制，促进职能相近、业务重叠、属地交叉部门的整合；进一步完善养老保险网上办理平台功能建设，让广大居民"足不出户"即可办理相关业务；不断提高基层经办人员使用信息化设备的能力，建立统一的养老保障业务平台与内部管理系统，在不同地区的基层经办机构之间实现资源信息共享，通过大数据技术，摸清适龄参保人员的参保情况，加快推进"应保尽保"战略的实施。

参考文献

《河南统计年鉴 2021》，河南省统计局网站，2021 年 12 月 16 日。

《2020 年郑州市国民经济和社会发展统计公报》，郑州市统计局网站，2021 年 3 月 18 日。

《2020 年南京市经济运行情况》，南京市统计局网站，2021 年 2 月 23 日。

《广州市 2020 年国民经济和社会发展统计公报》，广州市统计局网站，2021 年 3 月 28 日。

《2021 年杭州统计年鉴》，杭州市统计局网站，2021 年 11 月 15 日。

《郑州市第七次全国人口普查公报》，郑州市统计局网站，2021 年 5 月 15 日。

《城乡居民基本养老保险常见问题解答》，郑州社会保险网站，2021 年 6 月 7 日。

《一图读懂：郑州市人力资源和社会保障局 2021 年政府信息公开工作年度报告》，郑州市人力资源和社会保障局网站，2022 年 1 月 26 日。

郑州大学课题组：《从"新农保"到"城居保"：并轨后制度的保障效果研究—以河南省为例》，载王承哲、牛苏林主编《2020 年河南社会形势分析与预测》，社会科学文献出版社，2020。

张开云、徐强、马颖颖：《城乡居民基本养老保险制度：运行风险与消解路径》，

《贵州社会科学》2021 年第 2 期。

吴玉锋、虎经博、聂建亮：《城乡居民基本养老保险对农村老年人健康绩效的影响机制研究》，《社会保障研究》2021 年第 6 期。

李琼、李湘玲：《城乡居民基本养老保险制度的巩固和完善》，《甘肃社会科学》2018 年第 5 期。

高建伟等：《城镇职工养老保险与城乡居民养老保险的协调发展研究》，《武汉金融》2017 年第 6 期。

B.14
郑州市生态环境治理成效
及优化路径研究

叶光林　郭子良*

摘　要： 郑州市生态环境质量大幅改善、节能减排成效明显、生态碳汇能力增强、产业结构持续优化，但在四大结构调整、污染治理、市民对绿色低碳生活方式认识方面还待加强，需要以碳达峰和碳中和为契机，稳步推进双碳行动；加快产业结构调整，推动绿色低碳发展；推进污染防治攻坚，深入开展治污工程；加大"无废城市"建设推进力度；强化生态环境保护，提升绿色发展水平；加强对市民全方位的宣传教育，引领绿色低碳生活，优化郑州市生态环境治理路径。

关键词： 绿色发展　无废城市　生态环境　低碳生活　郑州

郑州市生态环境治理坚持以习近平生态文明思想为指导，深入贯彻习近平总书记视察河南和郑州的重要讲话精神，牢固树立"绿水青山就是金山银山"和"以人民为中心"的发展理念，以重大生态保护项目建设为支撑，以完善生态环境保护体制机制为保障，全力打好环境污染防治攻坚战，生态环境质量持续改善，人民群众的获得感、幸福感显著增强；生态文明建设取得良好成效，荣获中国最具幸福感城市称号，成为长江以北唯一获得"国家生态园林城市"称号的省会及以上城市。

---

* 叶光林，郑州市社会科学界联合会主席、郑州市社会科学院院长、博士，主要从事城市发展与生态环境保护研究；郭子良，中州纵横杂志社实习研究员，主要从事城市发展问题研究。

一 郑州市生态环境质量状况

（一）环境质量大幅改善

"十三五"期间，郑州 $PM_{2.5}$、PM_{10} 分别下降 46.9%、49.7%，均为全省第 1，年排名从全国 168 个城市中的倒数第 9 位提升至倒数第 23 位。郑州大气、水、土壤污染防治成效显著，连年被省考核为优秀。2021 年，$PM_{2.5}$ 年浓度为 42 微克/立方米，全省排名第 2；优良天数达到 237 天，在全国 168 个城市中居倒数第 28 位。22 个国省市控断面全部达标、均为Ⅳ类水质以上，贾鲁河、双洎河两个国控断面实现了历史性突破，城市黑臭水体全面消除，城市集中式饮用水源地水质达标率 100%；受污染耕地及污染地块安全利用率 100%，农村生活污水处理率达到 60%，122 条农村黑臭水体实现源头"动态清零"，郑州成为全国唯一入选"十四五"土壤污染防治先行区、地下水污染防治试验区的城市。

（二）节能减排成效明显

"十三五"期间，郑州单位生产总值能耗降低率超额达标，规上工业企业煤炭消费占比较 2015 年下降 3.8 个百分点、天然气消费占比提高 2.7 个百分点，CO_2 排放强度（0.65）较 2015 年下降 34.2%，受到河南省委省政府通报表彰；四项污染物排放量超额达成减排目标；2021 年，郑州市规上耗煤企业煤炭消费总量同比削减约 174 万吨，实现外电入郑 213.7 亿千瓦时，可再生能源供暖面积达到 1528 万平方米，可再生能源发电装机容量累计 55 万千瓦。

（三）生态碳汇能力增强

"十三五"期间，郑州市实施国土绿化 18.74 万亩，建成公园、微公园、小游园 400 个，新增绿地 2813 万平方米；贾鲁河综合治理生态修复工程基本完成，河湖"清四乱""三污一净"整治河道 189.5 公里。2021 年，完成道路绿化 151 条，新建绿地 1783 万平方米，新建公园游园 208 个，完成国土绿化面积 3.89 万亩。

（四）产业结构持续优化

2021 年，郑州市三产结构由"十二五"末的 2：49.6：48.4 调整为 1.4：39.7：58.9，规上工业增加值同比增长 10.4%，高于全国、全省 0.8、4.1 个百分点；高技术产业增加值同比增长 14.4%，占规上工业企业的比重提高到 69.6%；战略性新兴产业同比增长 22.1%，占比达到 43.4%；六大高耗能产业比重降到 28.9%。大气环境质量持续改善。圆满完成夏季臭氧攻坚任务，2021 年全市空气质量实现"六降一增"。$PM_{2.5}$ 年浓度同比下降 17.6%，PM_{10} 年浓度同比下降 9.5%，NO_2、臭氧、CO、SO_2 均同比下降，优良天数同比增加 7 天。

二　郑州市生态环境治理的主要做法与成效

（一）坚持绿色发展，统筹推进减污降碳

郑州市紧紧盯住影响空气质量的重点问题，在减排上寻找空间，在增容上加速推进。一是在绿色引领方面。建立了龙头配套企业及重点行业"1+N"绩效分级培训制度，推动龙头配套企业及重点企业高质量发展；组织更新 8999 家涉气企业污染源清单，修正管控行业和生产工序；组织开展绩效分级申报核查，完成 243 家国家重点行业 B 级以上企业、518 家省重点行业企业和 296 家民生保障类企业审核上报。二是在减排方面。不断深化结构调整，全力压减污染物排放，1~12 月份全市规模以上耗煤企业煤炭消费总量削减约 174 万吨，外电入郑 213.7 亿千瓦时；率先开展高排放及高频使用车辆"3+2"新能源替代，全市 6316 台公交车、11875 台出租车全部实现新能源化，新增新能源水泥罐车 1000 台，新能源物流车累计达 17705 台。三是

在增容方面。持续加强生态屏障建设，不断增强生态碳汇能力，加快推进露天矿山地质环境治理和修复，累计治理矿山约 120.5 万亩，治理率 77.19%；完成国土绿化 4.03 万亩，完成中幼林抚育 7.67 万亩，新建绿地 1315 万平方米。

（二）坚持保护优先，扎实开展黄河流域生态治理

一是率先形成黄河流域生态保护一体化格局。出台了《郑州建设黄河流域生态保护和高质量发展核心示范区总体发展规划（2020~2035 年）》，积极推进"一干三支"（黄河干流、伊洛河、汜水河、枯河）水质断面稳定达标。二是着力打造沿黄生态保护核心示范区。深入开展黄河流域郑州段突出生态环境问题清理专项整治行动，扎实推进农村环境综合整治。全国首次开展以黄河支流退水污染处置为主要情节的应急演练，在全国范围内起到示范作用。三是推进黄河水资源可持续利用。坚持开源、节流、优化、挖潜并举，切实提高黄河水利用率，推动用水方式由粗放低效向节约集约转变，以水资源的可持续利用支撑经济社会健康发展。

（三）以环境质量改善为目标，持续打好污染防治攻坚战

1. 大气污染防治深入推进

努力做到"三个清零"：关停 15 台 227 万千瓦燃煤机组，实现主城区燃煤机组"清零"；拆改非电燃煤锅炉 1330 台 5078 蒸吨，实现全市非电燃煤锅炉"清零"；全面完成平原地区"双替代"，实现平原地区散煤动态"清零"。实现"三个突破"：水泥行业深度治理走在世界前列，耐材等重点行业实现超低排放全覆盖，燃气锅炉全面执行低氮标准，工业企业深度治理取得新突破；针对龙头企业和配套企业开展"1+N"绩效分级指导，着力打造绿色发展产业链，帮扶企业模式取得新突破；加强生态屏障建设和碳汇能力提升，环境承载能力取得新突破。达到"三个率先"：率先建立重型货车电子通行证制度，实现问题和排放双控；率先开展智能化监管，对工业企业实施在线监控、用电监管、视频监控"三网合一"远程监管；率先开展

"3+2"新能源车辆替代，全市公交车、出租车全部实现新能源化，新增新能源水泥罐车、渣土车1000台以上。

2.水污染防治全面推进

"一个领先"：领先全国沿黄省区，出台黄河流域跨区域联防联控水污染防治工作机制。"五个全面"：加大基础设施建设力度，生活污水收集处理能力和出水水质全面提升；开展水系连通工程，河流生态全面恢复；开展饮用水水源地环境问题排查整治，饮用水安全保障能力全面提升；强化企业环境监管，工业污水治理标准全面提升；持续开展排查整治，建成区黑臭水体全面消除。

3.土壤污染防治扎实开展

郑州市积极强化土地监管措施，在全省率先建立自然资源、生态环境两部门联动监管机制，有力地保障郑州市建设用地再开发利用环境安全；严防工矿企业用地新增土壤污染，全市77家土壤污染重点监管单位全部完成自行监测及土壤污染隐患排查工作。严格污染地块用途管制，全市123个转变为住宅和公共管理与公共服务用地土块的土壤污染状况调查全部完成。开展农业农村生态环境治理，完成50个行政村环境整治工作，消除农村黑臭水体62条。加强农业面源污染防治，化肥、农药施用量连续三年实现负增长，农业废弃物资源化利用水平稳步提升。

三 郑州市生态环境治理中存在的主要问题

（一）从四大结构调整来看

1.工业领域高污染高耗能现象依然存在

电力、水泥、垃圾发电、耐火材料等行业都属于高污染高耗能产业，对生态环境会产生一定的破坏。2021年这四大行业产值仅占郑州市工业总产值的14.25%，却占了全市工业能耗的79.42%。按照2021年在线监控重点企业污染物排放量统计，按行业排放量排名，前四位的这四大行业，能耗分别占比 56.42%、8.97%、7.24% 和 6.79%，总计达 79.42%（见表 1）。除了这些在线监控重点企业外，郑州市砖瓦窑、氧化铝、铝工业、电解铝、碳素、刚玉等传统产业企业数量多、分布散、污染排放高。

表 1　2021 年郑州市主要行业污染物排放量

单位：吨，%

序号	行业	排放量	占比
1	电力	8071.73	56.42
2	水泥	1283.69	8.97
3	垃圾电厂	1035.56	7.24
4	耐火材料	970.9	6.79
5	砖瓦窑	944.18	6.60
6	氧化铝	401.85	2.81
7	铝工业	385.39	2.69
8	电解铝	319.37	2.23
9	碳素	299.78	2.10
10	刚玉	184.96	1.29
11	陶瓷	107.12	0.75
12	锅炉	85.73	0.60
13	玻璃	75.07	0.52
14	危废	60.32	0.42
15	钢铁	42.13	0.29

2. 能源结构需要加快优化

郑州市人口总量大、人均占有资源少，能源矿产国土等资源开发程度较高，能源消费结构比较单一。一是化石能源消费总量大，全市年燃煤消费总量近 2000 万吨，仅 7 家燃煤电厂用煤量就占全市燃煤消费总量的 90% 以上；"十三五"期间，全社会油品消费量、天然气消费量、用电量分别增长 23.5%、9.7%、8.7%；全市化石能源消费和碳排放依然处于上升阶段。二是清洁能源替代不足，全市冬季供暖主要依赖集中供暖，分布式供热、地下水供热数量较少；全市可再生能源发电装机容量仍需继续提升，风能、光伏、生物质发电仍需继续加强。三是吸收外电力度不够，2021年全市吸收外电213.7亿千瓦时，仅占全市用电量的37%左右。

3. 点源与面源治污能力需要加强

一是扬尘污染点多面广，全市在建工地数量常年保持在4000多个，且多是轨道交通、市政、线性工程和连片工地，管理难度很大，即使全部达标施工，总体排放量依然很大。二是点源面源污染时有发生，农村地区、偏远山区受传统生产生活方式影响，生物质散烧、垃圾焚烧等点源面源污染问题零星偶发。

4. 交通运输结构需要加快优化

根据源清单、源解析数据，移动源污染问题是导致NO_2常年较高的主要原因。一是机动车保有量大，郑州市已突破500万辆，在全国城市中排名第六，且以每年40万辆的速度快速增长，单位面积车辆密度全国最高，呈现总量大、密度高、增速快的显著特点，另外，还有各类非道路移动机械约4.2万台，污染物排放量居高不下。二是过境车辆污染较重，郑州市是交通枢纽和商贸中心，辐射周边近一亿人口，货物周转量、货运量大，比北京市分别高出了18.5%、24.5%。每天经由高速公路过境车辆高达58万辆，日均经由高速公路进出的重型货车达6.7万辆。而连霍高速公路从中心城区穿行，对城区环境影响较大，车辆改道或绕行难度很大。三是运输结构调整亟待加强。渣土车、水泥罐车等新能源特种车辆价格较高，短期投资大，车主更换意愿不强；非道路移动机械量大，监管力量薄弱，暂未出台老旧机械淘汰标准；机制体制还不完善，低排放区划定进展缓慢。

（二）从污染治理成效来看

1. 大气环境质量改善还需加力

一是环境空气质量距离全面二级达标仍有差距。$PM_{2.5}$、PM_{10}和臭氧年浓度连续多年下降，但是相比35、70、160微克/立方米的全面二级达标标准，还有一定差距。二是臭氧污染防治能力不足。臭氧浓度居高不下，一直未达到国家环境空气质量二级标准，年浓度与周边城市相比也相对较高。控制臭氧超标天数仍需加强，臭氧控制系统性研究不够，郑州市对臭氧污染虽然开展了一定的分析研究，但对 VOCs、NO$_x$、PM$_{2.5}$ 之间的互相影响和作用关系研究得不够深，虽然前期空气质量获得了改善，但是协同减排、协同控制的效果未明显体现。三是污染源管理能力不足。企业管理能力不足，多数企业缺少专门的环保管理人员，专业性不强，造成企业一些管理性问题时有发生。监测监管能力不足，全市 9057 家涉气工业企业，虽然在线监测安装数量近千家，为全省最多，但是，在线监测覆盖率仅为 10.4%，多数企业受排放口条件限制，无法安装在线监测设备；只有 4300 余家安装了用电监管，过半企业仍需执法人员现场巡查，监管难度很大。四是统筹应对气候变化能力不足。相关规划编制进度缓慢，应对气候变化规划、生态环境保护规划等仍未印发实施。低碳技术研究不深，对国内、国际前沿的碳捕集、碳利用和封存技术研究得不够深入，也未组织开展温室气体与污染物协同减排相关技术研究与推广。碳达峰、碳中和方面宣贯力度不够，缺少专业的培训和宣传。

2. 水环境质量改善还需深化

一是部分河流断面不能稳定达标。如颍河登封白沙水库断面，氟化物自 2017 年来持续超标。原因一方面是颍河登封段沿线均处于高氟地区，土壤中氟化物含量较高，加之近年降雨偏少、下游县市持续取水造成水库水位持续下降，导致白沙水库氟化物持续富集、出现超标现象；另一方面是对本底值核定的规则研究不透、问题认识不到位，造成本底值核定工作持续三年仍未完成。二是污水处理调度有待优化。市区污水处理能力总体较高但分布不均，污水管网未实现互联互通，管网中存在"肠梗阻"，暂未实现智能化调度，不能充分发挥处理设施效能，个别污水处理厂超负荷、个别污水处理厂吃不饱，譬如西部五龙口污水处理厂、北部双桥污水处理厂、南部南三环污水处理厂均未满负荷运行，而东部郑州新区污水处理厂建成即超负荷运行。三是再生水循环利用有待提升。目前，郑州市区陈三桥污水处理厂二期提标工程（15 万吨/日）、马头岗提标治理工程（60 万吨/日）均已建成，出水水质主要因子接近Ⅲ类，是非常优质的再生水资源，但企事业单位对其利用率不高，绝大部分直接排入河道。

3. 土壤污染治理还需加强

一是土壤污染风险管控仍不稳定。受污染耕地安全利用技术不足，安全利用措施有待周期性检验评估，安全利用成效尚未巩固，农产品超标风险仍然存在。土壤污染治理方法手段还比较粗放，县级生态环境、自然资源部门间污染地块联动监管机制不完善，存在重点建设用地未被纳入监管或者违规利用风险。二是农业农村生态环境保护任务艰巨。目前，郑州市尚有近2000个行政村，约一半的行政村未达到环境整治要求，已整治村庄成效还不稳定，城乡生态环境基础设施建设不均等、不平衡，农村环境治理资金不足、投融资能力较低，不适应乡村振兴的形势要求。农村黑臭水体长效监管体制尚未建立，河长制、湖长制尚未覆盖农村地区。受"7·20洪灾"影响，农村户厕、垃圾收运装置、农村生活污水治理设施等损毁严重，部分已建成设施基于缺乏管护资金、技术模式不合理、管网不配套等原因"晒太阳"，导致一定时间内部分村庄生活污水、垃圾无法得到有效管控。三是地下水污染源头预防压力较大。全市地下水环境治理状况调查尚未结束，地下水环境治理状况底数不清，地下水污染分区管理、分级防治的监管体系不够健全。地下水污染防治起步较晚，污染防治宣传教育力度不够，对在产企业的地下水污染缺乏针对性的管理措施，土壤、地下水环境监测、执法偏弱。

4. 水资源管理水平还需提升

一是水资源整体短缺。郑州市多年人均水资源量仅121立方米，不足全国人均水资源量的1/16，不足全省的1/3；降水量年内分布不均匀，同年月最大降水量是月最小降水量的20倍左右，旱涝灾交替发生，降水不能被有效利用。二是用水保障存在瓶颈。按照郑州当前条件下水资源承载能力测算，到2035年郑州市域承载约1600万人，需水量将达到33.5亿立方米，水源不足、水质不优、水系不畅、水工程不多等问题日益突出，"水瓶颈"制约凸显。三是引蓄能力亟待提升。引黄涵闸引水能力下降，自小浪底水库2000年建成运行以来，下游段河道河床每年持续冲刷下切，最大冲刷深度为1.50米至1.69米，同流量水位降低，加之河势变化、渠道淤积、灌溉工程不配套等因素，使引水条件与设计时的情况相比发生了较大变化，加之郑州市典型的西高东低地形，决定了市域内很难自然蓄水，难以做到"丰枯调配"，"引不出、留不住"问题比较突出。

（三）从市民对绿色低碳生活方式的认识来看

现阶段，郑州市市民素质有所提高，但对绿色低碳生活方式的认识依然不足。大多数的市民基本能做到把垃圾扔到垃圾桶里，不乱扔垃圾，但是对于不同种类的垃圾该如何进行分类，有很多市民是搞不清楚的，还有部分市民虽然分得清，但是由于怕麻烦而做不到。"光盘行动"虽然已经提倡较长一段时间，但是很多市民由于好面子还很难做到。当前我国人民的物质生活相对富足，网络购物又相对方便，有些人的消费欲望过度膨胀。尤其是每年的"双十一"，很多人仅仅是图便宜、图新鲜，买一些自己根本不需要的商品，快递驿站堆积成山，这也是一种极大的浪费。

总体上看，郑州市多阶段多领域多类型问题叠加，颗粒物污染与挥发性有机物、臭氧污染并存，生产与生活、城市与农村、本地与传输污染交织，大气、水、土污染防治弱项比较突出。当前和今后一个时期，郑州市加快推进城市建设，生态环境保护工作的挑战依然严峻。

四　郑州市生态环境治理优化路径选择

随着"十四五"生态环境保护规划、减污降碳方案等一系列文件的出台，2022 年将开启全面推进"十四五"工作的新篇章。为此，必须多措并举，进一步优化郑州市生态环境治理，推动环境质量持续改善。

（一）加快产业结构调整，推动绿色低碳发展

绿色低碳发展是立足新发展阶段、贯彻新发展理念的重要标志，要深入贯彻习近平生态文明思想，扎实推进生态修复治理，协同推动绿色生产和绿色生活，推动经济社会全面实现绿色转型，加快推动绿色低碳转型发展。2021 年 11 月 11 日河南省人民政府办公厅发布了《关于印发河南省坚决遏

制"两高"项目盲目发展行动方案的通知》，通知中对"两高"项目类别进行了明确，"两高"项目以能耗量1万吨标准煤为标准，超过此标准的行业如煤电、石化、化工等为重点监督的"两高"项目，这一标准也会随国家和各省份的要求适时调整。并要求严格"两高"项目准入条件，坚决叫停不符合要求的在建"两高"项目；对于拟建的"两高"项目也要进行严格的审批，符合条件的才可以继续推进。除了遏制"两高"项目外，未来五年，郑州市应立足国内国际双循环新发展格局，坚持制造强市战略不动摇，聚力打好产业基础高端化、产业链现代化攻坚战，努力确保产业链供应链稳定，坚持"强链条、强体系、强基础"，构建新型产业生态体系，把郑州建设成为国家先进制造业高地。

1. 发展壮大绿色环保产业

大力发展新能源及智联网汽车、智能装备、新型材料、生物医药、绿色环保等五大战略性新兴产业，加快布局人工智能、虚拟现实、量子信息、区块链等四个未来产业。大力扶持战略性新兴产业，培育绿色低碳新动能，加快生活垃圾无害化处理和资源化利用。

2. 因地制宜发展绿色能源

利用登封、新密自然条件，积极开展太阳能、风电等清洁能源项目建设。加快推进输变电工程和天然气管道工程建设，谋划启动抽水蓄能电站项目前期工作，提升外电吸纳能力和天然气保障能力，压减电力行业供热煤炭消费。

3. 积极推广新能源技术

积极推广新能源技术，加强能源梯级利用，提高能源利用效率。所有建筑要达到绿色建筑标准。集成可再生能源利用、水资源循环节约、垃圾无害化处理和绿色建材、通风采光等方面的节能减排技术，形成绿色建筑综合实施方案，有效降低建筑能耗和排放。

4. 加大绿色技术创新投入

郑州市绿色技术创新活动的有序开展，离不开人力资源、财力资源和社会资源的投入。在人力资源方面，首先，郑州市可以进一步完善人才引进战略，吸引更多的优质研究人员，为郑州市的绿色发展奠定人才基础；其次，建立人才激励机制，不断激发研发人员的创新动力，留住人才。在财力资源方面，郑州市政府可以加大对绿色技术创新的资金投入力度，同时引导金融机构参与绿色技术创新，更好地发挥政府资金、社会资金和企业资金的效用，为郑州市绿色技术创新活动的开展提供资金支持。在社会资源方面，可以加强与地方高校的合作，整合高校、科研和企业资源优势，提高郑州市绿色技术创新水平。

5. 稳步推进双碳行动

完善碳达峰政策方案体系，制定碳达峰行动方案，编制碳中和建设规划，开展碳排放权交易，为 2030 年碳达峰、2060 年前实现碳中和奠定基础。严把"两高"项目准入关口，对现存"两高"项目实行动态监管，鼓励绿色转型或者淘汰退出。推进山水林田湖草综合治理，开展沿黄生态廊道、全域绿地森林体系、城乡环境综合整治等工作，提升生态碳汇能力。做好碳排放监测，为国家、省、市准确判断碳排放情况，科学制定减污降碳决策提供依据和支撑。

（二）推进污染防治攻坚，深入开展治污工程

从气、水、土三个方面着手，深入开展治污工程。治气方面：秋冬季聚焦 $PM_{2.5}$ 污染治理，夏季聚焦挥发性有机物和氮氧化物协同治理，全年聚焦路、油、车系统治理。治水方面：推进城市黑臭水体治理，健全南水北调保护区环境监管机制，加强全市水源地保护，确保水源地水质安全。治土方面：以"双先行区"建设为抓手，推进土壤污染治理修复，抓好农用地分类管理，严格建设用地准入，健全土壤环境监测网络和应急体系。

1. 大气污染防治方面

坚决遏制"两高"项目盲目发展，推进资源节约高效利用。持续推进结构调整，积极推进传统产业升级改造，加快形成数字化、集群化、绿色化、服务化生产方式。强化多物种协同控制和协同治理，重点打好重污染天气消除、臭氧污染防治、柴油货车污染治理三场标志性战役，全面实施

PM$_{2.5}$与臭氧协同治理，实现减污降碳协同控制。不断推进生态建设，严格落实"三线一单"，实施生态环境分区管控，提升全市生态碳汇能力。

2. 水污染防治方面

加大涉氟企业监管力度，加强沿河河道整治和设施修复，确保国控、省控断面全面达标。深入推进黄河流域工业企业提标治理，加强水资源节约集约利用。深入做好南水北调保护区内生态环境保护工作，确保"一渠清水永续北送"。

3. 土壤污染防治方面

积极开展土壤污染防治先行区和地下水污染防治试验区建设，有序推进国家"无废城市"试点落地。抓好农用地分类管理，巩固受污染耕地安全利用成效。深入推进农村环境整治，确保化肥、农药使用量零增长。

（三）加大"无废城市"建设推进力度

2022 年 4 月 24 日，生态环境部公布了"十四五"时期"无废城市"建设名单，郑州市位列其中，被纳入国家建设范围。"无废城市"是以创新、协调、绿色、开放、共享五大新发展理念为引领，通过形成绿色生活方式和发展方式，持续推进固体废物源头减量和资源化利用，最大限度减少填埋量，将固体废物环境影响降至最低的城市发展模式，也是一种先进的城市管理理念。郑州市要以习近平新时代中国特色社会主义思想为指导，全面贯彻党的十九大和十九届历次全会精神，深入贯彻习近平生态文明思想和全国生态环境保护大会精神，坚持绿色低碳循环发展，以大宗工业固体废物、主要农业废弃物、生活垃圾和建筑垃圾、危险废物为重点，实现源头大幅减量、充分资源化利用和安全处置。2018 年 12 月国务院办公厅印发的《"无废城市"建设试点工作方案》提出六项重点任务：强化顶层设计引领，发挥政府宏观指导作用；实施工业绿色生产，推动大宗工业固体废物贮存处置总量趋零增长；推行农业绿色生产，促进主要农业废弃物全量利用；践行绿色生活方式，推动生活垃圾源头减量和资源化利用；提升风险防控能力，强化危险废物全面安全管控；激发市场主体活力，培育产业发展新模式。

开展"无废城市"建设试点要求从城市整体层面深化固体废物综合管理改革和推动"无废社会"建设,提升生态文明、建设美丽中国,践行新发展理念。这对于深入打好污染防治攻坚战和碳达峰碳中和等重大战略,具有不可忽视的作用。同时,"无废城市"建设是一项系统工程,需要凝聚各方共识,形成工作合力。"无废城市"不仅更注重环境保护,还重视在经济发展过程中提高资源利用率和社会效益。

(四)强化生态环境保护,提升绿色发展水平

1. 提高资源利用率

良好的生态环境是城市绿色发展的基础,因此郑州市可以从以下几方面入手提高资源的利用率,提升郑州市绿色发展水平。对于工业企业来说,要改善生产工艺,减少固体废弃物的产生,同时注重末端治理,不断提升固体废弃物的循环利用,变废为宝。对于政府来说,要加大对工业企业绿色技术创新的投入,帮助企业实现前端预防和末端治理相结合的污染防治。同时,积极向群众宣传绿色环保理念,充分发挥政府公职人员的带动作用,实现绿色节能环保从生活点滴做起,营造良好的社会氛围。对于人民群众来说,要转变思维方式,充分意识到生态环境事关每个人的切身利益,在日常生活中养成节水节电的好习惯,实现资源的可循环利用,缓解郑州市绿色发展的资源压力。

2. 做好黄河流域生态环境保护

扎实有序推进黄河郑州段数字化生态保护监测平台建设,推进郑州市黄河流域支流"一河一策一图"环境风险评估。健全沿黄生态环境综合治理协同联动机制,保障黄河干流、支流水质断面稳定达标,巩固沿黄饮用水水源地保护区专项整治成果。目前,黄河流域生态保护和高质量发展核心示范区规划的总面积达 1200 平方公里,示范区的建设将聚焦生态保护、污染治理、黄河安澜、水资源集约节约利用等,重点推进邙岭森林生态、大堤景观生态、滩地湿地休闲生态建设和黄河支流水质提升,加强沿黄区域风沙源生态治理,大力开展国土绿化、荒山造林和水土流失治理。着力将黄河郑州段

沿黄生态廊道打造成"自然风光+黄河文化+慢生活"休闲体验区、黄河流域生态保护和高质量发展长廊。

（五）加强对市民全方位的宣传教育，引领绿色低碳生活

加强对垃圾分类的宣传教育。目前的城市家庭中，处置垃圾大多是由成年人所完成的，而成年人由于长期的习惯问题、繁忙的工作和生活问题，无暇或无力进行细致的垃圾分类。而对于垃圾分类，学习能力强的孩子反而更感兴趣。对此，学校应对学生的垃圾分类能力进行培养，通过开展垃圾分类知识大赛、垃圾分类游戏、垃圾分类效果评比活动等加强孩子的垃圾分类能力。孩子的垃圾分类能力和意识提高了，便能带动一个家庭，进而带动一个社区，最终达到提升整个城市居民垃圾分类水平的效果。

同时垃圾分类要借助科技手段。在移动互联网时代，智能手机使得人们的工作、生活更加便捷化，各类垃圾分类 App 也应运而生。如大连民族大学研发的"微圾分" App 包括生活垃圾分类查询、垃圾回收、旧物处理三个基本模块，通过简明的平台模块，让每一位用户都能够随时随地获取自己所需要的生活垃圾分类知识。

加强对"光盘行动"的宣传。针对宴请中的铺张浪费情况，要引导形成健康绿色宴请新风尚。鼓励年轻人旅游结婚、简办婚礼，对不办宴席的新人可以出台提供旅游津贴、买房补助等实用性比较强的激励措施。也可以将自助餐形式引入传统宴请，引导客人按量取食，避免浪费。自助餐的分食，也可以避免一些传染病的传播，对幽门螺旋杆菌及当下的新冠肺炎疫情都能起到一定的阻隔作用。

要大力宣传绿色消费。不主动发掘消费潜力，能够抵挡住当下火爆的网络直播带货、微商等消费宣传，不需要的商品坚决不买，不急需的商品缓缓再买。闲置的商品可以在咸鱼、转转等二手平台进行处置，以便循环利用。旧衣物等也可以采取捐赠等方式送给有需要的人们。

参考文献

王雪梅、刘峻屹：《生态文明攻坚期乡村生态环境治理探析》，《农业经济》2021 年第 1 期。

刘健：《新中国农村生态环境治理的艰难探索与未来展望》，《经济研究导刊》2020 年第 36 期。

周建新：《对我国生态环境治理现代化的思考》，《管理观察》2018 年第 4 期。

杨峰：《激励发展：推进生态环境治理现代化》，《群众》（思想理论版）2020 年第 5 期。

郑州市生态环境局：《郑州市生态环境局 2021 年年度发展报告》，2022 年 1 月 30 日。

B.15
郑州市法治政府建设成效及优化路径

司久贵*

摘　要： 2021 年以来，郑州市多措并举、改革创新，依法全面履行政府职能，依法行政制度体系日益健全，行政决策公信力持续提升，服务型行政执法整体推进，政务公开制度不断完善，社会矛盾纠纷依法及时有效化解，法治政府建设取得积极进展。但也存在重大行政决策机制不完善、突发事件应对体系不健全、政府工作人员法治思维和依法行政能力有待提升等问题。需要通过夯实法治政府建设基础，持续优化法治化营商环境，全面推进严格规范公正文明执法，着力提高突发事件应对处置能力，全力推进法治政府建设。

关键词： 法治政府　营商环境　郑州市

　　2021 年以来，郑州市高度重视法治政府建设，立足国家和省委、省政府法治化部署，统筹推进《法治政府建设实施纲要（2021～2025 年）》各项任务落地落实，依法全面履行政府职能，依法行政体系不断建设，现代法治决策机制持续完善，法治政府建设取得显著成效。本报告立足郑州市法治政府建设的实践，梳理了法治政府建设的做法及经验，总结了法治政府建设取得的成效，分析了存在的问题，并提出了未来提升的对策建议。

---

　　* 司久贵，郑州市司法局党委书记、局长，法学博士，主要从事行政法、法治建设方面的研究。

一 郑州市法治政府建设的举措及成效

（一）政府职能依法全面履行

一是持续打造法治化营商环境。《郑州市商务局关于清理歧视性和不公平市场待遇政策措施的通知》明确指出公平竞争审查范围、主体责任、审查程序和工作要求，要求及时清理废除妨碍统一市场和公平竞争的各种规定和做法。完善行政事业性收费和政府性基金清单制度，公开行政事业性收费项目28项、政府性基金项目5项、涉企行政事业性收费项目10项，进一步优化了政务环境。二是深入推进"放管服"改革。以一件"事"为牵引持续深化"一网通办、一次办成"政务服务改革，聚焦营商环境评价指标，线上线下办理新增115个跨部门、跨层级、跨领域一件"事"。针对办事过程中的堵点难点，市县联动开展"一把手走流程"，优化流程、提升服务。在各级行政服务中心大厅开设"办不成事"窗口，实行兜底服务，为群众提供一站式集成服务。坚持以人民为中心，聚焦涉及老年人的高频事项和服务场景，采取提供咨询、帮办、代办等方式，为老年人提供更周全、更温馨、更便捷的服务。贯彻落实"多证合一""证照分离"等各项商事制度改革及便利化措施，不断放宽市场准入门槛，促进创业创新，激发市场活力、创造力，全市新增各类市场主体27万户。三是加强事后监管。全市实现了"双随机、一公开"监管部门全覆盖、部门联合抽查常态化。探索运用信用监管与"双随机、一公开"相结合，依托国家企业信用信息公示系统，将企业信用积分和信用等级评定结果作为抽查的重要参考指标，增强市场主体守法自觉性。四是推行证明事项告知承诺制。制作证明事项告知承诺书格式范本，编制郑州市证明事项告知承诺制工作规程，统一向社会公布176项证明事项，全面落实证明事项告知承诺制，最大限度增强群众获得感。

（二）依法行政制度体系不断完善

一是加强重点领域立法。提请市人大常委会审议的《郑州市物业管理条例（修订草案）》《郑州市古树名木保护条例（草案）》，经省人大常委会审查批准并颁布实施；颁布实施《郑州市机动车和非道路移动机械排放污染防治办法》（市政府令第 240 号）、《郑州市行政规范性文件管理规定》（市政府令第 241 号）、《郑州市非机动车管理办法》（市政府令第 242 号）等政府规章。二是开展地方性法规和政府规章专项清理。提请打包修改《郑州市城市养犬管理条例》等地方性法规 7 件，废止《郑州市城市房屋租赁管理条例》等地方性法规 6 件；发布《郑州市人民政府关于修改和废止部分政府规章的决定》（市政府令第 243 号），对《郑州市城市绿线管理办法》等 6 件政府规章打包修改，对《郑州市城市房屋租赁管理办法》等 3 件政府规章予以废止。三是加强规范性文件监督管理。做好行政规范性文件全面清理工作，按照"合政""合法""合公""合德"等标准，清理审查市政府规范性文件 1661 件。加强行政规范性文件备案审查，审查备案文件 303 件，办理公民异议审查 1 件。

（三）依法决策机制进一步健全

一是完善依法科学民主决策机制。进一步规范重大行政决策程序，落实公众参与、专家论证、风险评估、合法性审查和集体讨论决定程序。修订《郑州市人民政府工作规则》，推动各级各部门提高重大行政决策质量和效率。二是加强行政决策评估和责任追究，研究制定《郑州市政府系统决策咨询专家库管理办法》，对政府系统专家库的建设、管理和专家诚信考核、退出机制等方面进行规定，充实重大行政决策评估队伍。三是发挥法律顾问作用。修订《郑州市人民政府法律顾问工作规则》，将专家咨询团、市政府法律顾问和政府法治智库进行重组，组建新的政府法律顾问团队。组织政府法律顾问对市政府重大涉法事务进行研究论证，充分发挥法律顾问的作用。

（四）行政执法效能显著增强

一是完善行政执法与刑事司法衔接机制。市中级人民法院、市检察院、市公安局与生态环境部门联合下发《关于进一步健全生态环境行政执法与刑事司法衔接工作机制的意见》，进一步完善政法各部门与相关行政执法机构的案件移送、法律监督、线索通报、联席会议、重大案件联合挂牌督办和信息共享等工作机制，对生态环境违法犯罪案件实施闭环管理，中央第五环保督察组交办的第 27 批举报件全部得到有效办理。充分利用"两法衔接"平台，实现行政执法与刑事司法的有效衔接。二是加大重点领域执法力度。上线网络市场监管综合指挥系统和互联网+市场监管全覆盖平台，在汛情和疫情期间，查处多起哄抬物价、利用灾情炒作营销案件，确保市场稳定。制定生态环境系统"万人助万企"十条措施，一方面帮助绿色发展的企业做强做大，另一方面对违法排污的企业敢抓敢管，全市 $PM_{2.5}$ 年浓度同比下降17.6%，优良天数同比增加 7 天。三是落实行政执法责任制。根据法律法规规章立改废释情况，动态调整行政执法权责清单，全面梳理、规范和精简执法事项。实行行政执法人员持证上岗和资格管理制度，全年办理行政执法证件 2208 个，清理回收行政执法证件 835 个。全面修订行政处罚裁量标准。四是深化服务型行政执法建设。发挥示范引领作用，开展有针对性的创建指导工作，完善行政指导、行政调解等柔性执法方式，试点实施法律风险防控制度，通过梳理、提示相对人法律风险点，最大限度地减少相对人违法风险。在全省率先建立完善工伤认定调解协商机制，着力探索服务型行政执法新模式。

（五）行政争议预防化解机制更加完善

一是发挥行政复议主渠道作用。印发实施市本级行政复议体制改革方案，39 个政府组成部门的行政复议职责统一由市政府集中行使，实现了"一级政府只设立一个行政复议机关"的目标。除了行政机关实行垂直领导外，全市两级行政复议机关缩减为 17 个，行政复议职责更加明确，工作运行更加高效。开展"复议为民促和谐"专项行动，集中力量化解涉及群众重大切身利益尤其是长期未解决问题的行政争议。专项行动开展以来，全市依法审结1128件，调解、和解107件，调解和解率达9.5%。二是加强和规范行政应诉工作。研究制定《郑州市行政机关负责人出庭应诉工作规定》，严格落实行政机关负责人出庭应诉职责，郑州市行政机关负责人出庭应诉1030次。支持法院依法受理和审理行政案件，办理郑州市政府一审行政应诉案件275件。三是完善依法化解纠纷机制。坚持和发展新时代"枫桥经验"，健全县、乡、村三级人民调解组织网络，积极推动人民调解、行政调解、司法调解联动工作体系建设，形成了社会矛盾纠纷多元预防调处化解综合机制。四是提升信访工作法治化水平。坚持法定途径优先原则，厘清信访与诉讼、仲裁、行政复议等法定途径的界线，严格落实"诉访分离"，依据各部门职责权限，及时转办、交办信访事项，引导群众通过法定途径提出诉求，解决问题，推动依法分类处理信访诉求落地见效。全市各级各部门认真梳理并公布处理信访诉求分类清单，确保合理合法诉求依照法律规定和程序都能得到妥善解决和处置。

（六）行政权力制约和监督持续加强

一是形成监督合力。推进智慧监督平台建设，搭建六大应用系统，为党风廉政意见回复提供依据8935人次，提高纪检监察监督质效。聚焦民生福祉和高质量发展，相继实施2020年困难群众救助补助资金等28个民生项目审计，开展灾后重建和疫情防控审计、对重大政策措施落实情况审计，提升财政投入资金的安全性和效益性。二是加强政府督查工作。以问题线索为抓手不断完善督查机制，做好风险防控，督促政府各级各部门改进作风、提升效能，督办国务院互联网督查移交问题线索1052条、郑州市风险防控问题线索560条，督办郑州市重大专项工作11项，督促推动149项政府工作报告重点任务和37项省、市重点民生实施任务落实。三是加强行政执法监督。做好行政执法投诉案件的受理办理工作，共接待涉及行政执法投诉的群众来信、来访、来电150余人次，受理办理行政执法投诉案件22件。组织开展郑州市行政执法案卷评查，抽取各级各部门 150 册行政执法案卷，进行集中评查。四是全面深化政务公开。坚持"公开是常态、不公开为例外"原则，着力推进"放管服"改革、环境保护、安全生产、社会救助、疫情防控等领域信息公开。强化政务公开平台信息服务能力，扎实推进基层政务公开标准化规范化建设，建立健全基层政务公开常态化工作机制，郑州市主动公开政府信息 30 万条，受理依申请公开 4000 余件，受理电话咨询 1300 余人次，公开征集意见 249 条，开展多样性解读 303 期，发布在线访谈解读节目 52期。五是推进政务诚信建设。严格落实行政许可、行政处罚 7 天双公示制度，建立政府决策执行诚信履约机制，在行政管理事项中推行信用核查，将信用记录应用到考核奖励中，提升诚信履职意识和诚信行政水平。大力推进失信政府治理，各区县（市）对本辖区被列入失信被执行人的行政机关和事业单位，逐一核实、督促整改，加大对拖欠市场主体账款的清理力度，实现无重大政府失信事件。

（七）法治政府建设数字化水平不断提升

一是加快信息化平台建设。建成集"郑好办"App、郑州市政务服务网、综合自助一体机、办事大厅综合窗口于一体的"四端融合"政务服务体系，郑州市统一的政务协同办公系统"郑政钉"加速推广。二是推进政府数字化转型。聚焦企业和群众办事的堵点、痛点和难点问题，大力推进"网上办、掌上办"改革。依托市政务服务网、"郑好办"App，已上线一件"事"和公民个人高频事项 930 项。三是推进"互联网+"监管执法。将监管信息归集工作纳入考核，持续做好监管信息录入工作。全市完成主项覆盖 6026 项，主项覆盖率达到 81.37%，市级完成主项覆盖 456 项，覆盖率达到 59.30%；各单位执法人员在"互联网+监管"平台累计注册人数 14098人，录入监管执法信息 80 万余条。

（八）组织保障落实机制更加完善

一是加强党对法治政府建设的领导。召开市委全面依法治市委员会第三次会议，审议通过《全市法院 2021 年优化法治化营商环境行动方案》等文件，统筹推进法治建设各项工作。市委、市政府主要负责人履行法治建设第一责任人职责，将建设法治政府摆在工作全局的重要位置，加强对法治政府建设的组织领导，主持召开市法治政府建设领导小组会议，听取法治政府建设工作汇报，研究解决有关重大问题。二是完善法治政府建设推进机制。结合郑州实际，安排部署年度法治政府建设重点工作，依托郑州市综合考评工作信息平台，强化对年度重点任务的科学细化和日常督导，实现了对全市法治政府建设任务"全方位部署推动、按节点加强督导、按时效考核评价"的目标。三是加强依法行政能力建设。聚焦关键少数，制定年度领导干部学法计划，确保学法制度落实。举办"问学前沿"领导干部高端讲堂，邀请中央党校胡建淼教授作法治化营商环境建设专题辅导报告，全市 4000 多名党员领导干部收听收看了直播讲座。组织"郑州市领导干部暨法治机构人员习近平法治思想研修班"，各级各部门分管法治工作领导及法治机构人员140 余人参加培训。依托河南干部网络学院，开辟法治培训"网上课堂"，组织科级以下干部进行依法行政网络专题学习。将习近平法治思想、法律法规和依法行政相关内容纳入市县两级党校主体班、新时代基层干部主题培训行动计划、各类线下专题培训必修内容。

二 郑州市法治政府建设面临的问题

（一）重大行政决策机制有待进一步完善

行政机关能否做到科学民主依法决策，体现着依法行政的水平，关系到能否正确履行政府职能。完善的重大行政决策机制，是强化决策责任、减少决策失误、提高依法决策水平的重要保障。2019 年 9 月，国务院发布《重大行政决策程序暂行条例》，对重大行政决策事项范围、重大行政决策的作出和调整程序、重大行政决策责任追究等方面作出了具体规定。2022 年 2月，省政府出台《河南省重大行政决策程序规定》，进一步明确，决策机关办公厅（室）负责组织、协调和监督本行政区域的重大行政决策工作。相关法律制度的完善，为依法决策提供了遵循和依据。近年来，郑州市在重大行政决策上不断进行规范，但还存在一些需要改进的地方，如重大决策机制还不够健全，公众参与、专家论证、风险评估等还需要进一步加强。

（二）突发事件应对体系还需进一步健全

随着城市规模不断扩大、经济社会加速发展，突发事件发生概率增加，提高突发事件依法处置能力，对于确保经济社会发展和人民生命财产安全具有重要作用。郑州市在应对突发事件中的危机意识还不够强，对突发事件的思想、物质和制度准备还不充分，对突发事件的危害、特点把握不准，对突发事件的培训教育不足。应急救援体系的统一规划和指导能力还不强，不同部门的灾害协同处置能力不足，存在突发事件信息不畅、预案启动慢的问题。

（三）法治思维和依法行政能力需要不断提升

政府工作人员特别是领导干部提高法治思维和依法行政能力，是推进法治政府建设的必然要求。目前还存在依法行政意识不强的问题，部分政府工作人员特别是某些领导干部还依靠老经验、老习惯开展工作，运用法治思维和法治方式深化改革、推动发展、化解矛盾、维护稳定、应对风险的能力还不强。在行政执法中，部分执法人员有法不依、执法随意的现象还比较突出；有些执法人员法治观念不强、素养不高，对法律知识的了解不够，执法方式简单粗暴，影响了执法效果，也不利于矛盾的化解。

三 推进郑州市法治政府建设的对策建议

高质量推进法治政府建设，必须深入贯彻习近平法治思想，围绕当前法治政府建设的重点任务，持续加强党对法治政府的领导，持续优化法治营商环境，健全法治决策机制，增强突发事件应对处置能力，推动法治政府建设实现新突破。

（一）坚持党的领导，夯实法治政府建设基础

推进法治政府建设，必须始终坚持党的领导，把党的领导作为法治政府建设的基础和保障，充分发挥党总揽全局、协调各方的作用，确保法治政府建设的方向正确。一是加强党对法治政府建设的领导。推进法治政府建设，要推动各级党委履行法治建设领导责任，完善责任机制和监督机制，加强党委对各级政府的领导，统筹设计法治政府建设的事项和任务，督导和促进各项工作的落实，各级各部门也要主动向党委汇报法治政府建设中的重大问题。二是完善法治政府建设推进机制。把推进机制作为法治政府建设的保障，建立各级各部门的衔接机制、联系协调机制，提升各项工作的推进效率，确保各项措施有效落地。以依法行政示范单位为引领，通过项目带动和示范活动开展，形成全覆盖的示范创建机制，发挥示范、引领和带动作用，形成推动法治政府建设的良好氛围和内生动力。三是全面加强依法行政能力建设。建设法治政府，要高度重视领导干部依法行政能力的提升，通过培训、监督、考核等方式，让全市各级领导干部成为学法守法用法的标兵，主动运用法治方式处理问题、解决问题，化解各种矛盾，维护社会的基本稳定。加强行政执法队伍的专业能力建设，确保按时完成党性教育学习，加强政治理论教育，做好法律知识和依法行政专业知识培训。

（二）坚持深化改革，持续优化法治化营商环境

按照"放管服"改革的要求，积极推动政府职能转变，深化"简政放权"，推动营商环境法治化建设，营造公平公正的发展环境。一是全面深化"放管服"改革。明确政府管理职能边界，深入推进"一件事一次办"，聚焦市场主体需求、群众实际需要，致力于破解发展中的难点和堵点，最大限度减少行政审批事项，再造办事流程，缩短办事时间，减少办事的材料和费用，提升"一件事"办事质量，形成套餐式、主题式集成化服务。持续推进监管方式创新，健全"双随机、一公开"监管手段，运用好信息化、互联网技术，创新运用智能监管方式，完善综合监管、信用监管方式，通过随

机检查、定期检查和联合执法等，实现线上线下的联动监管。二是持续优化法治化营商环境。深入贯彻好《优化营商环境条例》《河南省优化营商环境条例》及相关规定，严格落实好相关要求和措施，推动诚信政府建设，兑现依法作出的政策承诺，维护好市场主体利益，杜绝乱收费、乱罚款现象，执法处理各种垄断和不正当竞争行为，营造透明、规范和公平的法治化营商环境。

（三）坚持健全机制，不断提升行政决策公信力和执行力

重点做到决策质量以及效率的显著提升，要以科学决策、民主决策以及依法决策为支柱。以强化决策意识为根本，各级行政机关负责人要从牢固树立依法决策意识出发，做出严格遵循法定权限和程序的决策以及决策内容要符合法律法规的规定。以严格落实重大行政决策程序为基础，严格落实《重大行政决策程序暂行条例》和《河南省重大行政决策程序规定》，对重大行政决策程序相关制度进行完善，对决策质量以及效率进行提升，对决策责任进行明确。公众参与实效要加强，重大行政决策事项年度目录公开制度要实行，确保行政决策执行和监督不偏离决策目标。积极发挥党政机关法律顾问作用，切实加强党政机关法律顾问工作有关要求，健全完善政府法律顾问制度体系，强化激励保障机制以及强化约束监督责任，在推进国家治理体系治理能力现代化中，切实发挥政府法律顾问的积极作用。

（四）坚持以人民为中心，全面推进严格规范公正文明执法

着眼提高人民群众满意度，着重提高行政执法能力和水平，做到执法行为坚持风清气正、执法决定遵循公平正义，为人民群众提供公正文明的执法环境。一是加大重点领域执法力度。加大与群众切身利益密切相关的民生、服务行业的执法力度，如食品药品、公共卫生、自然资源、生态环境、安全生产、劳动保障、城市管理、交通运输、金融服务、教育培训等。二是全面实施行政执法责任制。严格遵守行政执法公示、执法全过程记录、重大执法决定法制审核制度。落实行政裁量权基准制度，对裁量范围、种类和幅度等

进行深度细分和量化管理，并将其对外公布，全面推广并实行轻微违法行为依法免予处罚清单。三是深化服务型行政执法。深入贯彻践行服务型行政执法理念，坚持非强制手段优先适用原则。加强行政指导，完善行政相对人法律风险防控制度，执法过程遵循宽严相济、法理相融，从而推动执法有力度、服务有温度，提高执法威信。

（五）坚持问题导向，着力提高突发事件应对处置能力

深刻汲取"7·20"特大暴雨灾害教训，坚持运用法治思维和法治方式应对突发事件，在处置重大突发事件中推进法治政府建设。一是着力增强风险意识和应急处置能力。要牢固树立人民至上、生命至上理念，增强风险意识和底线思维，提高防灾减灾和防范化解风险挑战的能力和水平，切实将确保人民生命安全放在第一位落到实处。二是完善突发事件应对制度。系统梳理完善应急管理相关制度，加强突发事件监测预警、信息报告、应急响应、恢复重建、调查评估等机制建设，提高突发事件应对法治化规范化水平。

参考文献

马怀德：《法治政府建设存在的问题与主要任务》，《理论学习与探索》2021 年第6 期。

姜明安：《积极探索中国特色法治政府建设的模式和路径》，《中国党政干部论坛》2021 年第9 期。

章志远：《新发展阶段法治政府建设的时代特色》，《法治研究》2021 年第 5 期。

B.16
郑州市人才政策分析及优化路径

周 爽 马 飞 聂玉婷 郭子良*

摘 要: 郑州加快实施"开放创新"双驱动战略,深入推进人才和产业发展融合,出台了一系列人才政策和多项创新举措,人才集聚效应显著提升,形成了较为完整的人才政策体系,在引进人才、用好人才、留住人才方面进一步优化升级,人才工作取得了阶段性佳绩。但是还需要进一步提升人才引进政策的靶向性和精准度,优化人才集聚机制,以及进一步完善全链条育才、全视角引才、全方位用才的发展体系。

关键词: 人才政策 人才培育 郑州市

习近平总书记在中央人才工作会议上强调,要深入实施新时代人才强国战略,全方位培养、引进、用好人才,加快建设世界重要人才中心和创新高地,为2035年基本实现社会主义现代化提供人才支撑,为2050年全面建成社会主义现代化强国打好人才基础。近年来,郑州相继出台了一系列含金量高、分量重、吸引力强的人才政策,人才集聚效应显著提升,为郑州"十三五"和"十四五"时期创新创业领军人才和团队的引进培育及"1+9"人才政策体系的贯彻落实工作提供了有力的人才支撑。

---

* 周爽,郑州工程技术学院讲师、博士,主要从事城市人才问题研究,主要负责文章撰写;马飞,郑州市社会科学界联合会副主席,主要从事区域发展问题研究,主要负责协调调研;聂玉婷,郑州市社会科学院实习研究员,主要从事城市发展问题研究,主要负责资料整理;郭子良,中州纵横杂志社实习研究员,主要从事城市发展问题研究,主要负责资料收集。

一 郑州人才政策情况分析

郑州市高度重视人才工作，先后出台了多个人才政策和多项人才创新举措，形成了"1125聚才计划"、"智汇郑州"人才工程、"黄河人才计划"这一构架较为完整的现行人才政策体系。郑州现行人才政策的特征可以概括为"人才引进更精准、人才类别全覆盖、人才培养全链条、人才激励更精准、人才认定多元化、人才工作模式更完善"。在引进人才、用好人才、留住人才方面进一步优化升级，人才工作取得了阶段性成效。

（一）人才引进更聚焦

应对近年来持续提升的产业转型压力，郑州现行的人才新政注重人才政策措施与产业发展的协同关系。郑州人才新政，聚焦"数字文创、信息技术、前沿科技、生命科技、人才教育"五大核心产业。靶向引进了一批掌握关键核心技术的科技研发人才、高端人才和创业团队。出台了科技人才政策《大数据人才培养计划》《关于在中原科技城建设河南省人才创新创业试验区的实施意见》"龙腾十条"等专属政策，以支撑郑州打造国家极具活力的区域科技创新中心。

（二）人才类别全覆盖

郑州现行人才新政实现了科技人才、教育人才、医疗卫生人才、人文社科人才、文化艺术人才全覆盖，旨在为郑州经济发展汇聚全类别人才。如出台了《关于实施"黄河人才计划"，加快建设人才强市的意见》等政策。包括专门针对引进或自培的创新创业高层次人才，实施了《郑州市高层次人才分类认定实施细则》和《郑州市高层次人才公共服务保障措施实施细则》；专门针对创新创业团队，实施了《郑州市创新创业团队项目资助实施细则》；专门针对重点产业急需紧缺人才，实施了《郑州市重点产业急需紧缺人才认定实施细则》；专门针对非科技领域的优秀中青年人才，实施了《郑州市名师名医名家支持专项实施细则》；为解决后备人才资源储备问题，实施了《郑州市青年人才支持专项实施细则》；专门针对本市医疗卫生单位新引进的人才/团队，出台了《郑州市属医疗卫生单位引进高层次人才（团队）实施细则》。

（三）人才激励更精准

郑州现行人才政策突出发展取向，紧贴产业发展和企业需求，实施分层分类、精准有效的人才激励政策。以海内外高端人才、科技领军人才、产业骨干人才、青年人才、名师名医名家等为支持重点，分别对应不同政策事项，精准支持社会发展事业领域所需人才。从学科类别上看，不仅涉及自然科学类人才，还涵盖了哲学社会科学类人才。在人才团队和创新创业项目支持上，采取一事一议和特事特办方式，给予综合资助。在引才引智方面，通过柔性引才，汇聚了境外人才资源。在人才培育和支持方面，建立了梯级人才培养体系，通过经费和项目资助，给予人才和引才单位补贴。

（四）人才认定多元化

郑州现行人才政策实现了共识性认定标准和社会化认定标准的多元化考量。遵照中共中央办公厅、国务院办公厅发布的《关于深化项目评审、人才评价、机构评估改革的意见》（中办发〔2018〕37号）中关于"改进科技人才评价方式"的指示，在人才评价导向上，郑州现行的人才政策破除了"四唯"，即不唯论文、唯职称、唯学历、唯奖项。在人才价值要素上，既考量了人才的社会贡献，也纳入了经济贡献指标。如在人才的社会贡献要素考量方面，综合测评了人才所获奖项、项目资助、荣誉、学历、发文情况、职称、职务个人履历、缴纳税收情况、薪酬状况等。为郑州的人才引进工作的推进提供了创新思路，如出台了《郑州市高层次人才分类认定标准（2021）》等。

（五）人才工作模式更完善

郑州现行人才政策把创新平台作为吸引人才的主要载体，将引平台、机构、项目团队为人才工作主攻方向，通过支持大型企业建立研发中心，创建省级、国家级研发平台，建立灵活的新型研发机构运行机制，优化创新创业载体布局等措施，为人才打造更加优越的发展平台。根据中共河南省委、河南省人民政府《关于深化人才发展体制机制改革　加快人才强省建设的实施意见》（豫发〔2017〕13号）中"发挥创新创业平台聚才用才主体作用"的指示要求，重点联系一批行业领军型企业、新型研发机构和科技企业孵化器，共建人才培养示范基地。同时，通过加快建设公共实验室，设立离岸孵化创新中心，搭建全球人才创新资源和人才引进平台，承办一系列创新活动，营造科创氛围。

二　郑州人才政策与同类城市比较

为更好地把握郑州市的人才政策现状，选择了武汉、成都、南京、青岛等5个同类城市，从人才战略、人才政策的关切点，及人才引进、培养、使用、评价、激励、服务等方面进行分类别比较，并以科技人才政策为例，进行重点政策的比较。

（一）人才战略和人才政策的关切点比较

通过比较发现各城市的人才战略均被置于城市发展的重要位置，被视为落实创新驱动发展的重要支撑，人才战略目标与地区经济社会发展目标紧密联结。此外，各城市人才发展战略目标趋于一致，均明确了打造创新和人才高地的发展定位。

从不同城市的人才政策关切点来看，各地基于本地的资源禀赋和优势，创新驱动发展思路存在很大差异性。以武汉为例，同样经历了疫情，同是国家中心城市，同样实施创新驱动发展战略，同属中部地区省会，武汉市提出了将科教资源优势转化成人才资源优势，继而转化成创新驱动发展优势的发展思路。又如成都提出通过与国际接轨、提升行业话语权、吸引人才推动产业发展的思路。

表1 部分城市的人才战略

城市	人才战略	人才战略目标
郑州	创新驱动、科教兴省、人才强省战略	打造中部地区重要创新基地、人才高地
武汉	人才优先发展战略	人才强市和国际性人才高地
成都	人才引领发展战略	有国际竞争力的人才强市
南京	人才强国、人才强省战略	世界重要人才中心和创新高地
青岛	科教强鲁、人才兴鲁战略	全国重要人才中心和创新高地

资料来源：五个城市出台的人才政策及规划。

表2 部分城市的人才政策关切点

城市	典型人才工程/计划	政策目标	政策特点	涵盖人才	支持政策
郑州	"黄河人才计划""大数据人才培养'码农计划'"	"一带引领、两翼驱动、四区支撑、多点联动"创新格局的核心支撑	科技创新，政策创新，金融创新高度协同先行先试	海内外高端人才、科技领军人才、产业骨干人才、青年人才、名医名师名家	人才奖补、项目资助、人才培养、人才评估、相关配套措施等
武汉	"海外科创人才来汉发展工程"、2021年度"武汉英才"	把科教人才优势加快转化为创新发展优势	科教优势转化为发展势能	战略科技人才、产业领军人才、优秀青年人才	项目资助和综合资助、资金奖励和经费补贴、人才推荐和人才培养、相关配套措施等
成都	"成都市建设全国创新人才高地五年行动计划"	人力资源精准匹配产业、行业、岗位，促进人才与产业发展、城市战略协同契合	"政策引才"转向"生态营才"，赋权用人主体，赋能创新平台	科技领军人才、高水平工程师、高技能人才、专业城市治理和基层治理人才、乡村振兴人才	企业引才补贴、人才创业补贴、生活补贴、相关配套措施等

续表

城市	典型人才工程/计划	政策目标	政策特点	涵盖人才	支持政策
南京	紫金山英才计划	构建具有国际竞争力的区域创新体系,全面建设具有全球影响力的创新名城	构建创新体系,建设创新名城、塑造创新发展新优势	顶尖人才(团队)、高层次创新创业人才、创业就业海外留学人才、创业创新人才	高层次人才引进、创新创业人才培育、创新型人才培育、社会保障服务等
青岛	"人才支撑新旧动能转换五大工程"	重点围绕青岛新旧动能转换20大产业领域,加大人才集聚力度,争取利用5年时间,集聚100万名左右优秀人才	围绕956产业体系,集聚人才,建设分布合理、结构科学、量大质优的金字塔式人才体系	顶尖人才、领军人才、高层次产业人才、青年人才、基础人才	引才奖励、人才奖补、创新创业奖励和容错机制、人才培养、毕业生落户政策、授权用人主体人才评价权等

资料来源:五个城市出台的人才政策及规划。

(二)人才引进政策比较

比较发现,郑州在对高端创业团队的项目资助方面处于第三梯队,在补助力度和方式上没有明显竞争优势。从补助力度来看,成都、南京和青岛对优秀项目均给予了最高1亿元的资助。从补助方式来看,武汉采取了资金资助和股权投资相结合的综合资助方式(见表3)。

表3 部分城市的人才引进政策比较

城市	项目资助	
郑州	黄河人才计划	最高2000万元资助
武汉	3551光谷人才计划	资金资助和股权投资结合,300万~500万元资金资助,最高4500万元股权投资
成都	天府英才计划	1000万元~8000万元,最高1亿元
南京	紫金山英才计划	一般500万元,最高1亿元
青岛	"人才支撑新旧动能转换五大工程"	1000万元~1亿元的综合资助

资料来源:五个城市出台的人才政策及规划。

（三）引才激励方式比较

比较发现，郑州在引才激励方面总体上处于第二梯队，对中介引才的激励力度有待提升，其他城市的市场化引才激励力度更大，如成都通过猎头公司等人力资源服务机构引才，青岛对引才中介和个人给予奖励，南京对引才企业最高奖补 100 万元等。另外，与其他城市相比，郑州针对海外高层次人才的引才渠道有待拓宽，引才平台作用有待发挥，如人力资源服务机构、引才中介和平台等（见表 4）。

表4　部分城市的引才激励方式比较

城市	引才激励方式
郑州	对引进海外高层次人才成效显著的用人单位，最高资助 60 万元
武汉	设立引才奖励专项资金，对引才企业，给予最高 100 万元奖励补贴，对引进团队企业，给予最高 30 万元补贴
成都	通过猎头公司等人力资源服务机构引才，补贴企业引才成本的 50%，最高 10 万元
南京	对引进科技人才企业，给予引才奖补，最高 100 万元
青岛	对引才中介和个人，按人才类别给予 10 万~30 万元不等的奖励

资料来源：五个城市出台的人才政策及规划。

（四）人才激励政策比较

通过比较发现，郑州对科研人员的创新创业激励还有待提升，关于科创人才奖项的设立制度还有待完善，如武汉设立了专项基金，支持科研人员创新创业，同时，实施武汉英才举荐，以多项举措激发人才创新创业活力（见表5）。

表5　部分城市的人才激励政策比较

城市	奖项	奖励力度
郑州	黄河人才奖励	最高 500 万元
武汉	设立支持科研人员创新创业的专项基金，"武汉英才"举荐	20 万~100 万元

城市	奖项	奖励力度
成都	杰出青年科学技术创新奖	—
南京	科技产业高层次人才经济贡献奖励	根据对南京的经济贡献
青岛	高层次技能领军人才奖励	最高100万元的一次性奖励

资料来源：五个城市出台的人才政策及规划。

（五）人才培育政策比较

由于产业发展导向不同，各城市对人才培养的侧重点各有不同，但共同的阶段性人才培养目标都是培养面向未来产业发展的人才。如郑州对大数据人才培养的支持力度较大，主要培养对象为发展潜力大、具备引导专业学科发展能力的中青年人才。在人才培养思路上，通过比较发现，郑州有待拓宽人才培养途径，拓展人才培养思路。各城市的人才培养思路存在很大差异，如武汉的人才培养目标是战略科学家和创业领军人才；成都的人才培养目标是通过会展话语权和平台集聚人才，营造会展产业生态，体现了从"政策引才"向"生态营才"思路的转变（见表6）。

表6　部分城市的人才培养政策比较

城市	人才培养相关文件	阶段性人才培养目标
郑州	大数据人才培养"码农计划"实施方案	重点培养成长潜力大，引领专业学科发展的中青年人才
武汉	推出开展基础研究人才专项支持行动等5条措施，实施人才专项计划	引进培养50名战略科学家、500名创业领军人才
成都	成都市产业生态圈人才计划实施办法	通过会展话语权集聚人才，以会展人才队伍建设推动行业和产业发展
南京	南京市打造集成电路产业地标行动计划	培育高层次复合型创新人才，构建集成电路人才培养体系
青岛	推进技工院校工学一体化技能人才培养模式实施方案	进一步强化创新型、应用型、技能型人才培养，为青岛市产业转型升级和高质量发展提供强有力的技能人才支撑。

资料来源：五个城市出台的人才政策及规划。

三 人才政策的经验启示及郑州市的重点破题方向

（一）同类城市比较的经验启示

一是规划先行，高质量布局人才工作新体系。作为人才战略的"施工图"，"十四五"人才发展规划与城市的人才战略紧密衔接程度，直接影响着人才工作的效力。各地均出台了不同层面的人才发展规划。如武汉出台了《武汉市中长期人才发展规划》，成都出台了《成都市人才开发指引2021》，南京市出台了《"十四五"人才发展规划和新时代人才强市意见》，青岛出台了青岛市"十四五"人才发展规划等，为人才工作和相关政策发布绘制了蓝图，提供了方向指引。二是本地资源禀赋和优势分析是开展人才发展规划工作的首要准备工作。一个城市或地区的资源禀赋和优势是可持续健康发展的重要前提，尤其是践行创新驱动发展的重要保障。如武汉市结合自身科教资源优势，提出把科教优势转化成人才优势，继而转化成创新驱动发展优势的城市发展思路。三是人才发展思路需要凝聚共识，构架明确、清晰的顶层设计。同是经历了疫情，同是国家中心城市，同是创新驱动发展战略，同属中部省会。武汉市的人才发展规划思路清晰，优势突出，叠加英雄城市的感召力，凝聚共识的战略认识，使得人才政策定位准确、目标明确，为人才工作的开展奠定了坚实的基础。四是畅通的人才工作机制是发挥人才政策效力的重要保障。人才工作需要覆盖全人群、涵盖引育用留全链条、贯穿创新创业全过程，才能真正发挥人才政策的效用。如成都市以国际会展活动和课题研究搭建平台，通过与国际接轨，集聚人才，推动会展行业的国际化发展。

（二）郑州的本土人才资源优势分析

一是基于人口大省的受教育人口的规模优势。国家统计局数据显示，河南省人数在最近两次人口普查中均位列全国前三名。第七次全国人口普查数据显示，郑州市人口总量位居中部地区第一，且人口吸纳能力大幅度提升。专家预测，未来十年，郑州人口总量将会持续扩张，加上外来人口不断流入，郑州高层次人才不断增加，郑州的人才支撑将更加坚实。二是海归创新创业人才储备优势。党的十八大以后，出现1949年以来最大规模的留学人才归国潮。近几年海归留学人才选择创业者居多，他们依托创新创业基地和平台，在新兴产业和高新技术领域均创造了巨大的经济效益和社会效益。海归人才具备国际视野、前沿知识、扎实的技能和多国语言沟通优势，有望形成郑州人才战略储备的主力军、主动融入新发展格局的生力军。未来，在郑州创新创业实践中，这些海归人才将持续发挥不可替代的作用和效力，勇于担当，开拓创新，更好地服务本地社会经济发展，成为活力郑州的新元素、青春郑州的新力量。三是独特的文化资源优势。郑州是国家历史文化名城，具备特有的、不可复制的历史文化基因和资源优势，是创新驱动发展向下扎根、向上生长的力量源泉，也是落实文旅文创融合战略，做大做强文化产业事业的动力和潜力所在。通过人才把文化资源优势转化为文化产业发展优势，推动社会营造文化底蕴深厚、人才宜居的城市环境。四是面向青年人才的政策优势。郑州将全面开展青年创新创业行动，力争于2022年吸引20万青年人才留郑、来郑创业。青年人才是创新创业事业开展的主体人群，青年人才在全类人才中所占的比例影响着城市创新创业活力。因此，青年友好型政策不仅是吸引创新人才集聚的重要导向和支持保障，也为各类人才发展提供了更广阔的平台和创新创业空间。

（三）郑州市人才政策竞争力提升的重点破题方向

通过与同类城市的人才政策对比和经验总结，下一步，郑州如何把人口规模优势转换成科教优势，形成城市创新驱动的发展优势？在城市发展进程中，如何促进符合城市发展需求的各类人才同向发展？以及如何激发创新创业人才活力？回答这些问题将成为郑州提升人才政策竞争力的重点破题方向。首先，亟须认识到，人才格局已随国际国内新旧动能转换、产业转型升级发生了巨大变化，在人才政策制定工作中需要处理好几对关系：第一对关系是本土人才培育和引进人才之间的关系，发挥本土人才和引进人才的叠加效应；第二对关系是本地产业发展需求和人才自身发展之间的关系，使人才与城市发展精准适配；第三对关系是中长期人才需求和急需紧缺人才需求之间的关系，满足当下行业发展需求和未来产业发展需求；第四对关系是人才管理和人才服务之间的关系，畅通人才工作沟通机制；第五对关系是优化人才资源配置和现有体制机制之间的关系，灵活化用人机制，激发人才活力。其次，尊重疫情常态化的客观现实，有取舍、有缓急地稳步推进人才工作，保障人才发展和城市经济社会发展动态协调，保障阶段性发展的稳定性和长期发展的可持续性，最终形成符合人才发展目标要求的系统的短中长期规划，通过时间节点的动态反馈、评估，动态调整预期效果，反向刺激和推动人才工作发展。再次，搭建好四座桥梁：第一座桥梁是人才与创新创业平台之间的桥梁；第二座桥梁是人才与人力资源服务机构之间的桥梁；第三座桥梁是人才与科技成果转化中试基地及技术转移服务机构之间的桥梁；第四座桥梁是人才之间跨行业、跨领域、跨专业沟通桥梁。通过这四座桥梁，发挥人才政策的最大效力。最后，提升五个方面的能力，主要包括凝聚共识的能力、创新人才集聚能力、人才团队建设能力、科技成果转化示范能力，以及人才工作中的问题灵敏感知、精准识别、深入分析和快速解决能力。

四 郑州市优化人才政策的对策建议

（一）进一步提升人才引进政策的靶向性和精准度

一是有效摸底，全面掌握一手数据。以满足重点产业、重点领域、优势学科急需紧缺人才需求为导向，结合《郑州市人才发展报告》反映的人才资源现状和特征，有效摸底郑州重点产业园区、功能平台、重点实验室、科研中心、产业技术研究院、智库基地和专家库、工业设计中心的人才需求，深入开展调研分析工作，绘制重点人才需求地图。分行业、分领域用积分制测算人才紧缺指数，结合地理信息系统，有效绘制重点人才需求区域分布图。加强与相关引才部门的协同联动，按图索骥，招引人才，为下一年人才政策的制定和细化工作提供细致准确全面的一手数据资料。

二是制定"十四五"人才发展规划。根据《郑州市国民经济和社会发展第十四个五年发展规划和二〇三五年远景目标纲要》，掌握科技、教育、文化、卫生、工业设计等经济社会发展需求和一手数据资料，科学制定郑州市"十四五"人才发展规划，并专门制定重点人才工程/计划及头部企业、重点实验室、科研中心、国家级和省级工业设计中心的人才培育计划，进行人才需求总量预测和产业未来发展和行业发展分析，提升郑州人才发展规划的战略性、科学性、统筹性和权威性。建议每年针对城市产业发展需求，进一步加强人才资源调研，定期发布"人才需求指南"，结合用人主体的人才需求和急需紧缺人才目录，动态调整人才供需结构，优化人才资源的产业和行业分布、合理配置，将人才精准嵌入城市发展新格局。

三是细化人才发展思路，进一步达成人才发展目标共识。找准对标城市，借鉴武汉等其他城市先进经验和方案，深挖郑州历史文化资源，把郑州的人口优势转化成人才储备优势，尤其是设计人才和创新人才储备优势，走出一条设计驱动创新发展道路。通过进一步梳理和整合提升现有科教资源和本地人才资源，包括豫籍院士与高校、科研院所等相关人才集聚平台，河南省科学院、河大、郑大等学术交流和人才培养基地，提升人才储备质量。同时，进一步发挥重点院校就业指导中心等职能部门作用，加强引才政策宣传工作，加大创新创业创造宣传力度，通过在校生参与创新创业活动的形式，主动作为，选拔人才、发现人才、留住人才，服务郑州发展新格局。

四是丰富和细化相关人才工作部门的工作内容和内涵。需要认清疫情常态化的客观现实，有取舍、有急缓地进行顶层设计，紧密围绕市委市政府中心工作，明确人才发展目标，努力走出一条基于自身资源禀赋的人才政策引导之路，形成一种"理念+优势+思路+政策+转化"的人才政策引导模式。在人才培养和人才队伍建设的优先级方面，围绕郑州重点产业、行业，确定重点优先培养和建设目标，并根据重要、急需、紧缺级别和程度确定发展顺序，制定人才发展目录、培养计划，完善人才向战略性新兴产业的高层次人才集聚区汇聚的倾斜政策。优先实施一批符合郑州高质量发展目标的重点企业、重点人才项目/课题和计划/工程等，培育在全国乃至在国际上具有影响力的一流创新人才和人才团队。

（二）进一步优化人才集聚机制

一是通过平台和活动聚才。以"设计河南"理念引领，进一步整合和提升郑州现有的创新创业等平台、对外交流合作机构和智库研究基地，开展多元化的学术交流和人才活动，组织学术前沿和产业发展论坛。通过乡情引才工程，通过院士中原行、豫籍专家看河南、中原智库论坛、中州智库论坛、高端人才峰会等活动的海内外专家参与，发挥高层次人才的引领作用，提升凝聚共识能力和水平，扩大人才集聚的影响力和效力，凝聚和储备创新力量。

二是进一步整合提升现有引才聚才平台资源，通过重点人才集聚工程、引才引智项目，利用和发挥高端人才猎头、人力资源服务机构、人才工作海内外联络站、校友会等，构建柔性引才引智网络。通过灵活用人机制，鼓励企事业单位高层次人才通过绿色通道挂职、在岗创业、产学研合作项目和相关活动等多种形式参与和推动创新创业发展，激发人才活力。通过博士人才绿色通道等政策优势，搭起人才和平台之间的桥梁，推动全社会参与创新，激发人才活力和价值能级提升。

三是进一步服务青年人才发展需求，激发青年人才创新创业活力。事业发展是青年人才的重点关切。因此，充分发挥青年友好型政策红利，畅通青年人才的职业上升通道，拓展其职业发展途径，是吸引和集聚人才的关键，建议进一步完善人才评价方式和职称评审制度，不仅关注人才创造的经济效益和价值，还要关注人才创造的社会效益和价值，将共识性评价指标和行业特殊性评价指标共同纳入人才评价和职称评审指标体系中。

四是通过完善配套设施建设和人才安居政策，解除人才的后顾之忧。让人才安居乐业，全身心投入工作中。营造青年创新人才引领，全社会共同参与的良好创新创业氛围，打造青年友好型城市。

（三）进一步完善全链条育才、全视角引才、全方位用才的发展体系

一是进一步优化人才培养体系。整合提升郑州市现有科教资源，包括高校、科研院所、教培机构等，在内涵上向纵深延伸人才培养计划，从人才培养拓展至人才团队建设、战略领军人才指导、领军人才带队、专业技术人才参与人才培养的人才梯队建设。通过战略科学家带队，科技领军人才主导，创新团队导入，青年科技人才、卓越工程师、高技能人才等各类人才参与的方式，提高人才梯队建设层级。利用现有行业信息服务平台，通过企业的高层次人才需求信息定期上报工作机制，整合引才平台和人社部门、组织部和人才办等相关部门的人才信息库资源，搭建企业需求和人才供给桥梁。加大与海内外智库机构的交流合作力度，通过合作项目/课题，促进人才+项目、人才+课题、人才+平台的深度融合。发挥河南大学和郑州大学、713所等高校、科研院所资源优势，建立人才培养基地，为郑州重点产业行业输送人才。

二是提升优势产业话语权，集聚人才，推动产业发展。发挥行业协会等高端社会组织力量，通过引入国际组织机构，以前沿性学术论坛和国家级重点课题为突破口，研究产业发展特征和提升路径，以设计+产业赋能产业发展，进一步扩大相关平台和活动的影响力，吸引人才、集聚人才，推动产业发展。

三是更新和优化人才管理和服务制度。完善和升级人才引进机制和创新项目、平台管理模式。尊重客观规律，尊重人才发展规律和人才的多样性，建立容错机制，摒弃短期见效思想，增强大局意识，把人才从科研管理的各种形式主义、官僚主义的束缚中解放出来。为创新创业人才创造良好的干事创业的生态环境。加强知识产权人才队伍建设，通过知识产权和利益分配，发挥网络平台引才优势，着力从基层培养和选拔党和城市发展需要的人才，以人才带动企业、行业、产业发展，畅通人才沟通反馈机制，激发全社会创新创业创造活力。

参考文献

穆光宗：《"海归大潮"所为何来》，《人民论坛》2018 年第 1 期。

孙健、尤雯：《人才集聚与产业集聚的互动关系研究》，《管理世界》2008 年第 3 期。

B.17
郑州市健康城市建设研究报告

郑州大学"郑州健康城市建设研究"课题组[*]

摘　要： 健康城市建设是落实健康中国战略、实现共同富裕目标的主要举措之一。郑州作为中原地区唯一的国家中心城市，在健康城市建设中占据重要地位，建设健康郑州是新时代赋予郑州的重要使命与责任。近年来，郑州市在居民健康水平、城市健康文化、健康环境、健康社会保障与服务等方面取得长足发展。但是，随着城市化不断推进、老龄化程度持续加深，加之新冠肺炎疫情等公共卫生突发事件的影响，郑州市健康城市建设仍面临健康素养偏低、健康大数据应用不足、社区卫生服务利用率较低、区域之间健康差距依然存在等问题。为此，课题组提出积极构建郑州健康城市建设的标准体系、开展全民同步化运动、构建城市健康大脑、强化健康城市数字网络建设等举措，为郑州市开展健康城市建设提供重要参考。

关键词： 健康城市　生态环境　经济转型　共同富裕　郑州市

---

* 郑州大学"郑州健康城市建设研究"课题组：陈宇，郑州大学水利与土木工程学院讲师、博士，主要从事城市环境与健康研究；冯斐斐，郑州大学公共卫生学院卫生毒理学教研室副主任、副教授、博士，主要从事环境毒理学研究；李萌，郑州大学公共卫生学院讲师、博士，主要从事环境流行病学研究；薛源，郑州大学公共卫生学院讲师、博士，主要从事营养与疾病研究；邓启红，郑州大学公共卫生学院副院长、特聘教授、博士，主要从事健康建筑与城市研究。执笔人：陈宇、冯斐斐。

一　新时代城市发展中健康城市的内涵与特征

当前，我国城市发展已经全面进入新阶段，从"规模与速度"逐渐迈向"质量与品质"，建设健康城市成为提升城市品质、促进城市可持续发展的必然选择。在面临一系列"城市病"问题的同时，我国城市人口老龄化、慢性病与亚健康等问题也接踵而来。新冠肺炎疫情等突发公共卫生事件更是引发公众对健康城市建设和完善的思考。值此背景下，如何有效地识别城市健康发展短板，积极应对城市治理中出现的新挑战，是新时代我国城市发展所面临的严峻问题。

（一）健康城市的科学内涵

2016 年，经国务院同意，《关于开展健康城市健康村镇建设的指导意见》由全国爱国卫生运动委员会印发，标志着我国健康城市建设全面启动。该意见明确提出了我国现阶段健康城市的内涵，即"通过完善城市的规划、建设和管理，改进自然环境、社会环境和健康服务，全面普及健康生活方式，满足居民健康需求，实现城市建设与人的健康协调发展"。基于健康城市的涵盖面来看，它是人类社会发展必需的健康环境、健康人群和健康社会三者的有机结合。健康城市依托大数据整合和分析技术，链接汇聚不同来源的数据，建立健康城市大数据的实时监测机制，推动健康城市评估的数字化进程。同时，健康城市对大数据管理提出了更高的要求，充分运用信息和通信技术手段、协调重组城市运行各核心系统的众多关键信息，对包括城市公共安全、民生、城市服务、工商业活动在内的各种需求做出智能的响应，实现对当前城市存在以及潜在的健康风险的精准分析与科学管控。

（二）健康城市的基本特征

健康城市通过重构城市绿地与开放空间系统、空间布局、环保交通系统等方式，倡导更健康的生活方式，提升居民主动健康意识和健康水平。并且，健康城市又是一个基于城市特点不断完善的过程，通过建立健康城市监测评估机制和健康影响评价等方式，实现对疾病负担和健康决定因素的实时分析，在动态过程中不断提高健康城市的治理水平。健康城市通常具有以下四大特征：一是健康城市的经济运转方式具有低资源消耗、低环境负荷、高产出的特点；二是健康城市要有健康文化这一重要支柱，深厚的文化积淀和浓郁的人文气息是健康城市的重心；三是良好的生态环境质量和高效的资源利用是城市健康的重要基础和必由之路；四是以健康社会为健康城市的基础保障，健康城市建设要做到共建共享，全面提升医疗卫生、文化教育、就业、养老等保障能力和服务水平，不断完善居民社会保障体系，实现全体居民共享发展成果的目的。

（三）健康城市建设的基本要素

健康城市建设的基本要素主要表现在以下方面：①城市空间呈集聚+分散组团式构成，这种空间布局使居民活动在局部，呈高集聚性，在大都市区的不同空间散在分布，对提升公众健康生活水平有利；②构建城市绿地开放空间系统，建设城市绿地空间有助于提升居民的健康水平，提升城市的社会凝聚力，同时也是构建健康城市防灾体系中的重要一环；③构建慢行交通优先的"完整街道"系统，慢行交通设计不仅会提升居民身心健康水平，还有利于满足弱势群体的出行需求，促进社会公平，并降低环境的污染和能源的消耗水平；④构建完整社区，完整社区强调为所有人提供公平生活的环境和条件，有利于消除城市区域功能分布不均衡的弊端，提升弱势群体的生活质量。另外，在应对突发事件和灾害时，基于多属性的社区划分技术有利于快速分散人群，实现距离管控目的。

（四）郑州健康城市建设的背景

近年来，城市发展过程中积累的健康风险逐渐凸显，高密度的人口聚集对城市公共安全形成了巨大压力，高度连通的城市化网络加剧了疾病的传播与扩散。同时，城市产业转型中新业态、新技术、新模式也带来了不可预知风险。在此背景下，健康城市建设作为可持续发展的重要体现，为城市的发展提供了新的解决方案。郑州建设新时代的健康城市具有以下战略意义：①形成公共安全导向的健康空间格局，提升人居环境韧性；②强化健康促进的分区施策，缩小健康水平的区域差异；③构建多元化共治模式，提升治理能力现代化水平；④推动全球健康城市的战略合作，成为全球健康治理体系的一部分。

二　郑州市健康城市建设的意义

（一）推动共同富裕战略部署、建设健康中国的重要抓手

共同富裕的目标是"实现人的全面发展和社会全面进步，共享改革发展成果和幸福美好生活"，其具有全民性、全面性、发展性、能动性与历史性。大力推进郑州市健康城市建设，实现更高水平的全民健康，既是共同富裕的发展趋势和具体体现，也是实现共同富裕的前提基础和关键保障，两者辩证统一于整个中国特色社会主义发展历程之中。健康城市建设在推动共同富裕战略部署中具有重要地位。通过落实共同富裕，能够有效地满足多样化医疗保障需求、强化长期照护综合保障、推进精准化结构性改革、实现医保服务便捷可及等。同时，《"健康中国2030"规划纲要》明确了健康城市应成为建设健康中国的重要载体。所以，健康郑州建设的全面推进对于促进共同富裕、建设健康中国具有重要意义。

（二）转变政府职能、打造服务型政府的有效路径

深化公共行政体制改革，强化政府公共服务职能，促使各级政府管理模式从"经济建设型"向"公共服务型"转变，建设公共服务型政府是当前我国政府职能转变的基本目标。目前，郑州市人口老龄化、资源短缺与环境污染等问题相对突出，健康城市的建设能够有效地促进这些问题的解决，它是对传统城市发展模式的重大变革。健康城市的建设涉及众多的领域和因

素，可以有效地发挥政府的协调与配合作用，充分积聚政府各部门力量，实现更多的技术资源共享。另外，健康城市建设势必会聚焦广大居民最关注、最直接、最现实的健康问题，有利于加大公共卫生、医疗、基础设施和教育等方面的投入，不断优化政府服务，促进社会公平正义，使人民群众获得更多健康感、幸福感与安全感。

（三）促进城市生态系统健康可持续发展的必然选择

随着城市化进程的加快，空气污染、交通堵塞、饮用水质量下降、城市垃圾处理不及时等城市生态系统问题不断涌现，严重影响了居民的生活质量。城市生态系统是以城市为中心、自然生态系统为基础、人的需要为目标的自然、经济再生产相互交织的经济生态系统。同时，它又是以人为主体的生命、社会和环境子系统共同构成的有机整体。因此，建设健康城市是完善城市公共卫生体系、改善城市卫生环境、塑造良好的城市形象与满足人民健康的客观需求的有效途径。郑州健康城市的建设有利于形成健康的社会文化，促进城市社会、经济和环境相协调，增强大众的社会健康责任感，构建居民、环境和社会健康的有机统一体，保障城市生态系统的可持续发展。

（四）推动经济转型升级、实践以人为本理念的重要载体

居民既是城市的建设者，又是城市的居住者、使用者。城市发展战略必须以人为中心，打造适合人们居住生活的生态环境。但是，目前我国人口老龄化加剧，居民健康的社会影响因素不断增多，居民健康保障服务的可及性和公平性仍不够。因此，党的十九大提出"实施健康中国战略"，维护人民健康被提升到国家战略的高度，体现了党和国家对广大人民健康需求的呵护，以及对健康权的政策保障，也是党和国家对提升群众健康水平作出的郑重承诺。另外，《"健康中国2030"规划纲要》明确指出了紧紧围绕群众的健康问题，从引导健康生活方式、提升健康服务水平、健全健康保障制度、营造健康环境、推进健康产业发展等方面进行全面部署，真正体现了为人民服务、以人为本的发展宗旨。因此，健康城市建设可积极推动经济转型，引

导群众形成卫生、文明和科学的生活习惯，提升居民文化素养、健康素养和生活品质，促进经济社会全面绿色发展。

三 郑州市健康城市发展现状与成效

（一）城市居民健康水平稳步提高

截至 2020 年，郑州市居民健康素养水平较 2018 年（16.2%）大幅提升，达到了 30.16%，高于河南省平均水平 4 个百分点左右，提前超预期完成 2022 年国定和省定的 22% 的目标。人均预期寿命从 78.4 岁到有望迈入 80 岁。孕产妇死亡率从 2015 年的 16.36/10 万下降到 2020 年的 10.33/10 万，婴儿死亡率从 3.08‰下降至 2.23‰，5 岁以下儿童死亡率由 4.29‰下降至 3.50‰[1]。2020 年郑州市成功入选"中国最具幸福感城市"，并且"医疗健康幸福度"排名领先。郑州市"大卫生、大健康"格局初步构建，郑州市居民整体健康水平显著提升。

（二）城市健康环境质量不断提升

2021 年郑州空气质量持续改善，优良天数 237 天，同比增加 7 天；2022 年第一季度，郑州全市 6 个控断面水质全部实现达标，全市"7+5"市县饮用水源地水质达标率 100%[2]；全市土壤环境质量基本稳定。着力改善居民居住环境，加强市容环卫综合治理，细化、量化、标准化、严格化管理，以克论净、狠抓建筑施工扬尘治理、占道等问题，使环卫保洁质量持续提高。截至 2021 年初，"一环十横十纵"的城市道路改造全面竣工；老旧小区改造 1374 个；36 个城乡接合部市容环境面貌整治不断深入，共建成 21

---

[1] 《健全卫生健康体系，全面提高基层医疗水平——郑州市召开 2021 年全市卫生健康工作会议》，央广网，2021 年 2 月 26 日。

[2] 《2021 年郑州优良天数 237 天，连续俩月空气质量全省第一》，《河南商报》2022 年 1 月 28 日。

个示范点（村）；精细化打造 28 个高品质美丽街区，创建 1231 条评级优秀以上道路，小区垃圾分类覆盖率提升至 99.4%。大力实施国土绿化（接近19 万亩）工作，其中生态廊道绿化面积增加 5.5 万亩，中幼林抚育共计约12 万亩。建成公园、微公园等 400 个，新增绿地面积 2813 万平方米；贾鲁河生态修复治理工程基本完成，全年向城区生态水引调达 3.7 亿立方米；河湖"清四乱"和"三污一净"治理活动整治河道约 190 公里[1]。27 个城镇通过国家卫生城镇评审，建设省级卫生乡镇、小区/村和卫生单位共计 855个。建成学校、医院无烟单位 2600 多个[2]。郑州市所有村庄生活垃圾治理达到省级验收标准，农村无害化卫生厕所改造全面完成，5 万余座公厕达标率 65.5%。重点场所病媒生物防治工作覆盖率超过 95%[3]。城市"洁化、序化、绿化、亮化"工作持续深化，人民群众真切感受到城市环境的积极变化。

（三）健康社会保障体系逐步完善

2021 年享受最低生活保障的城镇居民 1.2 万人，比上年下降约 14%；享受最低保障的农村居民 3.7 万人，同比降低约 5%；最低生活保障金发放共计 18780 万元，同比下降约 22%。全市 297 万人参加失业保险，同比增长约 19%。604 万人参加城镇职工基本养老保险，同比增长约 6%。264.5 万城镇职工参加医疗保险，同比增长约 4%[4]。为积极推动贫困乡村健康促进工作，推广"321"工作模式，建立"市级医院联系分包帮抓区县、县级医院联系分包帮抓乡村（社区）"的长效机制。加大食品安全整治抽检力度，郑州市 2021 年食品安全总体状况持续稳定向好，与 2020 年评价性抽检合格率基本持平，为 98.78%[5]。安全生产形势稳定，与上年同期相比，2020 年

---

① 《2021 年郑州市政府工作报告》，中国财经网，2021 年 2 月 10 日。
② 《郑州已成功创建 6 个国家卫生城市》，河南省人民政府门户网站，2021 年 4 月 12 日。
③ 《河南郑州：农村无害化卫生厕所普及率达到 93.4%》，中国新闻网，2021 年 4 月 10 日。
④ 《2021 年郑州市国民经济和社会发展统计公报》，郑州市统计局官网，2022 年 3 月 14 日。
⑤ 《2021 年，郑州共抽检监测食品 79801 批次，冷冻饮品合格率为 100%》，大象新闻，2022 年 1 月 25 日。

各类生产安全事故数下降 14.1%，死亡人数下降 10%，受伤人数下降 20.3%，直接经济损失下降 20.3%①。

（四）健康服务产业规模不断扩大

卫生健康项目惠及民生，特别要加强对重点人群的关注。2018 年，全市孕产妇系统管理率 83.7%，比 2000 年提高 16.5 个百分点；7 岁以下儿童保健管理率 91.8%，比 2000 年提高 12.6 个百分点；住院分娩率 100%，比 2000 年提高 6.3 个百分点；妇女常见病检查率 78.6%，比 2000 年提高 48.7 个百分点。多年来，持续开展免费婚前医学检查、新生儿疾病筛查、妇女"两癌"和 HPV 检测等免费健康项目。2021 年完成宫颈癌筛查 61112 人、乳腺癌筛查 61412 人、新生儿 35 种遗传代谢病筛查 87369 人。在全市中小学推行"健康副校长"选聘派驻制度，从公立医院选派医师 903 名，进驻 1674 所幼儿园。做好儿童青少年近视防控工作，建成儿童青少年视力监测平台，实施教室灯光照明改造及学生视力监测工作。注重职业健康维护。郑州市共 401 家单位纳入粉尘危害治理管理，进行定期粉尘浓度检测 401 家，接尘劳动者健康检查率约 98%、培训率约 97%。健全养老机构和医疗卫生机构合作机制。150 家养老机构中 24 家设置了医疗机构，126 家与医疗机构签约合作②。

（五）健康文化事业建设有序推进

截至 2021 年初，郑州市建成健康小屋 120 家，居民电子健康建档约 816 万份。国家卫生健康委员会调研组评价"郑州市健康管理工作为健康中国行动提供了借鉴，值得复制推广"。新冠疫情突发以来，郑州市以新冠肺炎疫情防控为契机，以人民健康为中心，狠抓落实健康中国行动、健康中原行动，着力推动全民健身计划，打造 10 分钟健身圈，新建 210 个社会足球场，

---

① 《2020 年全市生产安全事故情况》，郑州市应急管理局官网，2021 年 2 月 22 日。
② 《以人为本，共建共享"大健康"——我市扎实推进健康郑州行动工作纪实》，《郑州日报》2021 年 3 月 3 日。

改造完善 220 条全民健身路径、10 条智能健身步道。为满足居民健康素养需求，郑州市组建专家库、组织健康巡讲，举办健康知识科普大赛和"健康郑州行动"知识竞赛，开展点亮地标建筑主题活动；建设"学习强国"河南和郑州学习平台，开辟健康教育专栏，编辑发行《郑州市民健康手册》《城乡居民健康素养读本》，不断完善健康大讲堂品牌；加强健康教育优秀公益广告投放，在中原、荥阳等四个区县建设有亮点的健康教育主题公园、街区等，组织健康素养答题赢红包活动，实施系列"健康义诊、健康教育"志愿服务活动，提升 12320 卫生热线服务质量；加强饮食健康知识宣传和指导，提升居民"少盐少油，控糖限酒"健康意识，让合理膳食逐步落地落实。

郑州市卫生健康事业在公共卫生服务、医疗卫生服务和提升人民健康等方面取得了长足的发展。但是，不可忽视的是，城市化、老龄化不断加深，卫生健康领域仍存在不少亟待解决的困难和问题，"重治疗、轻预防"的居民意识和社会模式仍未完全扭转；市民健康素养依然偏低，市民健康知识知晓率不高，城乡之间、各区之间健康水平仍存在差距；健康教育和健康促进等公共卫生工作尚需进一步落实，基层卫生人员的服务能力还需加强；水灾暴露出来水利建设方面的投入不足和不合理，必须重视城市防灾预警体系的建设，包括天气地质灾害预警系统、视频监控、应急装备、应急人员培训等。

四 郑州市健康城市建设面临的机遇和挑战

（一）健康城市建设上升为国家战略带来新机遇

健康是社会最根本的目标，是广大人民群众的期盼和追求，城市在建立之初就应在各个方面以人的健康为中心。党的十九大报告提出"人民健康是民族昌盛和国家富强的重要标志"。落实健康中国战略、增进人民健康福祉必须从国家层面统筹谋划推进。这体现了党对人民健康重要价值和作用的高度认识。"十四五"规划提出了"全面推进健康中国建设"的重大任务，要继续走以人为本的新型城镇化道路，以人民健康发展为优先目标。坚持预防为主方针，全面推进健康中国行动，落实国民健康促进工作，加强国家公共卫生防护，完善全方位全生命周期健康服务模式。加快构筑全面而强大的公共卫生体系，改革疾病预防控制体系，加强人才建设；深化医药卫生体制改革，扩大医疗资源供给，加快建立现代医院管理制度，加强基层医疗队伍建设；深入开展爱国卫生运动，加强公共卫生环境基础设施建设，深入推进卫生城镇创建。2019 年国务院发布《关于实施健康中国行动的意见》，提出开展 15 个重大专项行动，指标类别细分为倡导性、预期性、约束性三大类。同时提出要推动医疗健康服务数字化、智能化，让服务更加优质、高效、可及。因此，健康城市战略的优先发展地位，为深入全面落实郑州市健康城市建设提供了战略机遇。

（二）为实现全体人民共同富裕提出新要求

全民健康是创建幸福社会的重要指标，是实现共同富裕的基础保障。郑州市主动适应将全民健康上升为共同富裕的新要求，加强健康郑州建设，这充分体现了全民健康与共同富裕相辅相成、辩证统一。实现共同富裕就是为了实现社会全面进步和人的全面发展、人民共享发展成果并享受美好生活。全面推进健康郑州建设，实现更高水平的全民健康，为实现全体人民共同富裕提出新的要求。但是，新形势下郑州市仍面临一定的公共卫生挑战。因此，补齐公共卫生的短板，加快推进"健康城市"建设是应对挑战的关键。建设"健康城市"不仅可满足多层次多样化的健康需求，更可平衡多方面发展、实现健康和经济社会良性协调发展。由此可见，"十四五"期间，推进郑州市健康城市建设，健全"郑州模式"的健康管理体系，着眼于全人群、全生命周期的健康发展，是探索共同富裕道路上的重中之重。在实现共同富裕过程中，全民健康不仅是医疗系统的事，而且是必须人人行动、人人参与、共建共享的过程。

（三）疫情防控常态化时代社会经济的发展提出了新的健康挑战

2020年新冠肺炎突袭而至，迄今已在全球传染了数亿人，成为深刻影响世界的国际突发公共卫生事件和全球性大流行病。国际货币基金组织调查显示，虽然全球经济逐渐回暖，但受疫情拖累，复苏动力正在减弱，成为横在全面复苏道路上的最大障碍。虽然疫情后大健康产业将迎来新的发展趋势与机遇，但是仍然面临诸多挑战：一方面健康产业资源相对分散，大多数健康企业规模小，缺乏竞争力；另一方面研发创新不足，技术基础薄弱，大健康产业涉及的细分领域技术与国际比仍存在较大差距。疫情防控常态化时期，应加紧推动健康中国建设，切实提升公共卫生治理能力，构筑更加牢固的公共健康安全屏障。

（四）居民健康理念的升级释放出新的健康需求

党的十九大明确提出："要完善国民健康政策，为人民群众提供全方位全周期健康服务。"居民的健康需求已从基本、传统和单一的治疗疾病的刚性需求，转为对疾病预防、健康保健的多元化多层次需求。但目前我国健康服务需求增长速度大于供给增长速度，卫生健康服务供给不平衡不充分的问题愈发突出。健康资源分布不均与健康服务不均的现象依然存在。另外，健康服务供给在形式、供给质与量方面均存在欠缺，离满足居民的健康需求存在不小差距。因此，医疗服务的提供者亟须更新服务理念、完善服务模式，不断扩大健康服务范围，提高服务质量，积极引导居民提升自身健康素养，促进形成健康的生活方式和消费理念，提升健康服务水平和资源配置的合理性，为群众提供全方位全生命周期健康服务，以满足市民新的健康需求。

五 推动郑州健康城市高质量建设的对策

（一）积极构建郑州健康城市建设的标准体系

紧扣国家健康城市建设、中心城市建设、健康中原2030及健康郑州建设的统筹规划，以健康优先、需求导向、开放融合、公平公正、改革创新及共建共享为基本原则，全面推进建设符合郑州市发展需求及促进长远均衡发展的指标体系，在经济、社会、文化、环境等各个领域持续提升人民健康水平，最终建立更加完善的健康制度体系，以实现全面发展健康文化、建设更加完善的健康社会、显著地扩大健康产业规模的目标。在总目标的框架下积极构建科学的指标体系，对于已达到或超过国家指标的项目应持续巩固，对于未达到国家指标的项目努力使其达到国家各节点要求，同时积极探索构建郑州特色项目指标。配备完备的指标评价体系，建立科学的督查考核机制，明确指标任务分工，建立指标管理责任制，结合指标责任部门建立常态化的督查考核机制。规划实施动态调整机制，依托常态化考核结果对指标体系进行适时调整，确保指标体系构建的科学性、可行性和完成性。

（二）开展全民同步化运动，提高居民幸福

健康城市建设不仅关注居民生理、心理，更要关注其社会适应性及道德健康，建设高质量的健康城市更要聚焦提高居民幸福感。在科学证据支撑下以推广全民同步化运动来提高居民幸福感。郑州市应继续实施具有郑州特色的全民同步化运动，在推动全民生活健康化的同时提高居民的幸福感。依托河南优秀传统文化及体育资源优势，打造具有郑州特色的全民同步化运动，培育针对不同年龄、性别、职业、疾病等特征的同步化运动，开发重点人群（儿童、老年、伤残人员）的同步化运动项目。继续稳步壮大社会体育指导员队伍，组织社会体育指导员广泛开展全民健身指导服务。

（三）构建城市健康大脑，建设幸福社区

重视脑疾病的早发现、早诊断、早治疗，完善脑部疾病的早期干预及康复全覆盖。全面普及脑健康教育，重视全年龄层的脑疾病预防和干预工作，加大全民脑健康宣传力度，加强对抑郁症、焦虑、神经退行性疾病、脑血管疾病等脑疾病的干预，针对儿童、农村、职业群体、老年人、低收入群体等重点人群分别制定教育宣传策略，开展针对性的科普。提高公众对脑疾病的

认识和主动就医的意识，提升医疗机构识别能力。健全严重精神障碍患者管理机制，以精神疾病预防控制机制为主体、医疗机构为骨干、社区为基础、家庭为依托，健全严重精神障碍患者预防控制体系。

（四）聚焦重点人群，提升整体健康和谐水平

加强重点人群健康服务，持续维护妇幼的健康权益，在加强妇幼保健机构规范化建设的同时，也要健全妇幼保健服务的体系及强化其公共卫生职能。积极开展妇女及儿童健康计划，提高妇女儿童常见及重点疾病的筛查和早诊早治率。重视老年健康服务体系建设，增强以社区为依托的基层医疗机构为老年人提供便捷、优先、优惠医疗服务的能力。加强老年常见病、慢性疾病的健康指导和筛查干预，开展阿尔茨海默病等神经退行性疾病的有效干预。维护残疾人健康，通过科普教育强化社会预防残疾意识，积极开展全生命周期的残疾预防。在原有的基础上进一步完善残疾人的健康服务，改善残疾人友好的基础设施，持续加强残疾人医疗服务。

（五）强化健康城市数字网络建设，共享共建大健康

深化健康信息化建设，构建人民健康相关数据互联互通、数据共享和业务协同的健康综合信息平台，满足人民便捷医疗的需求。加强医疗机构信息化建设，加强医院信息标准化、规范化的建设，使其能够与健康综合信息平台有效对接，便于全生命周期的医疗健康管理及开展远程医疗服务。完善全市预约诊疗服务平台，支持分级诊疗，引导合理就医，形成线上+线下的双重服务创新模式。利用信息化手段，强化考核评价和行业监测，提高监管水平。促进健康医疗大数据应用，推进健康信息平台的医疗健康大数据开发共享、深度挖掘和广泛应用。推进安全可靠的网络体系建设，确保健康医疗数据的安全及患者隐私的保护。积极实施开放带动战略，拓宽对外开放领域，提高对外开放水平。

（六）加强健康城市科普，提升居民健康素养

结合党和政府关于促进和维护人民健康的重大战略思想和方针政策，大

力宣传和推进郑州市健康城市建设工作的宣传、监督、报道及科学引导。积极营造良好的社会支持、群众重视、全民参与的社会氛围，搭建科学的科普平台，开发针对不同人群的具有郑州特色的系列科普资料，结合新媒体、自媒体等传播途径提升居民健康综合素养。

（七）持续落实健康领域高端人才引育行动

落实健康领域高端人才引育行动，扩大科技健康人才队伍。构建成熟的健康人才引进体系，推动高水平健康行业建设，加强高层次、创新型、复合型人才与优秀创新团队建设。引进国内外健康领域领军、骨干人才和高技能人才，培育高品质创新创业团队。完善人才使用评估激励机制，落实人才引进评估激励政策。通过人才引进、人才培育、技术研发支持、积极勉励机制，打造出具有创新能力的国际领先的健康创新团队。

参考文献

路婵、胡旭、缪玉峰、姜伟、向宇光、邓启红：《生命早期环境污染暴露增加儿童过敏与感染风险》，《科学通报》2018 年第 10 期。

邓启红主编《中国室内环境与健康研究进展报告（2013～2014）》，中国建筑工业出版社，2015。

Yongsheng Ma, Linjing Deng, Ping Ma, Yang Wu, Xu Yang, Fang Xiao, Qihong Deng, "In Vivo Respiratory Toxicology of Cooking Oil Fumes：Evidence, Mechanisms and Prevention," *Journal of Hazardous Materials* 402（2021）：pp. 123455.

王鸿春、曹义恒：《中国健康城市建设研究报告（2020）》，社会科学文献出版社，2020，第 35～46 页。

陈宇：《居住建筑室内环境与健康关联影响表征模型研究》，大连理工大学博士论文，2021，第 10～20 页。

王秀峰、吴华章、甘戈：《卫生健康在共同富裕中的地位作用与主要任务》，《卫生经济研究》2022 年第 2 期。

案 例 篇
Case

B.18
数字政府促进区域高质量发展的
典型经验研究

——以郑州市高新区为例

郝宏杰*

摘　要： 数字化日益成为推动经济社会发展的核心驱动力，郑州市高新区
在推进数字政府建设过程中积累了丰富经验，开创了"数智治
理"模式，实施了智慧城市运营指挥中心建设、智慧城市实验
场、"一体化"政务服务、"互联网+监管"等举措，从提升城市
治理现代化水平、惠企利民、促进数字经济发展等方面促进了区
域高质量发展，但受经济不确定因素影响，面临政府决策和府际
协同等能力不足、公共数据与社会数据的融合应用度有待提升等
发展短板。为此，需要从加强顶层设计、统筹信息基础设施建
设，促进数字政府可持续发展，深化机构改革和完善人才机制、

---

* 郝宏杰，博士，郑州轻工业大学副教授、郑州市社会科学院经济所所长，主要从事大数据与
城市治理、公共经济与管理方面的研究。

吸引培养数字化专业人才，促进多主体合作供给、实现数据共享和业务协同等方面加快郑州数字政府建设。

关键词： 数字政府　数智治理　数字经济　高质量发展

一　数字政府促进区域高质量发展的机制

随着新一轮科技革命和产业变革蓬勃兴起，数字化日益成为推动经济社会发展的核心驱动力。数字政府以新一代信息技术为支撑，重塑政务信息化管理架构、业务架构、技术架构，通过构建大数据驱动的政务新机制、新平台、新渠道，进一步优化调整政府内部的组织架构、运作程序和管理服务，全面提升政府在经济调节、市场监管、社会治理、公共服务、环境保护等领域的履职能力，形成"用数据对话、用数据决策、用数据服务、用数据创新"的现代化治理模式。随着数字政府建设的推进，高质量发展也迎来新的发展契机，数字政府建设涉及技术、资本、产业、人才、消费等多个层面，应当对区域高质量发展具有重要促进作用。

（一）数字政府推动高效公共服务和一流营商环境建设

政府作为城市治理的主体，基本职能是为全社会成员提供普遍、公平、高品质的公共服务。现代信息技术为政府获取和处理信息提供极大便利，建设数字政府是现代技术与公共治理深度融合的必然选择。数字政府的直接目标是发展智慧政务，将大数据、云计算、AI等先进数字技术广泛应用到政府服务的各个环节，构建协同高效的政府数字化履职能力体系，使政府的服务领域更加宽广、服务内容更加丰富、服务方式更加智慧便捷、服务效果更加人性化，使人民生活的安全感、获得感和幸福感显著提升，所以数字政府本身就是城市高质量发展的重要内容。同时，数字政府建设对政府职能、组织机构和服务流程进行优化，这也是深化"放管服效"改革、推进政府职能转变、优化营商环境的核心环节，而一流的营商环境对促进各类市场主体发展壮大、激发市场活力和社会创造力、推动经济高质量发展等方面都具有重要意义。

（二）数字政府有利于数字经济发展与产业结构优化升级

数字政府建设推动现代信息技术的普及和应用，有利于数字经济发展和产业结构优化升级：第一，数字政府与数字经济建设高度联动，新型数字基础设施为政府数字化转型提供技术支撑，同时数字政府为数字经济建设树立标杆、提供指引，加快先进数字技术与产业的结合应用；第二，数字政府建设过程中，政府通常采用多元化的投融资方式，积极吸引民营企业等社会资本投入，以政府财政资金为主导推动全社会研发和科技创新活动；第三，随着数字经济不断发展，公民个人信息保护、政府公共数据安全、关键基础设施防护等方面也面临挑战，亟须构建安全、先进的现代数字政府技术支撑体系；第四，数字政府不仅带来信息化领域可观的市场增量，促进细分领域高新技术产业发展，还搭建有利于现代信息技术快速发展的公共平台，推动传统产业转型升级。

（三）数字政府助推消费业态升级

随着城市建设的推进，城市中充满了不同的消费场景和消费需求，其中线下消费主要汇聚在商圈，线上消费通过居家就可以实现，而一些高端消费如文化旅游类则需要特定空间和条件来激发。这些消费场景并不是孤立封闭的，互联网时代形成了线上线下融合互动的新消费业态，且新消费业态的形成需要政府数字化平台的有效支撑：一是通过平台完善城市消费画像和消费地图，制定科学的消费政策；二是通过发放电子消费券等活动使消费政策落地；三是监测企业经营情况，健全商家信用体系，实现商家和市民、线上和线下的有效链接。

二　郑州市高新区数字政府建设创新举措

郑州市高新区是河南省第一个开发区，经过 30 多年的发展，逐渐由单纯的产业区转变成中部地区高新技术产业发展的核心区域。郑州市高新区以2025年建成千亿级世界一流高科技园区，建设"宜创、宜业、宜居"的智美新城为目标，积极谋划以大数据开发利用为核心的新型数字政府建设，开创了"数智治理"新模式，不断推进新一代信息技术与城市治理、公共服务、产业转型发展深度融合，通过大数据技术实现海量政务类数据、社会类数据实时汇聚、共享、在线计算与应用，以此推动城市数字经济发展和转型，助力郑州国家中心城市高质量发展，并为郑州市乃至更多城市的数字政府建设积累宝贵经验。

（一）开创"数智治理"数字政府新模式

由于经济发展水平、技术条件、管理体制、公众需求等方面的差异，我国数字政府建设模式和路径没有固定的模板和标准，郑州市高新区基于自身发展条件和战略定位，经过周密的规划和部署，在2018年提出了"智慧高新"建设计划，以云平台为支撑，以全面感知、互联互通和大数据开发利用为核心，以组织、资金、人才为保障，开展"1+3+N"模式的新型智慧城市建设，积极构建城市数字大脑。在此基础上，高新区在全国首次创新性提出"数智治理"数字政府新模式：其中，"数"是实现"事"的数字化，把线下串联起来变成线上，让各种发现问题的手段变得更便捷；"智"是实现"管"的智慧化，让管理决策更智慧、更高效；"治"是实现"流"的电子化，让处理流程更加便捷；"理"是实现"用"的移动化，只需要一部手机就能提供服务或享受服务[①]。

"数智治理"是"大数据"与"智慧管理"理念的有效结合：第一，系统平台包含手机钉钉端、数慧大屏、视频话机等相关设备，实施"区中心—分中心—片区—网格"四级管理体系，涵盖综合服务、党建引领、智慧养老、文明实践、掌上办事、全域可见、交通服务、法律服务、诉讼调解、民政救助等领域；第二，基于"数智治理"平台，可以即时上报城市

---

① 《一文读懂郑州（国家）高新区的"数智治理"》，搜狐网，2020年10月26日。

管理等案件，相关管理部门及时对案件进行科学梳理，与相关单位及人员进行沟通，正确派送案件到相关处置单位，处置单位快速及时处置相应案件；第三，城市管理局等部门协同各办事处城管科、各包村干部、各村社，主动运用数智治理平台，结合网格党建化工作，充分发扬主人翁的责任担当精神，对所下派的数智案件及时进行处置反馈；第四，管理部门还可以通过电话、微信群等方式，对下级"数智治理"工作进行部署，实现全员参与"数智治理"。总之，高新区"数智治理"成为郑州市构建以城市治理"事件"为牵引的"一网统管、依法处置"改革新体系的示范试点。

（二）加快高新区智慧城市运营指挥中心建设

作为城市数字大脑，智慧城市运营指挥中心的建设是高新区"数智治理"的重要内容：第一，这一多功能复合型中心以城市大数据为引擎，建设了IOC可视化平台、经济运行系统等展示分析系统，是高新区智慧化、信息化的中枢；第二，中心内设立市民体验厅、城市客厅、智慧产业厅、多功能厅等服务，让市民能够切身体验到新型智慧城市的人文关怀，感受智慧城市建设带来的生活变化；第三，中心实现了城市管理的全局总揽、应急指挥与高效决策。

（三）建设智慧城市实验场

高新区以99平方公里的真实生产生活场景为依托，打造承载智慧城市项目的实验场，通过智慧城市实验场进行实践、验证，构建"应用-产业-生态"的发展模式。一方面，通过科研补贴、推广奖励、购买服务、绩效评价、"揭榜挂帅"等多元化政策发布了应用场景，形成辖区企业对智慧城市各种应用进行实践、验证、示范和推广的创新机制；另一方面，通过多领域应用，引领场景价值驱动，加速新技术和新场景开花结果，使"善政、惠民、兴业"落到实处，让政府、百姓和企业在享受智慧城市建设带来的成果的同时，加快推进数字经济的高质量增长。

通过实践，高新区形成"一台"＋"多峰"的智慧城市管理模式："一台"是由高新区管委会统筹区域内的基础设施资源、科研资源、企业资源，形成统一资源池，作为支撑数字政府的基础平台，及支撑多峰生态繁荣的底座；"多峰"是在统一的智慧城市基础平台上，以办事处管辖范围为边界，以特色小镇的模式构建多个"应用+产业+生态"的山峰，即顶层设计中的"N"；此外，在各项政策引导支持下，辖区内多个企业积极参与到智慧城市规划、建设和运营过程中。

（四）加强"一体化"政务服务平台建设

借助"郑好办"等数字政府平台，高新区进一步深化"放管服效"改革，全面推进"互联网+政务服务"，提高行政审批效能，搭建一站式网络服务平台，坚持"点办理、批处理"，突出改革创新、突出业务流程再造、突出数据共享应用、突出利企便民服务，实现政务服务便民服务事项"一网通办"、掌上办、一次办，推动高新区人才引进申报、审核业务全程在线办理，公积金提取"刷脸秒办"，小学生入学线上报名，开展高新区创新人才奖励、青年人才租房补贴等业务"零跑动"，利用省"万人助万企"活动信息服务平台，实现企业诉求线上闭环办理、线下多渠道解决，切实做到有诉即办、有诉必办，打造了优质高效的政务环境，群众办事更加省时省事。目前，高新区政务服务事项中"最多跑一次"事项占全区政务服务事项的80%以上，下一步高新区还将陆续推出多项"免证办"服务事项。

（五）深入推动"互联网+监管"

"互联网+监管"系统是党中央、国务院要求统一建设的"国字号"工程，对提高城市现代化治理能力和水平、转变政府职能、创新监管方式具有重要作用。高新区积极推进"互联网+监管"：一是加强协同监管和公正监管，进一步强化部门间的协作配合，切实形成工作合力，对标先进，做好各项基础性工作；二是强化系统应用，加快建设"业务全覆盖的一体化智慧市场监管"信息化系统，全面推进"互联网+监管"试点项目；三是加强效能监管和信用监管，由市场监督管理局牵头，健全信用联合奖惩机制，实现

"双随机、一公开"监管,加强事中事后监管,全面提升监管的精准化、智能化水平,监管领域覆盖不动产登记监管、生态监测、房地产市场监管、工程项目审批监管、工地监管、高速监管、智慧卫监、应急管理、市场监管分析、网络交易监管、农民工工资支付监管、机动车驾驶人源头隐患分析等领域。

(六)注重部门协同和数据共享

部门和领域间的"数据烟囱""信息壁垒"是数字政府建设的最大障碍,高新区在数字政府建设中,不断尝试打破这一桎梏:第一,借助新华三集团强大的数据运营能力,在一年内完成全区数据打通与大数据系统的建立,高新区政府专注自有数据归集,提升数据系统建设的速度;第二,注重数据维度的交叉分析,从多元化视角理解分析各领域运行情况,为政府决策提供强有力的、科学的数据支持,并有利于跨部门联动指挥、辅助决策、经济分析;第三,全面推行"标准地+承诺制",建立集成服务、流程再造、信息共享、上下联动的联审联批机制,实现企业拿地即开工,打造全省一流的要素供给"高新品牌"。

三 郑州市高新区数字政府推动区域高质量发展的成效

(一)提升城市治理现代化水平

高新区"数智治理"数字政府模式的实施,对健全城市管理体系、推进城市智慧管理和精细化治理等方面发挥了重要作用。例如,高新区城市管理案件按期结案率提升至 99% 以上①;借助车路协调系统智能数据分析功能,优化公交线路,极大节省了行驶时间;借助"城市大脑"的智慧停车管理系统,找车位只需 1 分钟;高新区梧桐办事处运用"数智治理"系统

---

① 《上线一年多,"城管随手拍"运行咋样?》,网易新闻,2022 年 3 月 31 日。

平台，结合片区网格化管理模式，开展占道、突店经营等市容市貌问题专项整治行动，对辖区占道、突店经营等市容市貌问题案件进行汇总，制定专项工作台账，推动城市品质、形象全面提升；高新区双桥办事处对数智工作的下派、处置、反馈等工作进行重点突破，运用多种形式实现数智平台案件的正确派送、高结案率、积压案件数量减少，城市精细化管理水平大幅提升。

（二）数字政府改革惠企利民

高新区数字政府建设切实为企业和居民带来实惠：第一，城市管理局、社会事业局等部门优化了服务流程，"一窗受理""一网通办""一次办好"的政务服务不断普及，这些创新减少了窗口工作人员填写信息和拍照取证等烦琐工作，专用于窗口服务质量提升，部门审批实现信息共享、协同协作，减少人工重复验证环节，助力部门审批业务智能化、"秒批"化，大大提升了政府工作效率；第二，居民和企业通过在线平台点击搜索按钮，一键就能轻松获取社保证明、个人所得税完税证明、纳税清单及劳动合同等多个权威部门开具的电子证照材料，大大减少各类纸质证明和证照文件，节省大量人力物力；第三，企业和居民还可以上传个人其他资料到系统云端保存，建立个人电子材料库，避免重复上传提交材料，实现业务申报"零跑动"。

（三）带动企业升级，促进数字经济发展

高新区数字政府建设在全区营造了良好的数字化环境，搭建了数字化公共服务平台，增强了企业数字化转型意识，协助企业构建数字化转型能力，并通过政策鼓励、服务补贴等方式鼓励企业从事数字化研发创新，大大推动了企业数字化转型升级。同时，高新区聚集了众多高科技企业，在数据挖掘、分析和应用开发等方面具有较大优势，高新区在数字政府建设中采取政商共建模式，鼓励紫光集团、新华三集团、领航集团等企业积极参与项目规划、建设、开发和运营，在扩大数字政府技术、人才和资本来源同时，实现了高新区在数字领域的要素积累，推动了高新区新型基础设施建设、数字核

心产业发展和产业数字化转型。

目前，高新区形成以物联网、北斗应用、电子信息、新材料为主导的战略新兴产业，集聚了汉威电子、新开普、新天科技等传感器行业知名企业，新华三、启明星辰等网络安全领军企业，阿里、腾讯、猪八戒网等云计算和大数据龙头企业，天迈科技、威科姆、思维自动化等北斗应用技术头部企业，国内通信三大运营商全部在高新区布局数据中心，高新区获批"全国北斗应用技术产业知名品牌创建示范区"；拥有126家市级数字产业生态联盟成员，占全市的46%①；高新区智慧城市数智治理平台、郑州大学区块链中台、河南中裕广恒科技股份有限公司"新型资产智能运维管理系统"、郑州恒正电子科技有限公司"特种设备质量检验与安全监管"、河南农信互联数据科技有限公司"猪小智智慧养殖平台"5个项目入选河南省数字化转型典型应用场景名单；国家超级计算郑州中心加快建设；"强网杯"一赛一会一展成为国内网络安全风向标；连续举办世界传感器大会、"数智治理"领航者峰会，在业界形成强烈反响。

（四）有效支撑"平疫结合"疫情防控体系

高新区重视数字政府平台在不同领域的有效应用，尤其是在新冠肺炎疫情防控中，在市级疫情防控数字化平台（疫情立体化防控系统、健康码管理系统、重点人员物品监管平台、疫情态势分析、居家隔离人员管理、三人小组管理平台）基础上，形成"平疫结合"疫情防控机制：第一，建设疫情防控大数据平台，实现疫情防控情况一屏总揽、智能化转运、智能信息排查等，整体把控疫情防控工作；第二，实施重点场所"两张台账、一个清单"管理，通过对小区、楼宇、人口等基础数据的摸查、采集，形成标准、可视化人口大数据，为精准化疫情防控提供支撑，目前已完成2500多个重点场所的排查和录入；第三，依据"多格合一"原则，将区边界、办事处、

---

① 《"高新力量"赋能数字郑州！辖区共有126家企业加入数字郑州产业生态联盟》，腾讯网，2021年3月23日。

网格、房屋、楼宇等信息基于一张图展示，有利于对重点人员的精准排查；第四，实现健康码与人脸门禁数据对接，对健康码异常人员出入行为进行显示屏及声音提示，并把情况推送到相应社区的三人小组，按防疫要求落实管控，减轻监督扫码人员的工作量，解决了人手不足等问题，同时也方便了群众出行，解决了个别老人、儿童没有智能手机扫不了码等情况。

（五）数字化人才队伍建设取得较快发展

在数字政府建设过程中，需要运用区块链、大数据、云计算、人工智能等现代技术推动政府数字化治理，由于数字政府几乎覆盖所有领域和部门，这就要求所有行政和服务人员都要牢固树立数字化管理理念，掌握数字化平台应用、维护及数据安全保障等基本知识和技能，这也对政府工作人员提出更高的能力要求，人才队伍建设成为数字政府建设的关键。2019年郑州市高新区率先在河南启动管理体制与人事薪酬制度改革，对政府内设机构进行优化重组，机构职能得以理顺，扭转了整体行政化倾向，行政事业类机构由36个合并压减到10个，办事处主要职能是基层党建、社会管理和服务群众，市场化类的专业化机构和园区运营中心专注于经济发展和科技创新，尤其是成立了专注于数字化转型的"智慧产业发展中心""智慧城市运营集团"等专业化机构[①]。同时，高新区构建了一套相对全面、科学的绩效考核体系，推行全员竞聘、社会招聘、绩效工资制和培训体系，增强了对人才的吸引力和激励，高新区管理人员整体素质有很大提升，基本适应了数字化转型人才需求。此外，数字政府规划、建设、开发和运营等环节采取与紫光集团、新华三集团、领航集团等企业共建的方式，充分利用了这些公司优秀的技术和管理人才，促进了整个区域数字化人力资本的积累。

四 郑州市高新区数字政府推动区域高质量发展的短板

郑州市高新区数字政府建设对推动区域高质量发展发挥了较大作用，但

---

① 《郑州高新区启动管理体制与人事薪酬制度改革》，《河南日报》2018年9月15日。

也受经济不确定性因素制约,存在政府决策、府际协同能力不足,公共数据与社会数据融合度低,促进消费的作用有限等问题,对区域高质量发展的支撑作用还有很大提升空间。

(一)经济不确定性因素制约数字政府持续发展

由于地方政府数字化管理平台需要围绕地方多元化需求进行定制化开发,且数字化平台涵盖的领域广泛、接入的数据量大,要满足区(县)、街道办(乡镇)和社区(村)多级政府同时使用的需求,所以开发成本通常比较高,还需要信息化基础设施、人力资源作为配套,这都将持续消耗大量资金。全国数字政府建设中,2018年、2019年和2020年IT硬件投入分别达到2405亿、2653亿和2894亿元,发达地区有的县级市一次性投入达1亿元①。2021年郑州市高新区GDP和一般预算财政收入分别为548.2亿和67.6亿元,在郑州市所有区县中分别排名第12名和第6名②,总体经济实力和财力比较薄弱,尤其是在全球经济低迷、新冠肺炎疫情全球蔓延等形势下,政府在建设数字化平台、改进公共服务方面的财力保障可能会捉襟见肘,直接影响数字政府的运行效果和数字化转型的持续性。

(二)政府决策、府际协同等能力不足制约数字化转型深度

贯通的数据基础设施和畅通的数据共享是数字政府发挥作用的前提,然而数字政府建设中涉及的管理主体颇多,包括自上而下的垂直型系统,政府内部系统,辖区内的央企或省直、市直等单位,跨部门的数据共享和业务协同面临重重阻力。虽然,近年来中央、河南省、郑州市相继出台一系列鼓励数字政府建设的政策,但决策机制不够健全,并缺乏数字化治理经验,地方政府的前期规划不够合理,需求论证、功能设计、系统测试等阶段缺少需求端体验,导致数字政府建设标准化、规范化程度较低,存在

① 王义中:《数字政府建设中应予关注的几个问题》,《智策》2021年4月16日,http://www.ggzc.zju.edu.cn/2021/0427/c54204a2335397/page.htm。
② 《2021年郑州市国民经济和社会发展统计公报》,郑州市统计局网站,2022年3月15日。

一些平台的实际功能不达标、服务效率不高、社会公众满意度低等问题。不同主体的数据共享方面，虽然各省市都已接入国家一体化政务服务平台，但科层式管理体制下地方政府和部门普遍"对上负责"，对于同级、下级部门仍然不敢或不愿共享数据，例如郑州市高新区、郑东新区等区域的数字化平台存在较大差异，存在统一平台建设与分散治理之间的矛盾。

（三）公共数据与社会数据的融合应用度有待提升

长期以来我国缺乏"用数据说话"、以数据为基础的精准治理，事实上各级政府、科研机构、学校、企业等档案文件或服务器中储存着大量宝贵数据，亟待开发利用，数字政府建设的关键是开发应用好大数据这些基础性战略资源，这也是政府服务于社会组织和企业、社会组织和企业参与公共治理的重要途径，也就是说，数字政府建设需要推动公共数据与社会数据的融合应用。当前，高新区数字政府建设中公共数据与社会数据的融合应用度有待提升：第一，数字政府平台汇集的公共数据资源的开放度低，未明确公共数据资产的权属、交易、定价等问题，社会公众难以获取急需的一些公共数据，造成巨大的资源浪费；第二，随着健康码、行程码、消费码等信息收集渠道向更多生产、生活场景不断拓展，空间多维治理对信息精准度的要求不断提升，仅靠公共数据不能最大限度发挥数据效用，需要统一算法判定规则标准，实现政府不同条线数据与企业社会数据的实时对接；第三，目前高新区数字政府平台不太重视社会数据的归集应用，例如高新区区域内省管高校的科研、人才等数据没有与高新区进行有效共享。

（四）数字政府促进消费的作用有限

国内国际双循环格局下扩大内需是关键，郑州市还面临建设国际消费中心城市这一战略重任，高新区数字政府建设偏重于对企业和产业的支持，在促进消费、扩大内需方面的作用非常有限。面对新冠肺炎疫情带来的消费信心不足等问题，郑州市高新区也积极采取了一些措施，如 2020 年、2021 年分别通过支付宝发放了"西美高新、为郑州加油"主题电子消费券和"西美高新、高新夜巷"主题电子消费券。但是，与常住人口规模及建设国际消费中心城市战略相比，高新区存在文化、医疗等公共设施布局不合理，公共交通不够便利，现代服务业发展滞后，商圈数量少、网红店少，居民消费观念偏差等问题，消费模式、消费规模和商业餐饮业整体较为落后，与高新区地位不匹配，亟待提升。

五　加快郑州市数字政府建设的对策思路

数据赋能决策、数据赋能服务、数据赋能创新的理念已经深入地方政府工作中，如何推动地方政府加快数字化转型、促进区域高质量发展是亟待破解的重要课题，总结郑州市高新区数字政府建设经验和短板，郑州市需要从以下几个方面加快数字政府建设。

（一）加强顶层设计，统筹信息基础设施建设

近年来，郑州市将数字化转型列为重要战略。经过多年的努力，建设了市级政务数据平台、数据共享交换和开放平台，尤其是成立了大数据局，重点打造了面向市民服务的"城市大脑"应用端即"郑好办"App，实现政务服务便民服务事项"一网通办"、掌上办、一次办，健康码不断升级，公积金提取"刷脸秒办"、小学生入学线上报名等功能都是全国首创，这为各区县数字政府建设奠定了"数字底座"，也标志着郑州政务数据平台的基础框架基本完成，"集中力量办大事""统筹信息基础设施建设"也成为郑州数字化转型的创新经验。

目前"郑好办"App等功能还主要局限于基本公共服务，下一步需要及时总结各部门、各区县数字化转型经验，动态扩充"郑好办"功能：一是增加"可视化"功能，动态模拟城市规划、城市建设等方案，增强公众体验感；二是完善"公众参与"模块，开展公众满意度调查，鼓励公众主动参与、有效参与；三是拓展就业创业服务功能，及时发布就业创业信息，搭建网络就业市场和创业空间；四是整合优质医疗资源，建立公共医疗网络平台，居民

可以到统一的网上挂号、远程诊断，破解看病难看病贵问题；五是实施"数字市民"计划，大力推广电子签名、电子印章、电子证照和电子档案，建立全市统一"市民码"服务体系，推动全市统一身份认证和多码融合、一码通用，不断丰富"一号走遍郑州"内涵。

（二）创新财税政策，促进数字政府可持续发展

以紫光、浪潮等为代表的头部企业为郑州市高新区、郑东新区的数字政府发展提供了良好的技术和服务保障，这些区域数字政府建设也位于前列，但是这些地方也存在数字化建设重复投入、利用效率不高等问题。与此同时，惠济、荥阳、上街及广大农村地区，财政资金比较紧张，数字化能力也相对薄弱，区县自身财政能力无法开展高水平的数字政府建设。为此，郑州市需要综合各区县需求，统筹全市数字政府建设规划，通过增设专项资金、合理引导社会资本等方式解决数字政府建设过程中由资金不足导致的转型能力不足等问题，缩小部门间、地区间、城乡间的"数字鸿沟"；同时，在数字政府领域实施全面预算绩效管理，对数字政府建设进行整体性绩效评价，提高资金使用效率，提升全域数字治理能力，让数字化转型成果由人民群众共享。

（三）深化机构改革和完善人才机制，吸引、培养数字化专业人才

数字政府建设，人才是关键，政府要创新体制机制，完善数字政府发展人才支撑体系：第一，深化政府机构改革，整合"碎片化"的数字化管理体制，明确大数据局、城市管理局、政务服务大厅等部门数字化治理的职能，采用绩效管理制度，优化内部岗位设置、灵活化人员聘用、畅通晋升机制，提升数字化工作效率；第二，创新数字政务服务供给模式，建立"服务外包"等市场化机制，鼓励辖区内企业参与数字化平台规划、建设和运营管理，扩充专业化人才队伍；第三，明确政府数字化专业人才应具备的能力，包括业务能力（熟悉行业规章制度、专业知识、业务流程）、技术能力（信息系统建设、数据治理能力）和服务能力（以人为本、服务热情和创新精神），并通过

培训学习等多种方式提高政府工作人员数字素养和能力，实现技术和业务深度融合。

（四）促进多主体合作供给，实现数据共享、业务协同

数字政府建设的核心在于推动跨层级、跨地区、跨部门和跨领域的数据共享，实现跨界业务协同，使用户获得更好的政务服务体验。第一，完善"数字监管"体系，不断提升市、县（区）、乡镇（办事处）、村（社）四级综合协同管理能力，汇聚公共数据、社会数据等数据进行融合应用，市级平台要做好数据的精准输送，切实为基层减负；第二，充分了解社会公众的公共服务需求，由过去以政府部门为中心的供给模式转向以社会公众为中心，由过去线下分散办理模式转向线上线下相融合的统一集中办理，实现从"找部门"到"找政府"，从"政府端菜"到"群众点菜"，从"群众跑"到"数据跑"，从"人找服务"到"服务找人"；第三，数字政府建设离不开各行业和各类企业的广泛参与和深度介入，要建立公平公开公正的政商合作机制，避免数字政府项目被少数企业垄断和腐败等问题，营造良好的政商互动关系，实现合作共赢。

（五）培育数据要素市场，推动"智慧+"消费和数字产业发展

要实现数字政府建设与区域高质量发展协同推进，需要从整合数据要素市场，推动"智慧+"消费和数字产业发展方面着力。第一，搭建市场化数据交易平台，建立健全数据产权交易和行业自律机制，提升交易监管水平。支持政府与行业优势企业、高校、科研院所建立大数据联合创新实验室，鼓励企业、公民和社会组织利用开放数据，开发个性化服务、精准化治理等典型应用，提升社会数据资源价值。第二，建设"智慧+"消费平台，依据消费大数据制定科学的消费政策，推动郑州直播平台、VR技术和一刻钟商圈服务能力发展，建立商家信用体系，组织线上促销活动，帮扶困难企业，发展城市居民数字钱包，通过商圈、线上购物和消费者的有效联结有效拉动消费，支持郑州国际消费中心城市建设。第三，以数字政府建设和应用为牵引，聚焦

无人驾驶、车联网、医疗、交通、物流、市政等领域，鼓励科技型企业深度参与，推动新技术、新模式规模化应用，促进数字产业高质量发展。

参考文献

王伟玲：《中国数字政府绩效评估：理论与实践》，《电子政务》2022年第4期。

伦晓波、刘颜：《数字政府、数字经济与绿色技术创新》，《山西财经大学学报》2022年第4期。

王孟嘉：《数字政府建设的价值、困境与出路》，《改革》2021年第4期。

江小涓：《以数字政府建设支撑高水平数字中国建设》，《中国行政管理》2020年第11期。

李磊、马欢：《数字政府能否留住外资?》，《中山大学学报》（社会科学版）2020年第4期。

B.19
郑州市金水区创新生态调研报告

张艳华[*]

摘　要： 坚持创新驱动发展战略是贯彻新发展理念、构建新发展格局、塑
造新发展优势、推动高质量发展的必然选择，是应对当前国际国
内环境变化、提高核心竞争力、强化国家发展战略支撑、加快建
设科技强国的必然选择。金水区突出企业主体、人才支撑、项目
基础、平台载体、环境保障，激发创新创造创业梦想热情，初步
构建了活力足、动力强、覆盖广、关联全的创新生态体系，但是
仍然存在着创新企业多却不大、创新资源多却不活，创新载体多
却不强等问题。需要着力构建以创新为引领的现代化城区经济体
系，搭建一流创新平台、培育一流创新主体、建设一流创新生
态、汇聚一流创新人才、营造一流创新文化，走出一条特大城市
中心城区高质量转型发展的成功之路。

关键词： 创新驱动　区域创新能力　创新要素　创新生态　郑州市金水区

　　金水区是河南省唯一国家自主创新示范区和自贸试验区"双区联动"
的行政区。近年来，金水区坚持将创新作为全区高质量发展的鲜明特色，主
动对标国内先进城区，全面开展"三标"活动，深入推进"十大战略"行
动，全区经济社会发展稳中有进、进中提质、持续向好，以占郑州市1.8%
的土地面积承载了全市13%的常住人口、集聚了全市19%的市场主体和

---

　　* 张艳华，中共金水区委副书记、金水区人民政府区长，主要从事经济发展、产业发展研究。

20%的科技型企业、创造了全市15%的经济总量和21%的财政总收入。入选全国第三批"大众创业万众创新"示范基地,在2021年度评估中取得专项第二的好成绩。位列全国高质量发展百强区第22位、全国投资竞争力百强区第11位、全国创新百强区第8位。金水区也是全省唯一发展战略性新兴产业成效明显、受到国务院督查激励的区县(市),全区创新激情竞相迸发、创新成果不断涌现,经济社会发展成绩斐然。

一 金水区创新生态现状及主要做法

金水区全面贯彻各级决策部署,深入实施创新驱动战略,聚焦"四个一流",全区经济社会发展不断向前,高质量自主创新成果加快出现,科技创新成果加快转移转化,协同创新广度深度加快拓展,支撑全区综合实力显著增强。

(一)突出企业是主体,企业创新能力不断增强

构建科技类企业-科技型企业-高新技术企业-创新龙头企业四级创新主体体系。一是实施"十百千"科技企业梯次培育行动。对全区科技企业进行遴选,重点培养10家成为全省龙头企业、100家成为全省瞪羚(小巨人)企业、1000家成为高新技术企业,盘活全区科创资源。全区现有科技型企业2058家、占郑州市的1/5,现有高新技术企业723家、占全市的比例超过1/6。二是实施企业研发投入攻坚行动。加大高新技术企业、科技型企业认定组织力度,全面落实企业研发费用和高新技术企业所得税等优惠政策。鼓励支持科技型企业建设工程(技术)中心、重点实验室等企业研发平台。全区现有各类工程技术中心(290家)、重点实验室(143家)、研发机构(12家)、孵化载体(63家)总量均占全市20%以上,2021年全社会研发投入突破36.1亿元,增长12.5%。三是实施科技成果转化提升行动。对区级现有关促进成果转化配套政策不断完善,创新性建立科技成果转化项目库、科技成果转化专家库及企业技术需求库"三库",强化科技成果转化,

通过政府优先使用、全市重点推广、省内交流展示、全国宣传推介"四步曲"举措，全年登记技术合同成交额达到51.9亿元，占全省总量的1/10。

（二）突出人才是支撑，科创人才队伍不断壮大

人才是发展的第一资源。金水区积极招才引智，优化全区"引才、育才、用才、留才"环境，实施"人才+项目+资金"的"双招双引"工作模式，持续搭建优质创新创业平台，创新创业活力竞相迸发。一是建立"金标准"人才库，做"广"普惠化人才服务。立足全区产业发展需要，研究制定具有金水特色的6类人才"金标准"，建立"金标准"人才数据库，发放"金标准"人才证书，目前已有19.1万人被成功纳入"金标准"人才库管理。二是搭建"线上"服务平台，做"优"智慧化人才服务。设计开发"金水人才"微信小程序，人才通过扫描二维码录入个人信息，即可登记入库，搭建了人才"线上"智能化服务平台。绘制豫籍高端人才地图、企业高精尖人才图谱，对符合高层次人才申报标准的人才，主动联系并提供"一对一"的政策申报服务，实现人才政策"免申即享"，不断提高智能化人才服务水平。三是开通人才服务"绿色通道"，做"深"立体化人才服务。注重从人才关注的"关键小事"入手，在金水区政务服务大厅开通"金标准"人才"政务服务绿色通道"。积极在就医、停车、购物、就餐等日常生活领域不断探索更多人才服务项目，让"金标准"人才享受到全方位、立体化的人才服务，充分感受到在金水区"被认可、被尊重、被优待"，不断营造金水"识才用才爱才敬才"的浓厚氛围。四是创新开展人才引进活动，做"实"精准化人才服务。以"万人助万企"活动为契机，主动到辖区企业和人才驻地进行走访调研，针对企业人才招聘方面的"痛点"，筹划"金水人才招募令"活动，为企业发展"加油"，为人才引进"站台"，更加精准地为企业发展提供人才支撑。2021年，依托"汇智成金"等引才活动引进专家人才50余人，累计引进两院院士等高层次人才11名，市级高层次人才新增数量占全市总量的比重超过66%。万人发明专利拥有量达23件，是全省平均值的5.7倍，创业团队（项目）10个。

（三）突出项目是基础，创新后备力量不断充实

发挥重点项目支撑引领作用，瞄准信息安全、人工智能、技术服务等数字产业集群核心，以高质量项目推动创新高质量发展。一是建立动态项目库。谋划2022年省市区三级重点项目233个，总投资3830.4亿元，年度计划投资520.6亿元。新开工项目123个，创历年新高。其中新基建类项目18个，总投资99.5亿元；创新驱动能力提升类项目42个，总投资215.2亿元，从个数到规模创历史新高。二是设立招商资源库。围绕补链、延链、强链，聚焦产业链上下游，持续加大头部企业、行业隐形冠军及优质项目的招引力度。2021年全区新签约落地重大产业项目88个，省市区三级重大项目累计完成投资750亿元。北京中钢网等总部落地金水，郑州国际金贸港、河南信息安全产业基地、国家级氢能源产业示范区等重大产业项目有力推进，全球独角兽企业美菜网等一批行业龙头加快签约。三是强化全周期服务。以"三个一批""万人助万企"活动为契机，在传统产业改造上实现突破，在新兴产业培育上占据主动，在未来产业布局上把握先机，实行以开促建、以督促建、以评促建，调动各类要素资源向项目建设一线倾斜，以结果导向倒逼项目建设的进度、强度和速度，2021年全年三级重点项目完成投资749.6亿元，为全年任务的104.1%。

（四）突出平台是载体，创新创业水平不断提高

金水区以数字城市建设为理念，强化数字赋能，全面布局项目引进、龙头培育、产业链延伸、产业集群培育工作，在创新驱动高质量发展上走出一条新路子。一是以高能级平台提升全面创新能力。依托国家知识产权创意产业试点园区先后设立国家知识产权局第九巡回庭、国家知识产权局郑州原创认证保护中心，进一步优化面向全省的知识产权服务体系。大力支持郑州中科新兴产业技术研究院、河南省食品工业科学研究所有限公司等新型研发机构发展，共有国家级创新平台8个、省级创新平台213个、省级新型研发机构6家（占全省的10%）、市级新型研发机构4家（占全市的30%）。构建

科技成果转化"一二三四"综合服务平台，经认定的中小企业科技服务示范平台共超过 40 个。二是依托战略性新兴产业集群提升企业创新能力。金水区信息安全产业集群作为国家首批战略性新兴产业集群，按照产业链创新链服务链一体打造的原则，在安全芯片、信创产业等细分领域深入实施"链长制""群长制"，依托信大捷安、山谷网安、华为云创新中心等链主企业建立各类企业融通发展、合作创新的良好生态。三是着力打造"功能性楼宇—专业孵化器—园区加速器"在内的全生命周期创业支撑平台体系，培育蜜雪冰城成为全球独角兽企业，实现郑州零突破，2021 年全球门店突破 10000 家，直接带动近 8 万人就业；UU 跑腿服务平台以郑州为起点覆盖全国 176 座城市，累计提供就业岗位 483 万个。

（五）突出环境是保障，创新创业生态不断优化

一是营造浓厚创新氛围。把握作为"2021 年全国大众创业万众创新活动周"主会场这一战略机遇，以"做好东道主"进一步凝聚全区推进创新创业的共识，全区创新创业社会热情进一步提升。先后举办 IHCH 中国创业者大会、金水创客大会、产业生态共享高峰论坛、世界数字产业博览会、火炬创业导师金水行、中国创客领袖大会、创客 200 加速营等"双创"品牌活动百余场，"金·创"名片被进一步擦亮。二是完善企业全生命周期服务。建成投用"数智金水产业大脑"系统。为辖区企业提供从注册到成长壮大全生命周期服务，实现"数据免报即清、政策免查机制、奖励免申即享、发展全息画像"，企业一趟不跑、一面不见即可享受金水服务。三是优化融资生态体系。金颐股权投资基金、河南科技园区金创投资基金、郑州雨韵信息安全产业投资基金为信大捷安、金科智慧城等重点项目进行股权投资（5 亿多元）。中原基金岛累计吸引河南中金汇融基金管理有限公司等 183 家基金入驻，管理资金 3000 亿元，重点支持人工智能、半导体、环保、新能源等领域创新创业活动。开展"千企万户"专项支持计划，已为全区 4000余家企业提供担保贷款 8.14 亿元，预计帮扶市场主体总数将达到 12000 个，贷款总额将突破 22 亿元，带动市场主体逆势新增 4.7 万户，总量达 27.7 万

户。四是持续完善政策体系。加大助企纾困解难力度，持续开展"万人助万企"活动，制定出台"助企九条""暖心助企双十条"等一系列政策举措，按照"投、扶、奖"一体推进的原则，以财政补贴、税收减免等方式为区内各类市场主体提供全方位支持超过 50 亿元，确保全区小微市场主体和创业团队持续保持较强活力和快速增长势头。同时常态化推行"1+N+X"产业扶持政策，聚焦"优质要素向主导产业集聚、龙头项目带动产业升级、新业态新模式蓬勃发展"，构建创新经济新体系。

二　存在的问题

（一）创新企业多却不大

目前，全区虽然有科技类企业 4.4 万家、科技型企业 2000 余家、高新技术企业 723 家，但产值亿元以上企业仅有 42 家，企业规模普遍较小、创新能力弱，头部创新型企业引领能力不足，无法带动相关创新元素集聚，不利于创新链和产业链的有效融合。真正拥有核心技术和较强市场竞争力的知名龙头企业较少，培育全国性或区域性的龙头企业难度较大。

（二）创新资源多却不活

区内创新资源挖掘严重不足，与省科学院等省内重要创新资源，嵩山实验室、黄河实验室、神农实验室等省级重点实验平台，河南农大等驻区高校，以及省内知名企事业单位共同交流少，沟通不充分，缺乏合作和渗透，对大量省内创新资源没有挖掘利用，科研成果研发与产业实际需求之间缺乏紧密衔接，科技成果产业化水平还需进一步提升；企业与企业之间沟通少、合作少、协同少，创新型企业群落尚未形成，无法形成集聚创新高地，创新孤岛现象依然存在，协同创新任重道远。

（三）创新载体多却不强

现有创新载体多处于初级阶段，满足于"招满"而不是"做精"，功能定位属性不够明确，入驻企业集聚度低，创新能力、水平参差不齐，缺乏与自身资源以及所在区域相符合的科创主题、内涵和功能，特别缺少与产业发展紧密相关、功能化一体化的协同创新机制，盈利模式不够明确，对政府资金支持依赖度高，投入产出效益不高，科技成果实现产业化、创造经济价值的能力较低。

三　金水区创新生态发展思路及对策

（一）搭建一流创新平台，着力凸显战略性、引领性

充分发挥郑洛新国家自主创新示范区的辐射引领带动作用，主动融入中原科技城规划建设和河南省科学院重建重振，积极打造以科研攻关+技术创新为主体的技术研究体系，以平台载体+应用转化为主体的产业承接体系，形成上接国家战略、科技前沿，下连产业发展、市场需求的研用一体化体系。一是争创国家级特色创新平台。充分发挥既有优势，争创国家工业互联网创新中心、国家新型服务经济（虚拟仿真方向）研究院。建立省市区和承载主体联动支持机制，鼓励辖区企业和创新机构承接各类国家重点项目。二是整合高水平实验室体系。紧紧围绕嵩山实验室、黄河实验室、神农实验室等省级重点实验平台建设，努力争创国家实验室或分支（基地）。围绕头部企业引进，着力在生物医药、区块链、新能源等方面，打造集研发、中试、产业化、工程化于一体的创新联合体，实现产业链上中下游、大中小企业合作创新的良好局面。三是建设一流新型研发机构。支持研究领域、研究方向相近的创新机构按要求重组、组建联合创新体，打造研发机构"升级版"。支持行业龙头企业成立新型研发机构，积极在区块链、新能源、生物医药等前沿技术领域谋划新建一批高水平新型研发机构。四是重塑孵化平台体系。筹建全省高新技术企业孵化认证中心。学习推广郑州智慧岛"双创"

模式，倡导孵化载体"优胜劣汰"，全面推行绩效评价机制，实行代管、托管模式，逐步淘汰"小、散、杂"型孵化载体。推动国家级"双创"示范基地提质增效，积极推进"创新街区"建设，鼓励闲置商务楼宇、城中村改造商务楼宇建设高水平孵化器，探索建设"楼上楼下"创新创业综合体，建立科技成果"沿途下蛋"高效转化机制，打造科技资源集聚、服务功能完善的双创"微生态"。

（二）培育一流创新主体，着力扩总量、强覆盖

建立完善"个转企、小升规、规改股、股上市"创新型企业梯次培育机制，壮大一批"专精特新"、小巨人、"单项冠军"企业，加快形成以创新龙头企业和"瞪羚"企业为引领、高新技术企业为支撑、科技型中小企业为基础的创新型企业集群发展体系。一是实施创新型企业树标引领行动。积极培育创新领军企业，重点遴选培育山谷网安、百宝供应链等 10 家企业成为全省创新龙头，蜜雪冰城、利德世普等 10 家企业成功上市；时空隧道、河南通信工程局等 10 家企业争创独角兽企业。对新认定的创新龙头企业、"单项冠军"企业，统筹资金、给予支持。开展金水高企"精选层"评选，支持优质企业成长为瞪羚企业、"隐形冠军"，定期发布"金水创新 10 强榜"，并给予政策、资金、项目等支持。二是实施高新技术企业倍增计划。完善高新技术后备企业库，优化高新技术企业申报程序，年均新增高企 200 家以上。支持高新技术企业牵头组建创新联合体，成为"链主企业"，带动中小企业融通发展。鼓励主导或参与国际、国家标准和行业标准的制（修）订。三是实施科技型中小企业"春笋"计划。完善中小企业"微成长、小升规、高变强"培育机制。引导和鼓励科研人员、引进人才、高校毕业生等创办科技企业，壮大科技中小企业队伍。实施"金水创客学院"计划，加强对初创人才的培养，规范初创企业创业行为，年均新增科技型企业 400 家以上。四是支持企业加大研发投入。全面落实企业研发费用税前加计扣除"自行判别、自行申报、事后监管"机制，实现税费优惠政策"直达快享"，逐步实现规上工业、规上建筑业和规上科技服务业企业研发活动全覆盖。

（三）建设一流创新生态，打造协同创新良好氛围

坚持同频耦合、同向聚力原则，坚决打破"心中隐形门槛"，打碎政企学研"合作坚冰"，建立产业研用融合载体和协同创新机制。一是重塑政企学合作机制。鼓励高校、科研院所与企业等合作共建优势学科、实验室和研究中心，联合建立研发平台、技术转移机构和技术创新联盟，促进科学、学科、技术之间交叉融合。二是打造产教融合示范区。以金水科教园区为试点，以山谷网安等重点企业为依托，联合高校培养专业研究人才，协同重点企业培养专业技术人才。开展引企入教改革试点，推动高等和中等职业院校开办企业专班，开发专业教材，打造若干品牌企业特色学院，建立市场需求导向的育人体系、产业牵引的学科体系。建立校企之间学生实习就业和员工再教育的双向流通机制，培育一批产教融合型企业、实习实训基地。三是开展应用场景建设示范。依托河南省移动、河南省联通等企业，建设一批未来科技试验场，面向新技术孵化推广需求，持续发布新技术应用示范场景清单，坚持现实城市与数字城市同步规划、同步建设，打造新技术新产品"首站"应用推广高地。四是促进科技与金融紧密结合。鼓励金融机构积极创新小微金融产品及服务，开发"专精特新贷""创业贷"等创新型中长期信贷产品和服务，以省信易贷平台、省金融服务共享平台和郑州中小微企业金融综合服务平台为依托，定期组织辖区企业开展线上银企对接活动，全方位支撑科技企业融资需求。

（四）汇聚一流创新人才，突出企业、机构和平台需求

一是打通引才用才渠道。通过与发达地区创新机构合作，设立人才引进窗口，提升当地创新人才招引水平，探索实施高端人才举荐制度。建设金水区人才直播大厅，鼓励企业通过直播等方式，创新人才招引模式。实施重点创新平台高端人才引进服务专项行动，支持省实验室、省级创新龙头企业等重点创新平台引进的领军人才团队申报"中原英才计划"等重大人才项目并给予支持。二是强化人才协同培育。支持科研人员到基层企事业单位挂

职，支持优秀企业家到高校院所兼任客座教授、创业导师。鼓励企业与高校、科研院所设立实训基地，联合开展人才培养和项目攻关。鼓励企业依托高校进行员工培训、再培养。年均设立联合培训基地5家以上，员工再培养200人以上。三是提升人才服务温度。拓展"全生命周期"人才服务体系，建立联系专家制度，支持企业设立人才服务专员，常态化收集重点人才需求，妥善解决人才生活配套等问题。建立区级重点人才名录，加强区级创新人才引进培养与创新项目、创新团队引培的衔接协同，定期表彰对本区发展做出重要贡献的各类人才，打造宜居宜业宜创的人才发展环境。

（五）营造一流创新文化，营造良好创新生态

一是持续举办创新节会。举办金水科创大会、中国创客领袖大会等，加大对青年创业人才的招引力度，着力为各类人才特别是青年创业人才搭建干事创业的平台，努力营造鼓励创新、宽容失败的社会环境、工作环境、政策环境和生活环境。二是厚植创新文化。大力倡导科学家精神、企业家精神和工匠精神，加强科学普及和科研诚信体系建设，支持多元化主体创新创业，进一步激发全社会创新活力，举办金水科技"十强"企业、优秀科技企业家评选表彰，选树科技创新典型和优秀人才（团队）典型，展现国家创新高地建设进展和成效，营造全区加快构建一流创新生态的良好氛围。三是建立创新尽职免责机制。落实"三个区分开来"要求，支持探索创新、干事创业，准确把握政策界限。

参考文献

徐建勋、冯刘克、王珺洁、崔雅男：《创新智城　品质金水》，人民资讯，2021年5月10日。

吴旭晓：《典型国家创新驱动发展经验对河南的启示》，《北方经济》2021年第3期。

高森：《强化创新要素布局推动区域经济发展》，《财经界》2022年第2期。

B.20

推进制造业转型升级的探索与实践

——巩义市铝加工产业转型升级的经验

禹蒙蒙*

摘　要： 制造业是巩义经济的"压舱石"，是产业的基础。巩义市深入贯彻落实习近平总书记考察郑州时提出的"三个转变"重要论述，全面落实省委省政府、郑州市委市政府的决策部署，围绕"四美"建设，着力在"三标"活动和"十大战略行动"上下功夫，始终把制造业高质量发展作为主攻方向，不断加强要素保障、持续优化营商环境，全力推进全市制造业企业转型发展，为巩义"产业美"提供强大助力。

关键词： 制造业　铝加工　营商环境

巩义市依托资源优势，在20世纪60年代抢先从"五小工业"起步，办起了社队企业，到70年代初期已初具规模。改革开放以来，坚持工业立市战略，大力推进新型工业化，逐步走出了一条以工业经济为主的具有自身特色的县域经济发展路子。目前，不断深化"放管服"改革，完善招商引资优惠政策，大力优化经济发展环境，积极引进外来资本投入经济社会发展，制造业强市地位不断巩固，2021年位列中国县域工业百强榜第42位，居河南省首位。

---

* 禹蒙蒙，巩义市人民政府办公室调研室主任，主要从事区域经济与现代产业发展研究。

一 巩义市制造业发展现状

（一）历史底蕴深厚，工业基础扎实

依靠便利的区域优势，巩义市工农业经济经过 40 多年的积累、发展，已经形成具有自己区域特色的地方工业体系。目前，全市已形成 28 个工业门类，初步形成了以中孚、明泰、万达、鑫泰为代表的高精铝，以天祥、五耐、中原通达为代表的新材料，以恒星科技、泛锐熠辉、建设机械为代表的特色装备制造三大支柱产业，形成了较为完整的工业体系。拥有规模以上工业企业 459 家，销售收入超百亿元的工业企业 3 家、上市企业 4 家。国家级绿色工厂 3 家，国家级制造业单项冠军 1 家，国家专精特新"小巨人"企业 13 家，国家科技型中小企业 152 家。巩义市是全国综合实力百强县/市、全国工业百强县/市、中国科技创新百强县/市、河南省制造业高质量发展综合评价试点县/市。

（二）产品门类齐全，集聚效应明显

巩义市始终坚持把制造业高质量发展作为主攻方向，把稳增长和促转型结合起来，实施换道领跑战略、优势再造战略，着力实施产业链强链、核心竞争力提升，大力推动开发区高质量发展和制造业调整转型。巩义市聚焦铝精深加工，涵盖罐料、高档铝箔坯料、幕墙板、建筑装饰板、铝塑板、隔音板、镜面板、汽车结构件用料，造船、罐车、军工产品用中厚板，阳极氧化料、空调箔、家用箔、建筑装饰箔、铝箔餐盒等众多产品，产品被广泛用在包装容器、建筑装饰、耐用消费品、交通运输、电子电力、国防军工等领域，门类丰富、种类齐全。铝板带箔产业集群在国内外同行业中颇具影响力，已形成庞大的客户群体，为转型升级提供了强有力的发展平台。

（三）树立质量强市理念，品牌不断提升

自觉站位"两个大局"和"国之大者"，躬身入局，加快构建新发展格

局，完整、准确、全面贯彻新发展理念，立足职能职责，以供给侧结构性改革为主线，以标准为引领，大力推进质量强市和知识产权强市建设，稳步推进"河南省质量强县示范县"创建，有序开展质量奖等各项激励工作，全面夯实质量基础，提升发展创新力、产品竞争力。近年来，全市先后培育出河南省省长质量奖 2 个、郑州市市长质量奖 1 个；国家质量标杆企业 1 家、河南省质量标杆企业 13 家；中国专利奖金奖 1 个、优秀奖 1 个，河南省专利奖 3 个；院士工作站 3 家、国家级企业技术中心 1 家，高新技术企业 129家；中国驰名商标 3 件。

二 巩义市铝加工业转型升级的经验做法

巩义市依托河南铝产业发展的资源、能源和区位优势，借助便利的仓储和物流条件，构建起电解铝—合金化—铝加工—精深加工完整的产业链结构，以豫联、明泰等年销售收入超 200 亿元的龙头企业为主导，形成以铝精深加工为主导产业的巩义市产业集聚区和豫联产业集聚区，成为河南铝产业的重要支撑，也是全国最大的铝板带箔加工基地。巩义市现有铝加工企业 178 家，其中规模以上铝加工企业 74 家，销售收入约 943 亿元。2021 年巩义市铝板带箔产量 500 万吨，占郑州地区铝板带箔产量的 85% 以上，占全省铝板带箔产量的57%，占全国铝板带箔产量的 28.4%。主导产品中，药用箔产量 2 万吨，占国内总产量的 90%；电子箔产量占国内的 90%；罐盖料产量占国内的 35%；PS版基和 CTP 版基年产量 5.4 万吨，占国内的 10.4%；镜面铝年产量 1 万吨，占国内的 50%。

（一）聚焦"减量"，加快绿色化转型

按照国家政策要求和河南省"绿色、减量、提质"的铝产业转型方向，加快企业超低排放改造，构建全产业绿色供应链，创建国家级、省级绿色工厂（园区）。深化铝工业供给侧结构性改革，减少低端无效产品供给，坚持产业发展与低碳环保、节能降耗并举，降低初级氧化铝产品、不符合环保要求

的电解铝、低附加值铝加工产品产量，加快推进循环经济发展和综合利用，建立"资源—产品—再生资源"的反馈式生产流程，引入和研究再生铝应用技术，纵深推进绿色改造、智能改造、技术改造"三大改造"，提高再生铝应用比例，实现资源综合利用。同时，通过"亩均论英雄"综合评价和生态环保倒逼机制，加快淘汰、压缩铝工业落后产能，引导企业向高端化转型，实现铝工业高质量发展。依托明泰科技年产36万吨再生铝合金扁锭和铝灰渣综合利用项目、河南义瑞新材料70万吨再生铝高性能铝板带箔项目，抓好铝循环利用，降低铝加工环节碳排放水平，争当全国铝加工产业绿色低碳发展的先锋。

（二）聚焦"延链"，加快高端化转型

大力实施"以铝代钢、以铝代铜、以铝代木、以铝代塑"计划，加快铝及铝合金八个系列产品发展。抢抓交通领域轻量化机遇，大力发展铝制车身、铝制部件、铝合金罐车等产品，把中低端的铝板带发展成为高端的车用铝合金。瞄准涂层板、幕墙板、装饰板、铝木复合门窗、集成吊顶墙板等领域，引进项目，重点突破，打造建筑装饰材料生产基地。加强与科研院所的联系，强化与军工单位的直接合作，积极引人才、引技术、引项目，着力打造新型军工配套产品生产基地，为国防事业发展做贡献。围绕人民电缆等电线电缆企业积极发展铜铝合金导线及航空、通信、海缆等特种电缆，打造一批诚信品牌。对引进的高端创业团队给予最高1000万元项目资助，对创业领军团队给予最高250万元项目资助，对创新领军团队给予最高150万元项目资助。围绕"四化"转型方向和高端铝精深加工及制品领域，大力开展对标、达标活动。鼓励重点铝工业企业按照国际、国家和行业标准，生产达标、超标核心竞争力产品，提高产品市场竞争力。支持铝工业龙头骨干企业和研发机构参与各类标准的制定和修订，提高行业话语权。鼓励铝工业企业积极创建"河南省全面质量管理示范企业"。

（三）聚焦"创新"，加大自主科研投入

建立"政产学研金用"相结合的创新体系，鼓励"高校+企业""研究院+企业"的联合攻关模式，形成政府、产业、高校、科研院所、金融和风险投资机构及终端用户相合作的创新共同体。引导企业建立完善科技创新体系。充分发挥豫联集团"国家认定企业技术中心""河南省高效能铝基新材料中心""河南省铝基轻量化材料工程技术中心""河南省高新技术企业"等平台研发作用，推进铝精深加工技术、工艺和产品创新，提升行业标准制定的话语权、主导权，突破铝电解槽大修渣危险固废资源化、电解槽余热回收再利用技术瓶颈，实现经济、社会和环保效益相统一。中孚实业聘请国际专家团队，完成了 0.236 毫米罐体料、0.208 毫米超强罐盖料等超薄罐料的开发，铝压延加工能力达到世界一流水平。明泰铝业与中国汽车工程研究院、东北大学合作，成立了汽车轻量化铝板院士工作站，先后获得专利 53 项，新产品销售收入占比达到 60% 以上，与南车集团就汽车用铝型材签订合作协议，成功开发出以轨道交通铝合金车体为主的 7 个项目 32 项新产品，填补了河南省轨道交通铝合金车体的空白。

（四）聚焦"双核"，发挥行业龙头牵引作用

把巩义市产业集聚区和巩义市豫联产业集聚区作为发展的主阵地、主战场、主引擎，滚动实施"三个一批"，加快项目建设进度。打造国内领先的集铝精深加工、物流仓储、国际贸易、铝产品及衍生品生产基地于一体的新型循环产业示范区。立足豫联集团规模大、基础好和实力强的传统优势，在完成资产重组的基础上，加快第 4 台新上国产高端冷轧机项目建设进度，推动由初级铝产品向国际化高端铝及铝合金新材料产品转型，不断提升铝精深加工盈利水平。同时，充分利用西部地区用电成本优势，鼓励豫联集团在西部地区建设工厂或与本地企业进行合作，为本地企业提供具有价格优势的中间产品，提高巩义市企业竞争力。积极组织企业参加德国铝工业展、广交会、东盟博览会等国内外相关行业展会，鼓励企业"走出去"。鼓励园区和龙头企业积极参与具有影响力的行业洽谈会、国内外行业论坛和展览会等，提高"巩义品牌"的市场认知度，扩大巩义千亿级铝工业基地在全国的影响力。豫联集团通过国内小客户拓展客户圈，逐步与国内大企业、国际大企

业合作，形成了以百威、可乐等国际知名大企业为主的高端客户群体。自2021年以来，共出口产品24万吨，同比增长56%，出口创汇7.8亿美元，同比增长148%，出口额在郑州地区外贸企业中位居前列。经中国有色协会铝加工分会统计，中孚罐盖料产品成为国内市场供货量单项冠军，市场占有率达30%以上。

（五）聚焦"服务"，加强政策扶持

深入开展"万人助万企"活动，加大企业问题交办、转办、督办力度，确保问题及时解决。实行工作专班"办公地点入企业、全程包办保落实"，加大对省十条、郑州市二十条、巩义市三十条支持企业复工复产、灾后重建、高新技术企业、"专精特新"、研发补助等政策宣讲力度，落实制造业各项惠企纾困措施，积极争取各类奖补资金，支持企业加快恢复市场活力。持续实施工业企业分类综合评价工作，在用电、用地、资金等方面对重点企业予以倾斜支持，帮助企业提质增效。构建常态化、多形式政银企对接机制，用好应急转贷周转资金、科技创新金融等措施，支持企业上市融资，多渠道解决资金难题。2021年组织申报铝工业专项奖补资金3450余万元，申报郑州市制造业高质量发展专项资金89个项目，申报金额近1亿元。巩义市应急转贷周转资金加快审批流程，已经投放12笔，累计金额1.97亿元，有力地支持了企业灾后重建和复工复产。科学制定与集聚区产业发展要求相匹配的环境保护指标，实现环境与经济、社会协调发展；同时结合集聚区规划，划分环境保护功能区，根据集聚区三大主导产业、四大园区不同的发展阶段、不同的区域，制定不同的环境保护要求，使环境保护和区域发展有机结合起来，优化建设环境基础设施，适度超量配置规模，提高环境容量。

（六）聚焦"人才"，开展能力提升工程

加大高端人才引进力度。围绕产业链、创新链布局人才链，加强研发型、应用型、技能型人才引育，努力以一流人才队伍带动集聚区产业转型升级。加强与西北工业大学、上海交通大学、哈尔滨工业大学、国防科技

大学等高校、科研院所的合作，推动建设科技研发平台，引进更多高端人才，培育一批专精特新企业，形成新材料产业集群，构建新产业生态，助推新旧动能转化。实施企业家素质提升工程。积极选树一批企业家领军人物，发挥"头雁效应"，组织企业家 30 人参加 4 次郑州市优秀企业家领航计划，马廷义等 8 人被评为领军型企业家，曹明举等 33 人被评为成长型企业家，通过巩义中青年企业家联盟等平台，面向企业家开展多层次、多渠道、全方位定向培训 20 余次，定期组织赴先进地区参观考察，助力解放思想、开阔眼界，提升企业负责人的管理决策和创新创业能力、高级管理人才的专业理论和工作实践水平、中级管理人员的爱岗敬业和基层管理素养，壮大新一代企业家群体力量。万达铝业创新领导人才入选"智汇郑州·1125"聚才计划。

三　巩义市铝加工业转型升级的问题

（一）铝加工产能与电解铝自身供应不足

巩义市电解铝产能仅为 25 万吨/年，从河南省到巩义市都存在铝加工产能与电解铝自身供应不足的矛盾。在甘肃、山东等地电解铝充足、电力和天然气价格成本相对低廉、可放宽账期等优势条件的冲击下，巩义市铝加工产品原有的价格竞争力正不断丧失，多数企业的铸轧生产线停产，从甘肃、青海等地外购更为廉价的铸轧卷进行深加工生产，深加工板带产品也被迫下调价格，逼近成本价。虽然目前铝锭、铸轧卷外购价格较为低廉，但未来的价格走势以及稳定供应将对巩义市铝加工企业有较大影响，过度依赖可能会造成被动的局面。

（二）产业结构与发展空间亟待优化

巩义市铝产业虽具有一定规模和市场占有率，但通用产品占比偏高，处于铝产业价值链的中低端，技术含量及产品附加值低，中高端产品所占比重偏低，产业结构亟待优化，总体发展仍有待省级及以上层面的推动。集聚区项目加快推进，明泰铝业电子材料产业园、巩义市产业集聚区小微企业园、恒通新材料、铝精深加工二区等重大项目相继实施，全区可供工业建设用地仅剩1600余亩，且为点状分布，土地供需矛盾日益凸显。

（三）产城融合需加快推进

受郑州市"7·20"特大暴雨灾害、新冠肺炎疫情等的长期影响，经济下行压力较大，无法对城市环境和市政基础设施进行大量资金投入，城镇建设与产业地位不匹配，学校医院、绿地游园、大型商业、文化娱乐等配套明显滞后；城镇面貌和功能亟待优化提升，断头路多，区内交通路网亟待完善；区域对外连通道路单一，"公转铁"需求迫切。同时，高端人才供给不足、与新动能发展相匹配的金融服务体系不够完善，导致产城融合进度缓慢。

（四）铝废料进口政策日趋严格

为了顺应可持续发展趋势，实现低碳排放、绿色环保，国外大客户要求回收铝加工生产中的工艺边角废料，加工后再出口，但目前国家对固体废物回收的管理比较严，政策审批流程复杂。如果不能实现铝废料进口，一定程度上会制约未来出口订单的增量。受疫情影响，海运费暴涨且订舱困难，出口海运成本大大增加，加之一箱难求常导致部分货物出口延迟，企业出口压力大。

四　推动铝加工业高质量发展的建议

（一）明确产业高质量发展目标，实现跨越式发展

发挥铝加工制品发展优势，着力梳链、建链、补链、强链、延链，稳定电解铝供应链，推动铝加工制品提质，完善再生铝链条，重点做好实施创新

驱动、统筹招商培育、主动融入双循环、深化改造提升、优化营商环境等各项工作，推动铝加工制品产业链改造提升。力争到2023年，培育铝加工制品产业链形成超1000亿级产业集群，铝材加工年产能达到500万吨以上，优势产品吨附加值超过1万元，培育6家50亿元以上产值的铝加工企业，其中百亿级企业3家。

（二）重点打造"6+1"的产业布局，不断优化结构

根据铝加工产业发展方向，依据集聚区实际，重点打造交通用铝基新材料生产基地、铝建筑装饰材料生产基地、铝食品包装生产基地、铝循环利用生产基地、铝军工产品新材料生产基地、电线电缆生产基地和铝产品交易中心。通过打造以上6个基地，不断扩大市场份额，提升市场影响力。在此基础上，发挥中国储运铝供应链一体化服务平台等优势，建设集铝深加工、仓储、展销批零、电子商务、综合办公、行政审批等多种功能于一体的铝产品交易中心和展示中心，推动铝产业由加工型向加工贸易型转变，争夺更多铝加工产品定价权。

（三）建设现代产业体系，推动集群发展

实施集群培育行动，充分发挥现有龙头企业的引领带动作用，推动企业集聚发展。突出"一园一业"发展特色，建设铝加工制品小微企业园，支持园区建立公共服务平台，为企业提供一整套智能制造解决方案，构建小微企业健康发展生态体系。深化改造提升。开展新技改行动，推动传统产业与前沿技术、跨界创新、颠覆模式对接链接。利用"亩均论英雄"综合评价和生态环保倒逼机制，加快淘汰、压缩铝工业落后产能，推进企业绿色化改造。鼓励有条件的企业参与智能制造标准制定、承担智能制造试点示范项目，加快建设一批智能工厂、智能车间，引导企业向高端化转型，实现铝工业高质量发展。统筹产业招商。围绕高精铝、新材料、特色装备制造等重点产业，完善"链长制"工作机制，按照产业链图，深入开展延链、补链、强链行动，打造在全省、全国有影响力的产业链条，提升产业稳定性和竞争力。

（四）坚持七项原则，推进开发区发展

按照多规合一、创新驱动、项目为王、链式发展、产城融合、绿色发展、集约集聚等7个原则，进一步优化产业集聚区发展空间和产业布局，提高自主创新能力，争创自主品牌，拉长铝精深加工产业链条，不断完善基础设施和公共服务体系，引导产业项目、优质企业和高端要素向集聚区集中。形成布局合理、功能协调、特色突出的发展格局，最终实现以集聚区发展带动工业化，以工业化推动城镇化。

（五）做大做优做强供应链金融，提升市场活跃度

围绕铝精深加工，依托物流企业、银行等行业做大做优做强供应链金融，帮助物流企业接入银行平台，打通与银行的信息壁垒，实现商流、物流、资金流和信息流的"四流合一"，进而推动上下游企业的贸易往来，更好地服务有色金属等相关产业实体经济发展，在解决中小企业融资难题的同时，提升市场活跃度，助力产业转型升级。

（六）加快人才队伍建设，强化支撑力

积极实施国家科技型中小企业培育行动计划，加大对全市企业普惠性政策宣传力度，增加科技型中小企业数量，壮大科技型人才队伍，提升科技人员在企业人数中的占比。对接"黄河人才计划"，加大专业技术人才、经营管理人才和技能人才的引进与培养力度，完善从研发、转化、生产到管理的人才培养体系。深化企业与院校、科研院所的合作，采取送出去培训实习和引进来专家授课相结合等方式，加强实用技术培训，加快培育实用型技能型人才，保障企业的人才需求。发挥重点培养中青年企业家联盟的作用，加强企业家交流合作，提升企业经营管理水平和核心竞争力。

（七）提升要素利用效率，强化保障力

按照"以用为先、依法进行、分类处置、集约利用"的原则，积极摸

排闲置低效厂房、土地，采取腾笼换鸟、土地流转等方式在盘活存量土地和低效闲置土地上寻求突破，缓解新增建设用地的压力，提高土地利用效率。积极开展政策宣讲活动，通过网络、座谈会、实地调研等形式面向企业宣讲相关政策，抓好各项惠企减负政策的落实，着力降低企业交易成本、税费负担、用人成本、物流成本，切实减轻企业负担。

参考文献

罗序斌：《传统制造业智能化转型升级的实践模式及其理论构建》，《现代经济探讨》2021 年第 11 期。

卢现祥、滕宇泩：《中国制造业转型升级中的路径依赖问题研究》，《福建论坛》（人文社会科学版）2021 年第 7 期。

那丹丹、李英：《制造业转型升级影响因素研究》，《学习与探索》2020 年第 12 期。

皮书

智库成果出版与传播平台

✤ 皮书定义 ✤

皮书是对中国与世界发展状况和热点问题进行年度监测，以专业的角度、专家的视野和实证研究方法，针对某一领域或区域现状与发展态势展开分析和预测，具备前沿性、原创性、实证性、连续性、时效性等特点的公开出版物，由一系列权威研究报告组成。

✤ 皮书作者 ✤

皮书系列报告作者以国内外一流研究机构、知名高校等重点智库的研究人员为主，多为相关领域一流专家学者，他们的观点代表了当下学界对中国与世界的现实和未来最高水平的解读与分析。截至 2021 年底，皮书研创机构逾千家，报告作者累计超过 10 万人。

✤ 皮书荣誉 ✤

皮书作为中国社会科学院基础理论研究与应用对策研究融合发展的代表性成果，不仅是哲学社会科学工作者服务中国特色社会主义现代化建设的重要成果，更是助力中国特色新型智库建设、构建中国特色哲学社会科学"三大体系"的重要平台。皮书系列先后被列入"十二五""十三五""十四五"时期国家重点出版物出版专项规划项目；2013~2022 年，重点皮书列入中国社会科学院国家哲学社会科学创新工程项目。

权威报告·连续出版·独家资源

皮书数据库
ANNUAL REPORT(YEARBOOK)
DATABASE

分析解读当下中国发展变迁的高端智库平台

所获荣誉

- 2020年，入选全国新闻出版深度融合发展创新案例
- 2019年，入选国家新闻出版署数字出版精品遴选推荐计划
- 2016年，入选"十三五"国家重点电子出版物出版规划骨干工程
- 2013年，荣获"中国出版政府奖·网络出版物奖"提名奖
- 连续多年荣获中国数字出版博览会"数字出版·优秀品牌"奖

皮书数据库　　"社科数托邦"
　　　　　　　　微信公众号

成为会员

　　登录网址www.pishu.com.cn访问皮书数据库网站或下载皮书数据库APP，通过手机号码验证或邮箱验证即可成为皮书数据库会员。

会员福利

- 已注册用户购书后可免费获赠100元皮书数据库充值卡。刮开充值卡涂层获取充值密码，登录并进入"会员中心"—"在线充值"—"充值卡充值"，充值成功即可购买和查看数据库内容。
- 会员福利最终解释权归社会科学文献出版社所有。

数据库服务热线：400-008-6695
数据库服务QQ：2475522410
数据库服务邮箱：database@ssap.cn
图书销售热线：010-59367070/7028
图书服务QQ：1265056568
图书服务邮箱：duzhe@ssap.cn

社会科学文献出版社　皮书系列
SOCIAL SCIENCES ACADEMIC PRESS (CHINA)

卡号：632313587932
密码：

S 基本子库
UB DATABASE

中国社会发展数据库（下设 12 个专题子库）

紧扣人口、政治、外交、法律、教育、医疗卫生、资源环境等 12 个社会发展领域的前沿和热点，全面整合专业著作、智库报告、学术资讯、调研数据等类型资源，帮助用户追踪中国社会发展动态、研究社会发展战略与政策、了解社会热点问题、分析社会发展趋势。

中国经济发展数据库（下设 12 专题子库）

内容涵盖宏观经济、产业经济、工业经济、农业经济、财政金融、房地产经济、城市经济、商业贸易等 12 个重点经济领域，为把握经济运行态势、洞察经济发展规律、研判经济发展趋势、进行经济调控决策提供参考和依据。

中国行业发展数据库（下设 17 个专题子库）

以中国国民经济行业分类为依据，覆盖金融业、旅游业、交通运输业、能源矿产业、制造业等 100 多个行业，跟踪分析国民经济相关行业市场运行状况和政策导向，汇集行业发展前沿资讯，为投资、从业及各种经济决策提供理论支撑和实践指导。

中国区域发展数据库（下设 4 个专题子库）

对中国特定区域内的经济、社会、文化等领域现状与发展情况进行深度分析和预测，涉及省级行政区、城市群、城市、农村等不同维度，研究层级至县及县以下行政区，为学者研究地方经济社会宏观态势、经验模式、发展案例提供支撑，为地方政府决策提供参考。

中国文化传媒数据库（下设 18 个专题子库）

内容覆盖文化产业、新闻传播、电影娱乐、文学艺术、群众文化、图书情报等 18 个重点研究领域，聚焦文化传媒领域发展前沿、热点话题、行业实践，服务用户的教学科研、文化投资、企业规划等需要。

世界经济与国际关系数据库（下设 6 个专题子库）

整合世界经济、国际政治、世界文化与科技、全球性问题、国际组织与国际法、区域研究 6 大领域研究成果，对世界经济形势、国际形势进行连续性深度分析，对年度热点问题进行专题解读，为研判全球发展趋势提供事实和数据支持。

法律声明

"皮书系列"（含蓝皮书、绿皮书、黄皮书）之品牌由社会科学文献出版社最早使用并持续至今，现已被中国图书行业所熟知。"皮书系列"的相关商标已在国家商标管理部门商标局注册，包括但不限于 LOGO（　）、皮书、Pishu、经济蓝皮书、社会蓝皮书等。"皮书系列"图书的注册商标专用权及封面设计、版式设计的著作权均为社会科学文献出版社所有。未经社会科学文献出版社书面授权许可，任何使用与"皮书系列"图书注册商标、封面设计、版式设计相同或者近似的文字、图形或其组合的行为均系侵权行为。

经作者授权，本书的专有出版权及信息网络传播权等为社会科学文献出版社享有。未经社会科学文献出版社书面授权许可，任何就本书内容的复制、发行或以数字形式进行网络传播的行为均系侵权行为。

社会科学文献出版社将通过法律途径追究上述侵权行为的法律责任，维护自身合法权益。

欢迎社会各界人士对侵犯社会科学文献出版社上述权利的侵权行为进行举报。电话：010-59367121，电子邮箱：fawubu@ssap.cn。

社会科学文献出版社